Anja Wille

Und trotzdem
lebe ich weiter

W0012048

Zum Buch

Neu-Ebersberg bei Bremen, 30. Oktober 2004, es ist der letzte warme Herbsttag dieses Jahres. Um fünf Uhr nachmittags wartet Anja Wille auf ihren achtjährigen Sohn Felix – vergeblich – und so beginnt der Albtraum ihres Lebens. Was nun folgt, ist die größte Suchaktion, die es je in diesem Land gab. Die Polizei sucht mit Hunden und Hubschraubern, die Helfer von Feuerwehr und THW laufen durch Felder und Wälder, Jäger durchkämmen ihre Reviere. Am 4. Januar 2005 wird Felix gefunden. Auf dem Grund der Geeste, 20 Kilometer von seinem Heimatdorf entfernt. Wie überlebt eine Mutter den gewaltsamen Tod ihres Sohnes? Welche Qualen musste sie aushalten, bis sie endlich wieder Hoffnung schöpft? Mit großer Offenheit erzählt Anja Wille von ihrem langen Weg zurück ins Leben.

Zur Autorin

Anja Wille, 1968 geboren in Bremerhaven, ist ausgebildete Krankengymnastin und Bobath-Therapeutin für Kinder. 1997 machte sie sich selbstständig und leitete einen ambulanten Krankendienst, den sie nach Felix' Tod im Jahr 2005 aus gesundheitlichen Gründen aufgeben musste. Nach mehrmonatigen Klinikaufenthalten und dem Versuch, im niedersächsischen Neu-Ebersdorf Fuß zu fassen, zog Anja Wille 2008 in eine Großstadt und ließ sich umschulen.

Anja Wille

Und trotzdem lebe ich weiter

Mein Leben ohne Felix

Brigitte *Buch*
im
Diana Verlag

Für meine Kinder

FSC

Mix
Produktgruppe aus vorbildlich
bewirtschafteten Wäldern und
anderen kontrollierten Herkünften

Zert.-Nr. SGS-COC-1940
www.fsc.org
© 1996 Forest Stewardship Council

Verlagsgruppe Random House FSC-DEU-0100
Das für dieses Buch verwendete
FSC-zertifizierte Papier *München Super*
liefert Mochenwangen Papier.

Diese Geschichte basiert auf Tatsachen und schildert mein
subjektives Erleben. Namen und Örtlichkeiten wurden
zum Teil verfremdet.

»HALTET DIE WELT AN«
M + T: HAAS, MARTIN/PELHAM, MOSES PETER
© 2005 by 3P SONGS GMBH & CO KG./HANSEATIC
MUSIKVERLAG GMBH & CO. KG
alle Rechte für die Welt
mit freundlicher Genehmigung

BRIGITTE-Buch im Diana Verlag
Aktualisierte Taschenbucherstausgabe 03/2009
Copyright © 2007 und dieser Ausgabe 2009
by Diana Verlag, München,
in der Verlagsgruppe Random House GmbH
Copyright © Foto auf Seite 8: Alexandra Nebel
Redaktion: Regina Carstensen
Herstellung: Gabriele Kutscha
Umschlaggestaltung: © Eisele Grafik-Design, München
Satz: Leingärtner, Nabburg
Druck und Bindung: GGP Media GmbH, Pößneck
Printed in Germany 2009
978-3-453-35245-2

www.diana-verlag.de

Inhalt

Wissen Sie, wie schön ein lachendes Kindergesicht ist?

Kennen Sie das Glitzern, das Leuchten in den Augen?

Wissen Sie, wie es ist, wenn kleine Kinderhände einem ein Geschenk aus den Händen reißen?

Kennen Sie das, wenn sie dann nichts mehr um sich herum sehen und hören?

Wenn die Schnuten vor Aufregung nicht mehr stillstehen?

Dann haben Sie eine Idee davon, was ich verloren habe.

Dies ist die Geschichte von mir und meinem Sohn Felix, basierend auf meinen Tagebuchaufzeichnungen. Sie dokumentiert die nicht enden wollende Suche nach Felix. Geschrieben, um ihm später von meiner Suche zu erzählen.

Sie erzählt von Hoffnung, Kampf, Stress, vom unendlichen Leid, von tiefer Verzweiflung und elementarer Angst.

Sie soll verstehen helfen, um die Hilfe für hinterbliebene Opfer zu verbessern, es ist ein Dankeschön an alle Menschen, die bei der Suche halfen, eine bleibende Erinnerung an meinen Sohn.

Sie ist meinem überlebenden Kind, Magdalena, gewidmet, die diese Zeilen vielleicht irgendwann braucht, um zu verstehen, was in dieser Zeit geschah, mit Felix und mit mir. Als all dies passierte, war sie erst zehn, zu klein für den Horror, der selbst für uns Erwachsene zu groß ist.

Opfer haben ein Gesicht, so wie meines und das meines Sohnes.

Prolog

Wie geht es Ihnen, Frau Wiese?

Es ist der 6. April 2005, ich bin in einer psychosomatischen Fachklinik irgendwo in Niedersachsen, zweite Etage, Bereitschaftszimmer, mein abendlicher Meldetermin, oder auch: Stimmungsbericht abgeben. Mir gegenüber sitzt die Nachtschwester, eine nette Frau, sie ist ungefähr in meinem Alter und beginnt das Gespräch.

»Wie geht es Ihnen, Frau Wiese?«

Diese Frage macht mir die ganze Absurdität meiner Situation deutlich. Frau Wiese! Ich bin nicht Frau Wiese, es ist nicht mein Name, ich bin Frau Wille. Zur Anonymität gezwungen, musste ich meinen Namen aufgeben, einen Teil meiner Identität ablegen. Und sie fragt mich: »Wie geht es Ihnen?«

Was für eine Frage, was glaubt sie, wie es mir gehen könnte? Welche Aussage würde diese Frage korrekt beantworten?

Vielleicht: »Den Umständen entsprechend«?

Oder: »Der Gesamtsituation angemessen«?

Möglicherweise möchte Sie nur ein »Gut« hören, aber das wäre gelogen.

»Wie, glauben Sie, könnte es mir gehen, in Anbetracht der Katastrophen, die über mich hereingebrochen sind?«, frage ich sie.

Es ist jetzt sechs Monate her, seit die erste Katastrophe mich mit voller Wucht traf, seit mein Leben zerbröckelte, ich die Bruchstücke nicht festhalten konnte. Seit, wie in der *Unendlichen Geschichte* von Michael Ende, meine Welt vom »Nichts« ausgelöscht wurde. Sich ein Monster durch mein Leben fraß und nur ein großes schwarzes Loch übrig ließ.

I

Hier passiert fast nichts

Ich lebe mit meinen beiden Kindern Felix und Magdalena, meinem Lebensgefährten Matthias, unserem Hund Basti, dem Kater Linus, vier Hühnern, einem Hahn, sechs Kaninchen, fünf Gänsen, zwanzig Masthähnchen und mindestens fünfzig von Felix gezüchteten Guppys in einem Resthof in Hipstedt. Eigentlich sind wir das erste Haus von Neu-Ebersdorf, aber wir sind in Hipstedt zugezogen und haben mehr Kontakte dorthin. Die Kinder gehen hier in die Dorfschule, ein Idyll zwischen Elbe und Weser im »nassen Dreieck«, gelegen an einem großen Naturschutzgebiet. Eine winzige Schule, in keiner Klasse mehr als fünfzehn Kinder. Wo gibt es das noch? Hier in Hipstedt, wo jeder jeden kennt, der Kaufmann noch anschreibt, wo man Eier und Kartoffeln an der Straße kauft nach dem Prinzip Selbstbedienung: einfach nehmen und bezahlen. Vertrauen gegen Vertrauen. Hier machen Krankengymnasten noch Hausbesuche, so wie ich. Meine kleine Firma ist spezialisiert auf die Rehabilitation Schwerbehinderter, im Termintakt fahre ich über das Land.

Hier passiert nichts ... fast nichts.

Im Mai 2004 werde ich das erste Mal aufgeschreckt, ein Mädchen in Cuxhaven-Altenwalde ist verschwunden, das ist fünfzig Kilometer entfernt, einen Tag später findet man den Schulranzen und die Jacke des Mädchens in Flögeln, das sind nur noch fünfundzwanzig Kilometer, und der Ort gehört in meinen beruflichen Einzugsbereich. Ich kenne in dieser Gegend jede Abkürzung, jeden Schleichweg. Selbst in Bremerhaven würde ich noch den Taxischein bekommen. Nun haben wir drei verschwundene Kinder in dieser Gegend: Dennis' Spur verlor sich auch nur fünfzig Kilometer von uns, dann Adelina in Bremen, auch das nicht weit weg, und nun Cuxhaven. Wenige Tage später ist das erste Flugblatt von dem Mädchen in der Post.

Ich bin im Auto unterwegs zum nächsten Hausbesuch, ich bin völlig erschüttert, mein Gott, das Mädchen ist erst acht, ist nur etwas älter als Felix, auch er wird bald acht.

Sie heißt Levke. Ich sehe Felix deutlich vor mir, und mir wird bewusst, wie klein er eigentlich noch ist, wie klein das Mädchen noch ist. Ich hänge die Flugblätter mit aus, spreche mit meinen Patienten über Levke, ermutige sie, die Augen aufzuhalten, bitte meine Mitarbeiter um Wachsamkeit. Das Kind kann doch nicht einfach weg sein, das gibt es doch gar nicht.

Meine Kinder müssen sich an strengere Spielregeln gewöhnen, sie verstehen das gar nicht. Es ist so schwer, ihnen kindgerecht klarzumachen, was Sorge ist, ihnen zu erklären, warum sie pünktlich sein müssen, warum sie nie in ein Auto einsteigen dürfen, warum ich wissen will, bei wem sie spielen. Wir üben Verlässlichkeit, aber einsperren kann und darf ich sie nicht. Aber sie lernen es, Verspätungen treten maximal im Bereich von zehn Minuten auf. Unter uns Eltern gibt es ein geheimes Abkommen. Ohne dass wir darüber gesprochen hätten, wird angerufen, wenn ein Kind unangekündigt zum Spielen kommt. Insgesamt sind alle aufmerksamer, man merkt sich mehr.

Ohne erkennbaren Anlass wird auf einmal ein außerordentlicher Gesamtelternabend angesetzt. Den Schulbusfahrern ist aufgefallen, dass seit längerer Zeit immer derselbe Pkw den Bussen folgt und der Fahrer die Kinder anspricht, das teilt uns ein Kontaktbeamter der Polizei mit. Wir Eltern sind in Aufruhr, er beruhigt uns, der Fahrer ist den Behörden bekannt und hatte bereits mehrfach »Besuch« von der Polizei. Es ist ein Pädophiler, aber der Polizei sind die Hände gebunden. Sie kann nichts weiter tun, als dem Mann Angst zu machen und ihm klar zu verstehen zu geben, dass man ihn im Auge hat. Denn wer Kinder einfach nur anspricht, macht sich noch nicht strafbar. Offensichtlich hat ihn das Vorgehen der Polizei aber so beeindruckt, dass der Mann inzwischen verzogen ist.

Es gibt also wieder Gespräche mit den Kindern: »Ihr steigt nie zu jemandem ins Auto.« »Wenn euch etwas Angst macht, könnt ihr zu jedem Erwachsenen gehen und es sagen, jeder wird euch helfen.« Ein Erwachsener steht von jetzt an immer mit den Kindern an den Haltestellen und wartet, bis sie eingestiegen sind.

Die Schule organisiert eine Projektwoche mit dem Thema »Selbstverteidigungsstrategien für Kinder«. Sie müssen lernen, wie weit sie an ein Auto herangehen dürfen, welche Tricks es gibt, um Kinder ins Auto zu ziehen. Die Kinder nehmen es mit Humor und Spaß. Der einzige Schutz für sie ist ein gesundes Selbstbewusstsein.

Im August wird dann ein totes Kind gefunden, vermutlich Levke. Irgendwo im Sauerland. Wie kommt sie ins Sauerland? Es ist furchtbar. Ich kenne das Kind nicht, und dennoch leide ich mit den Eltern. Wieder wandert mein Blick auf Felix, er wird jetzt auch bald acht. Sie sind doch noch so klein mit acht.

Felix, mein Kleiner

Felix ist meistens zu Streichen aufgelegt, ich darf mir auf den Elternabenden oft anhören, dass er im Unterricht eine Quasselstrippe ist und er häufig zur Strafe auf dem Flur sitzen muss. Erzählt hat er das nie, wahrscheinlich, weil er wusste, dass er zu viel geredet und diese Maßregelung verdient hat. Hätte er die Strafe nicht als angemessen empfunden, hätte ich es gewusst, denn nichts regt ihn mehr auf als Ungerechtigkeiten. Da kann er richtig böse werden, mein Kleiner, da steht er wütend vor mir, halb in Tränen vor lauter Wut, es ist ein herzzerreißendes Bild. Ich möchte ihn eigentlich nur trösten, aber in solchen Momenten darf man das nicht, weil er eben nur noch wütend ist. Innerlich muss ich oft lachen, er ist mir so ähnlich, gerade dieses Wutige und Störrische kenne ich zu gut. Ich weiß auch, dass er nur zu gern in den Arm genommen werden möchte, aber das darf man natürlich in solchen Momenten nicht zulassen. Also wütet er sich aus. Ich versuche die Welt wieder in Ordnung zu bringen, das ist allerdings nicht immer einfach.

Oder seine geliebten Yo-Gi-Oh-Karten, Sammelkarten, die unterschiedliche magische Zauberkräfte haben. Seine komplette Sammlung ist mit einer Jacke in der Waschmaschine gelandet. Mein Kleiner ist sauer. Nach »Du bist doof, mit dir rede ich nicht mehr« und »Geh weg« wird mir bewusst, dass ich wohl neue Karten kaufen muss. Aber immerhin darf ich ihn ins Bett bringen und nach längerer Zeit auch mit ihm kuscheln, und er teilt auch wieder seine Geheimnisse mit mir. Das ist ihm ganz wichtig, da wird er richtig grantig, wenn seine Schwester hinzukommt. Diese Zeit mit mir gehört ihm. Das Schönste ist für ihn natürlich den Rücken oder den Kopf kraulen.

Als ich ihm am nächsten Tag seine neuen Karten mitbringe, ist er völlig aus dem Häuschen, sie werden sofort gesichtet. Er erklärt mir, was eine gute Karte ist und was die alles können. Ausflippen tut er allerdings, weil ich das Spiel nicht begreife, er erklärt es mir, aber verstanden habe ich das immer noch nicht. »Ohh, Mama.« Tut mir ja leid, mein Kleiner, aber das verstehe ich nicht. Er gibt mir dann allerdings auch deutlich zu verstehen, dass er nicht mehr klein ist, ich soll nicht immer Kleiner sagen. Also gut, nun bist du der kleine Große. Das scheint besser anzukommen, aber irgendwie wird er ja immer der Kleine bleiben.

Sein neuestes Hobby ist BMX-Fahren. Er bastelt in der Werkstatt aus einem alten Fahrrad ein BMX-Rad, alles Überflüssige wie Gepäckträger oder Licht und noch andere Dinge werden entfernt. Das darf er natürlich nur mit einem alten Rad, sein gutes

Rad muss verkehrssicher bleiben, mit einem defekten Fahrzeug darf er nicht auf die Straße. Er baut sich eine Rampe im Garten und übt Springen. »Mama, guck mal!«

»Ja, super, kleiner Großer, ich fahr mal das Auto weg.« Das steht genau in der Flugrichtung.

»Du hast gar nicht geguckt, ich spring noch mal, aber du musst hinschauen!«

Freitags fahre ich mit dem Kleinen zur Badeanstalt, er muss endlich lernen, sich über Wasser zu halten. Nächstes Jahr hat er Schwimmen in der Schule. Es macht ihm Spaß. Natürlich muss ich zusehen, wie die anderen Mütter auch. Er macht das ganz prima, und noch vor den Herbstferien schafft er sein »Seepferdchen«. Felix ist stolz wie Oskar, zur Belohnung darf er sich etwas wünschen. Welche Frage, er wünscht sich Yo-Gi-Oh-Karten und ein neues Paar selbst gestrickte Socken. Und weil wir gerade dabei sind, gibt es auch noch neue Schuhe. Zehn Zentimeter größer vor Freude als sonst, präsentiert er seine Urkunde und sein Abzeichen Matthias. »Matthias, Matthias, ich hab mein Seepferdchen, guck mal.« Ich sehe nur, dass Matthias auf der Couch liegt, und meine dunkle Ahnung wird Gewissheit, als er sagt: »Ich habe nichts anderes erwartet« und »Das wurde ja auch Zeit«. Er hat wieder getrunken und macht das, was er in diesem Zustand immer tut: die Menschen kränken, die ihn lieb haben. Felix entgleist das Gesicht, Tränen stehen ihm in den Augen, er dreht sich um und rennt in sein Zimmer. Ich weiß, dass es sinnlos ist, jetzt hinterherzugehen. Nichts ist Felix so viel wert wie die Anerkennung von Matthias, ein Lob von ihm wiegt dreimal schwerer als eins von mir. Er ist sein Vorbild, es ist deutlich zu merken. Leider imitiert er auch Matthias' Trinkverhalten, zwar ist es Malzbier, aber aus der Flasche muss es sein. Ich beobachte es seit einiger Zeit mit zunehmender Sorge. Wenn Matthias nüchtern ist, kümmert er sich sehr um Felix. Er bastelt mit ihm, baut die Carrera-Bahn auf, spielt mit ihm und gegen ihn am Rechner Autorennspiele, übt mit ihm sicheres Radfahren, bringt ihm bei, wie man lötet. Wenn ich die beiden beobachte, sieht man deutlich, dass auch Matthias an ihm hängt.

Alles in allem läuft es eigentlich recht rund, die Sauferei ist allerdings ein echtes Problem, für das ich noch keine Lösung gefunden habe. Es wird Zeit für deutliche Konsequenzen von meiner Seite, um sein Trinken zu beenden. Aber ich scheue davor zurück. Ich liebe diesen Mann, und Felix hängt so sehr an ihm. So habe ich doch noch Hoffnung, dass er das Trinken mithilfe von außen abstellen kann, ohne dass die Beziehung beendet werden muss, aber es wird Zeit.

30. Oktober 2004, Samstag: Wo ist Felix?

Felix sprudelt über. »Mama, ich und meine Kumpels, wir wollen morgen BMX-Rad fahren, darf ich da hin?« Sie haben sich an der Schule verabredet um 14.30 Uhr. Auf dem Schulhof sind so schöne Hügel, andere gibt es hier ja auch nicht. Und seine Kumpels, das verstehe ich doch gleich, dass das wichtig ist. Ich erlaube es ihm. Erst später fällt mir ein, dass es ja ein Samstag ist. Eigentlich gibt es am Wochenende keine Verabredungen, die Wochenenden gehören der Familie, aber nun kann ich keinen Rückzieher mehr machen. Ich hab es einmal erlaubt, und dann muss ich zu meinem Wort auch stehen. Was ich meinen Kindern beibringe, das gilt natürlich erst recht für mich.

Ein schöner Herbsttag kündigt sich an, es wird noch einmal warm. Felix darf mit und gegen Matthias Autorennen am Computer spielen. Er fährt mit großem Enthusiasmus, lange hat Matthias mit ihm überlegt, wie man die Pedale der Spielkonsole auf eine Höhe bekommt, dass er sie mit seinen kurzen Beinchen erreichen kann. Nun gibt es ein kleines Podest für ihn, darauf die Pedale, dennoch »klemmt« er sich regelrecht hinter das Lenkrad.

Von einem entspannten Zustand kann keine Rede sein, aber mit Feuereifer fährt er, und er gewinnt.

Wir essen spät zu Mittag, am Wochenende will ich keinen Stress haben, da erhole ich mich mit meiner Familie. Während des Essens fällt Felix die Verabredung wieder ein. »Mama, meine Freunde warten auf mich, wie spät ist es?« Es ist halb drei. Felix muss los und sich beeilen. Er fragt mich noch, ob ich ihn bringen kann, aber das sehe ich nicht ein. Es ist zu umständlich, Fahrrad rein in den Kofferraum, raus aus dem Kofferraum. Schnell isst er zu Ende, flitzt in sein Zimmer, holt seine Armbanduhr. »Wann soll ich wieder da sein, Mama?« Um fünf, sage ich ihm, es wird mir zu früh dunkel, ich möchte, dass er im Hellen wieder zu Hause ist. Schuhe werden angezogen, dann höre ich ihn die Treppe runterpoltern, »Tschüss, Mama«. »Viel Spaß«, rufe ich ihm hinterher. Die Tür knallt, und ich sehe noch, wie er sich auf den Weg macht und kräftig in die Pedale tritt.

Wir verbringen einen ruhigen Nachmittag. Meine Tochter hilft mir, sauber zu machen.

Wir trinken Kaffee. Es wird 17 Uhr. Magdalena ist die Erste, die sagt, dass doch der Felix nun wiederkommen müsste. Na ja, ein paar Minuten geben wir ihm noch, meistens erscheint er genau in dem Moment auf dem Hof, wo ich daran denke, loszufahren. Aber er kommt nicht. Um 17.15 Uhr beschließe ich, ihn aufzusammeln. Wahrscheinlich ist mal wieder die Kette abgesprungen, und er muss schieben. Er wird fluchen wie ein Großer und sich riesig freuen, wenn ich ihn hole. Ich fahre los zur Schule, langsam natürlich, aber auf dem Radweg sehe ich keinen blonden, fluchenden Jungen. An der Schule ist er auch nicht. Wahrscheinlich war er exakt zur gleichen Zeit an der »Hindenburgkurve«, als ich dort vorbeifuhr. Es ist die einzige Stelle, an der der Radweg von der Straße aus nicht einsehbar ist. Dort ist ein kleiner Waldparkplatz mit einer riesigen Eiche, den Erzählungen nach hat Hindenburg sie dort gepflanzt, seitdem heißt diese Stelle »Hindenburgkurve«. Langsam fahre ich wieder zurück, wieder kein blonder, fluchender Junge, bestimmt hat er noch einen Abstecher zu Peter gemacht. Der wohnt direkt am Weg, und bei ihm ist es immer sehr spannend. Peters Mutter ist etwas irritiert, aber weder sie noch eines ihrer Kinder haben Felix gesehen. Er ist bestimmt in der Zwischenzeit zu Hause angekommen, ich fahre auf den Hof.

»Na und, ist er da?« Meine Tochter schüttelt den Kopf. Das gibt es doch gar nicht, wo steckt er denn? Das sieht ihm so gar nicht ähnlich. Gerade will ich seine Kumpels anrufen, da klingelt mein Vater durch. Ich habe keine Zeit, wie sonst mit ihm zu plauschen. Ich erkläre ihm, dass ich erst mal Felix auftreiben muss und wir uns morgen zum Aufbauen des Hochbetts sehen werden.

»Das ist immer Mist, ein Kind zu suchen«, sagt er. Ja, da hat er wohl recht. Ich rufe Lukas an, seinen engsten Freund, und die Mutter antwortet irritiert: »Wir waren beim Fußballturnier und gar nicht da. Mein Sohn hat nichts vom BMX-Fahren gesagt, er hat es wohl vergessen.« Mein Kleiner wird ganz schön sauer gewesen sein. Ich befürchte, dass sein Freund sich da einiges am Montag in der Schule anhören darf. Felix erwähnte, als er mich fragte, ob er am Samstag zur Schule fahren dürfe, aber nur Lukas. Welche anderen Jungen waren noch mit ihm verabredet? Mit wem könnte er noch gespielt haben? Irgendjemanden muss er noch getroffen haben, sonst wäre er jetzt hier. Ich rufe alle Jungen an, die in der Nähe der Schule wohnen und als Spielkameraden möglich sind. Aber mit wem ich auch spreche, keiner hat Felix gesehen oder mit ihm gespielt. Also, so langsam weiß ich auch nicht mehr weiter. Vielleicht ist er ja bei jemandem, der nicht in seine Klasse geht.

Es ist inzwischen 18 Uhr, als ich zur zweiten Fahrt aufbreche, diesmal mit Matthias. Wir treffen eine andere Frau, die auf der Strecke mit ihren Kindern spazieren geht, auch sie hat meinen Sohn nicht gesehen. Wir fahren wieder zur Schule, rufen nach Felix, uns antwortet nur ein Hirsch. Brunftzeit. Wir fahren zu Madita, sie spielt auch immer wieder draußen im Dorf, sie kennt

Felix, vielleicht weiß sie was. Aber auch sie hat ihn nicht gesehen. Ihre Mutter aktiviert die Telefonketten aller Klassen, ihr Mann begleitet Matthias, um den Weg noch mal zu Fuß abzusuchen. Vielleicht ist Felix hingefallen und liegt nun im Graben. Ich fahre wieder zur Schule, vielleicht wollte er auf die Toilette und ist in dem Gebäude eingeschlossen worden, vielleicht ist er in der Turnhalle. Ich klingele die ganze Nachbarschaft durch, immer die gleiche Antwort. »Nein, wir haben Felix nicht gesehen.« Ratlos fahre ich durch das Dorf und schaue, ob sein Fahrrad irgendwo steht.

In der Kirche gibt es gleich ein Konzert. Der Pastor wird den Zuhörern Bescheid geben, dass wir Felix suchen. Die Veranstaltung ist ideal, um dies mitzuteilen: Jetzt weiß es schon mal das halbe Dorf. Ich fahre nach Hause, vielleicht ist der Kleine ja inzwischen da. Aber meine Tochter wartet immer noch allein. Matthias geht jetzt noch einmal los, um mit dem Rad die Waldpfade abzusuchen. Ich fahre auch wieder weg, meine Tochter bewacht das Telefon. Mein Weg führt mich jetzt in den nahe gelegenen Siedlungsteil. Dort wohnt noch ein weiterer Freund von Felix, der schon etwas älter ist. Der Vater hat einen blonden Jungen auf einem Rad gesehen, er ist sich aber nicht sicher, ob es Felix war. Er fragt seinen Sohn Charly, und der weiß es aber ganz genau. »Ja, das war Felix, und ich habe mit ihm noch auf dem Schulhof gespielt, bis halb sechs.« Immerhin, er war an der Schule. Die Uhrzeit irritiert mich allerdings sehr, sie passt einfach nicht.

Vielleicht ist er auf dem Rückweg noch beim Bauernhof mit den kleinen Katzen vorbeigefahren und darf helfen, die Tiere zu füttern. Aber es würde mich wundern, wenn er dort noch so spät aufgekreuzt wäre. Dennoch fahre ich hin, sicher ist sicher. Aber auch hier hat man ihn den ganzen Tag nicht gesehen.

Inzwischen ist es stockdunkel, auf der Heimfahrt drehe ich meine Überlegungen hin und her.

Wohin könnte Felix nach dem Spielen gegangen sein?

Wo habe ich noch nicht gesucht?

Wieso ist er noch nicht zu Hause?

Wenn er könnte, wäre er schon da. Was für Gründe kann es geben, dass er nicht da ist? Offensichtlich kann er nicht. Was für Gründe kann es geben, dass er nicht kann? Ein Gedankenblitz: Felix hatte vielleicht einen Unfall, liegt im Krankenhaus, und man wartet sehnsüchtig, dass sich die Familie des Kindes endlich meldet. Ich fahre nach Hause und rufe die Polizei an. Es ist 18.50 Uhr.

Die Polizei stellt Fragen

»Polizei Rotenburg/Wümme, guten Abend.«

»Guten Abend, Wille. Ist Ihnen ein Unfall mit einem unbekannten Jungen gemeldet worden?«

»Nein, warum?«

»Mein Sohn ist seit zwei Stunden überfällig. Ich weiß nicht mehr, wo ich ihn noch suchen soll.«

»Wie alt ist Ihr Sohn denn?«

»Acht, er ist doch erst acht.«

Es herrscht einen Moment Stille am Telefon.

»Kam Ihr Sohn schon öfter verspätet nach Hause?«

»Nein, er ist immer sehr zuverlässig und auf zehn Minuten pünktlich. Ich weiß nicht, wo ich noch suchen soll.«

Der Polizist nimmt eine Vermisstenanzeige auf. Ich gebe ihm die Daten, nach denen er fragt, und er schickt einen Streifenwagen zu uns. Das finde ich sehr nett, die haben bestimmt auch leistungsstarke Taschenlampen, denn unsere machen nicht genügend Licht. Ich sage meiner Tochter Bescheid, dass ich noch mal losfahre, und ich bitte sie, an das Telefon zu gehen, wenn es klingelt. Ich kann nicht einfach zu Hause sitzen bleiben, ich muss mitsuchen, auch wenn ich nicht mehr weiß, wo. Es gibt mir das Gefühl, etwas tun zu können.

Ich fahre die Strecke von Felix wieder ab und versuche, mit den Scheinwerfern des Autos den Weg auszuleuchten, halte Ausschau nach einem Reflektor, der in der Dunkelheit angestrahlt aufblitzt.

Der erste Streifenwagen kommt mir entgegen. Ich unterhalte mich mit dem Beamten, erkläre ihm, was passiert ist, wo wir schon gesucht haben, wie Felix aussieht.

Er schickt mich nach Hause. »Ihre Tochter wartet auf Sie, sie ist ganz allein und macht sich auch Sorgen. Sie werden jetzt von ihr gebraucht, wir suchen hier weiter«, erklärt er mir. »Es werden gleich noch mehr Kollegen hier sein.« Ich weiß, dass er recht hat, ich muss zu Magdalena, ich muss zurück. Ich fahre zu unserem Hof, sie ist auch schon ganz aufgelöst. »Habt ihr Felix gefunden?«

»Nein, meine Kleine, noch nicht, aber die Polizei hilft uns jetzt beim Suchen, sie bringen ihn bestimmt gleich her.« Es dauert nicht lange, und die nächsten Polizisten tauchen auf. Sie benötigen eine genaue Personenbeschreibung: Welche Kleidung hat Felix an, wie sieht das Fahrrad aus, mit dem er unterwegs ist, welche Größe hat es? Einige Dinge weiß ich sofort, andere sind schon schwieriger. Jeden Tag sieht man sein Kind mit dem Rad fahren, aber jetzt, wo exaktes Erinnern wichtig ist, fällt mir erst auf, wie wenig genau man beobachtet. Blau-gelb, das weiß ich, aber wo ist das Rad gelb und wo blau? Die Fahrradgröße kann ich erst präzise sagen, nachdem ich das Rad meiner Tochter angesehen habe, das ist eine Nummer größer.

Was mein Sohn heute trug? Ich saß ihm beim Mittagessen gegenüber und kann außer der Pullifarbe nichts sagen. Nicht einmal die Größe weiß ich, die Bekleidung fällt so unterschiedlich aus, dass ich es nicht mit Sicherheit richtig angeben kann.

»Ist es vielleicht möglich, dass Ihr Sohn bei seinem Vater ist oder vielleicht bei seiner Oma?« Das halte ich für völlig ausgeschlossen, aber sie bestehen darauf, dass ich dort anrufe und mich vergewissere. Ich möchte meine Mutter und meinen Exmann eigentlich nicht beunruhigen, aber es nützt nichts, ich rufe bei beiden an. Ich stelle mich auf Vorwürfe ein, die aber glücklicherweise nicht kommen. Aber auch sie können nicht begreifen, dass der Kleine einfach so spurlos weg ist.

Vielleicht hat er sich im Haus versteckt?

Interessante Ideen haben sie ja, aber Matthias hat den ganzen Hof bereits abgesucht. Das Rad ist nicht da und auch Felix nicht.

Erst später erfahre ich, dass außer den Beamten inzwischen das halbe Dorf durch den Wald streift und nach Felix sucht, sogar die Gäste einer Silberhochzeit im feinen Aufzug sind unterwegs, kämpfen sich auf Stöckelschuhen und in Lederschuhen durch das Unterholz. Alles haben sie stehen und liegen lassen, um mir bei der Suche nach meinem Kleinen zu helfen. Die Sirenen haben die freiwilligen Feuerwehren von drei Dörfern ausrücken lassen, ich hatte sie gar nicht gehört.

Ich verstehe das alles nicht, ich versuche, meine Gedanken zu sortieren. Er ist offensichtlich bei keinem Mitschüler, er hatte keinen Unfall – was bleibt da an Möglichkeiten übrig?

Eine Abkürzung über die Waldwege?

Eher unwahrscheinlich, und es ist auch nicht wirklich eine Abkürzung. Felix weiß, dass es anstrengend ist, über diese Pfade zu fahren, dass sein Rad auf dem asphaltierten Weg viel besser rollt. Es sei denn … Ich denke nach. Ja, vielleicht wollte er uns eine Freude machen und wollte Pilze mitbringen, so könnte er, wie bei *Hänsel und Gretel*, tiefer als beabsichtigt in den Wald geraten sein. Vielleicht wurde er dort von der Dunkelheit überrascht und hat sich, da er ja ein schlaues Kerlchen ist, auf einen Jagdstand geflüchtet, um sich vor der Kälte zu schützen. Er hat ja keine Jacke mit und auch seinen Schlüssel vergessen.

Das ist die einzige logische Erklärung dafür, dass Felix nicht zu Hause ist und auch jetzt nicht mehr von allein den Weg schaffen wird.

Meinem Kleinen ist bestimmt kalt, schießt es mir durch den Kopf, er hat mit Sicherheit Hunger und furchtbare Angst. Ich fühle in mir, wie verzweifelt er sein muss, allein im Dunkeln, frierend, weinend, wartend, dass ich endlich komme und ihn ins Warme bringe. Ob er weiß, dass ich sein Rufen nicht hören kann?

Die ganze Nacht über rechne ich damit, dass es an der Tür klingelt und mir einer der Polizisten Felix nach Hause bringt. Spätestens morgen früh um zehn Uhr wird er aus seinem Zufluchtsort geklettert sein und direkt zu uns laufen. Ich hoffe inständig, dass die Nacht nicht so kalt wird, dass wir noch keinen Frost bekommen. Aber eine Erkältung wird er sich holen, ich werde ihn sofort unter die warme Dusche stellen.

In dieser Nacht schlafe ich höchstens drei Stunden.

Erster Tag der Suche, 31. Oktober 2004, Sonntag

Um 7.30 Uhr geht es hier los. Presse hat sich vorm Grundstück versammelt. Es klingelt. Felix!!! Er ist da! Wir spurten die Treppe runter, öffnen die Tür, und es steht niemand davor, keiner, nichts. Wir gehen ums Haus, irgendjemand muss ja geläutet haben, unsere hintere Eingangstür steht offen, der Schlüssel steckt noch. Ich muss gestern wohl vergessen haben, ihn abzuziehen. Mein »Lieblingsbeamter« kommt mir aus dem Flur entgegen. Diesen Polizisten haben wir in der Vergangenheit als wenig hilfreich erlebt. Er ist sehr eingenommen von sich, ein überheblicher, arroganter Typ. Als »Freund und Helfer« empfinde ich ihn nicht, er agiert eher wie ein Dorfrichter. An ihm führt aber kein Weg vorbei, wenn man die Unterstützung der Polizei braucht. Die Chance des vergessenen Schlüssels hat er sich natürlich nicht entgehen lassen, um ins Haus zu gelangen. Als wir ihn vorwurfsvoll ansehen, rechtfertigt er sich mit den Worten »Mir hat ja niemand aufgemacht«. Sein Gesichtsausdruck macht aber deutlich, dass er sich ertappt fühlt. Die Bemerkung ist auch reichlich blöd, denn mehr als rennen können wir auch nicht. Und man sollte vielleicht doch länger als zwanzig Sekunden warten, bevor man einen Schlüssel als Einladung betrachtet. Aber ich kenne unseren »Freund« nicht anders. Er müsse sich noch mal versichern, dass die Fahrradgröße stimme, sagt er.

Das verstehe ich nicht so ganz, das Thema hatten wir gestern doch abschließend geklärt. Aber bitte schön, wir gehen mit ihm wieder in die Scheune. Wieder nehmen wir das Rad meiner Tochter, erläutern ihm die nächstkleinere Nummer. Er ist zufrieden. Wir wollen nun ins Haus, können aber nicht, weil die Presse mit laufender Kamera vor dem Scheunenzaun steht. Es regt mich auf, woher wissen die, wo wir wohnen, wie soll ich sie verscheuchen, ohne gefilmt zu werden? Aber unser Polizist ist ja da, der wird das jetzt sicherlich regeln. Doch der regelt gar nichts. Er läuft schön langsam zu seinem Auto, zieht sich gemütlich andere Schuhe an, steigt in den Wagen ein und fährt weg. Ich kann es nicht fassen. Wieso schickt er die Leute nicht weg? Anscheinend kann er es wohl nicht, sie stehen nicht auf meinem Grundstück, vom Hausrecht kann er also keinen Gebrauch machen. Es scheint, als müssten wir da durch. Wir sind jetzt also Freiwild für die Presse. Es nützt nichts, wir müssen ins Haus zurück und werden dabei gefilmt. Ich finde es doch sehr befremdlich: Felix ist verschwunden, und die haben nichts Besseres zu tun, als daraus Auflage oder Quote zu schinden. Zu meinen und Felix' Lasten, versteht sich. Mein erster Kontakt mit der seltsamen Welt der Medien, ich nehme sie als Perversion der Wirklichkeit wahr.

Aus der Küche heraus beobachten wir, wie sich langsam, aber sicher die Zahl der Fahrzeuge vor dem Hof erhöht, nun sind es zwei Kamerateams und drei Fotografen.

Mein Vater kämpft sich durch die Presseleute, er will das Bett aufbauen. Ob das unser Felix ist, dessen Suchmeldungen inzwischen durch das Radio laufen, will er wissen. Ich nicke traurig.

Die ersten Reporter wagen sich ans Haus, klingeln und bitten um Interviews. Ich will keine Interviews geben, ich mache mir

Sorgen. Ich habe Angst um meinen Sohn, was wollen die alle von mir? Immer wieder wird geläutet, erst versucht es der eine, dann trauen sich die anderen. Ich bleibe freundlich und schicke sie wieder weg.

Woher die Journalisten unsere Adresse haben, ist mir schleierhaft. Selbst die Post hat Probleme, Briefe und Päckchen richtig zuzustellen. Aber die da draußen wissen nicht einmal unseren Nachnamen und haben uns gefunden.

Gegen neun bin ich die Klingelei leid, offensichtlich gehört es wohl dazu, dass man zu seinem Kummer auch noch diese Schmeißfliegen loswerden muss. Jedes Läuten zerrt an den Nerven. Ich muss ja aufmachen, es könnte auch Felix sein, der nun so langsam auf dem Weg sein müsste von seinem Jagdhäuschen nach Hause.

Ich hab die Faxen so dicke, dass ich beschließe, die Leute nach und nach abzufertigen, damit ich sie endlich los bin. Es klingelt wieder. Ein Unsympath steht vor der Tür, neugierig späht er in den Flur. Die *Bild*-Zeitung, das war ja klar. Damit ich endlich meine Ruhe habe, werde ich auch ihn hereinlassen, aber alle schön der Reihe nach. Ich kann zu diesem Zeitpunkt nicht wissen, dass sie nie das Interesse verlieren, nie satt sind. Dass es nie Frieden geben wird, egal was ich tue. Aber heute, jetzt und hier, habe ich die Hoffnung, sie nur einmal bedienen zu müssen, um dann Ruhe zu haben.

Ob er Felix' Zimmer mal sehen kann? Es muss wohl sein. Ich zeige ihm das Zimmer meines Sohnes. Von Fotografieren ist allerdings nicht die Rede gewesen, aber der Typ fängt wie wild an zu knipsen.

»Ach, ein Aquarium. Sind das Felix' Fische?« Knips.

»Ach, ein Buch. Hat er das zuletzt gelesen?« Knips.

Alles grabbelt er an, dreht die Bücher um.

»Ach, ein Hase. Ist das Felix' Kuscheltier?« Er drückt mir den Hasen in die Hand. Knips.

Nein, das ist kein Kuscheltier, sage ich, so etwas hat Felix nicht. Das scheint den Journalisten aber nicht wirklich zu interessieren.

Mir reicht es, ich schicke ihn sehr nachdrücklich raus, denke aber nicht daran, mir den Film geben zu lassen. Warum auch? Hat er gefragt, ob er das veröffentlichen darf? Nein, hat er nicht. Immer wieder hatte ich ihm gesagt, er soll das lassen. Er hört nicht auf und fliegt nun raus.

Puh, Nummer eins bin ich los.

Ding-dong, der Nächste. Der Reporter ist sehr höflich und freundlich. Während wir reden, taucht wieder einer auf. Na, prima ... Aber nein, er stellt sich vor: »Peters, Polizei Lüneburg, Verhandlungsgruppe.« Sehr deutlich, mit entsprechender Stimme, scheucht Herr Peters erst einmal alles an Presse weg. Allein dafür bin ich dem Mann unendlich dankbar. In der Küche erklärt er uns, dass gleich noch mehr Kollegen erscheinen, dass er dafür sorgen wird, dass die Presse uns nicht länger belästigt.

Inzwischen ist es zehn, Felix müsste jetzt jeden Moment aufkreuzen. Ich schaue aus dem Fenster, den Radweg entlang. Wieder und wieder denke ich mir, dass er doch gleich auftauchen muss. Aber es kommt kein kleiner blonder Junge, keiner, sein Rad bleibt auch verschwunden.

Herr Peters erklärt uns inzwischen seine Aufgaben, sagt, dass er und die weiteren Kollegen die sogenannte Verhandlungsgruppe bilden würden, sie setze sich aus Polizeibeamten der unterschiedlichsten Tätigkeitsbereiche zusammen. Sie hätten eine zusätzliche psychologische Ausbildung und sollen das Bindeglied zwischen den ermittelnden Beamten und uns sein. Dies soll einfach verhindern, dass unter Umständen ständig verschiedene Beamte bei uns erscheinen, um uns alle dasselbe zu fragen.

Irgendwie finde ich diesen ganzen Aufwand übertrieben. Hier ist eine Maschinerie angelaufen, die mich überrascht und auch erschreckt, denn ich bin mir ganz sicher, dass sie nur alle Jagdstände durchsehen müssten und dass da irgendwo Felix hockt. Eine andere logische Erklärung gibt es für sein Verschwinden nicht.

Inzwischen sind zweihundert Polizisten mit der Fahndung beschäftigt. Zweihundert Menschen suchen meinen Kleinen, sie werden ihn finden. Sogar ein Hubschrauber mit einer Wärme-bildkamera ist unterwegs. Ich verstehe nicht, warum er immer noch nicht da ist. So weit würde er nicht in den Wald gehen, sie hätten ihn in einem der Straße nahe gelegenen Hochstand finden müssen. Er geht nicht so tief in den Wald.

Die angekündigten Kollegen treffen ein, sie stellen sich vor, Herr Roth und Frau Tietjen, eine zierliche Frau, vielleicht so alt wie ich. Herr Roth mag so um die fünfzig sein. Unser Küchen-tisch wird mit Handys zugepflastert, jeder der Beamten hat min-destens zwei, dazu kommen unsere Festnetzanschlüsse und unser Mobiltelefon. Wenn es klingelt, suchen wir das richtige Gerät, al-lerdings ist bei uns das Handynetz so schwach, dass Gespräche meist nur über das Festnetz möglich sind.

Immer mehr Beamte bevölkern das Haus.

Plötzlich behauptet einer, das Rad von Felix stehe doch in der Scheune. Wir stürzen hinaus. Sollte er inzwischen da sein und traut sich nicht, ins Haus zu kommen, weil er sich so sehr ver-spätet hat? Das kann ich nicht glauben, um acht Uhr stand sein Fahrrad nicht in der Scheune.

»Da ist doch das Rad, blau-gelb«, sagt der Beamte. Hat der Mann Tomaten auf den Augen? Das Rad, auf das er zeigt, gehört meiner Tochter. Es ist zum einen zu groß, und zum anderen ist es orange. Ich erkläre ihm, dass dieses Fahrrad Felix' Schwester gehört. Er streitet das rigoros ab, das Rad sei blau-gelb, das gehöre Felix. Ich werde ein wenig ärgerlich. Wenn jemand weiß, wem welches Rad gehört, dann ja wohl ich. Er gibt keine Ruhe. Da stünden ja so viele Räder herum, eines davon sei sicher das von Felix. Ich fasse es nicht. Ein Rad gehört mir, eines Matthias, eines meiner Tochter, eines ist für Spielkameraden, und eines wird gerade zerlegt. Aber das von Felix fehlt nun mal, so schön es wäre, aber das Rad ist nicht da. Mein Puls pegelt sich wieder ein. Er scheint es begriffen zu haben.

Beamte mit Hunden sehe ich auf dem Hof. Sie sollen Witte-rung aufnehmen, ob das in Ordnung gehe. Was für eine Frage.

Logisch geht das mehr als in Ordnung. Wir lassen die Hundeführer ihre Arbeit machen und bleiben in der Küche. Ich verstehe nur nicht, warum die auf den Dachboden wollen. Auf dem werden die Hunde bestimmt keine Witterung aufnehmen können. Ich frage nach. Einer der Beamten umschreibt es noch nett, aber es stimmt schon, es gibt Eltern, die man weinend im Fernsehen sieht, obwohl sie ihr eigenes Kind in die Tiefkühltruhe gepackt haben. Woran ich natürlich nicht gedacht habe. Und dann scheint es durchaus schon vorgekommen zu sein, dass sich Kinder manchmal derartig gut verkriechen, dass sie aus dem Versteck nicht mehr rausfinden. Der Beamte erzählt mir, dass sie einmal ein Kind nach Wochen verdurstet im hintersten Winkel im Elternhaus gefunden haben. »Das passiert einem nie wieder«, sagt er mir.

Das Telefon klingelt, es ist Maditas Mutter. Sie ist mit Geld nicht zu bezahlen. Sie gibt mir eine lange Liste mit Namen, Telefonnummern, Daten, wer im Dorf was gesehen hat, welches Auto wo gesehen wurde. Teilweise haben sich die Menschen die Kennzeichen gemerkt, manche sogar Baujahr und Typ.

Das ganze Dorf ist an der Suche beteiligt, hilft mit Informationen, ich bin beeindruckt. In dieser Gegend, wo jeder jeden kennt, fallen fremde Fahrzeuge auf. Die Menschen merken es sich.

Maditas Mutter meldet unter anderem ein fremdes Fahrzeug mit belgischem Kennzeichen, am Samstag stand es verlassen im Wald, die Nordic-Walking-Gruppe unseres Dorfes war ab 16.45 Uhr auf dem »Hindenburgplatz« und hatte es gesehen. Maditas Mutter sagt mir auch, welche Personen zu dieser Gruppe gehören. Der Jäger saß auf dem Hochsitz Stichweg/Stremelsheide, Frau Paul, die mit ihren Kindern spazieren war, hätte das und das gesehen und, und, und. Ich gebe die Informationen und das Telefon gleich an Herrn Roth weiter.

Es dauert nicht lange, da tauchen die nächsten Beamten auf.

Einer unterhält sich mit Matthias, eine Frau mit mir. Erst später wird mir klar, dass das eigentlich eine Vernehmung war. Zwei Stunden lang Fragen. Was haben Sie gestern gemacht? Wer war wo? Was ist Felix für ein Kind? Könnte er weggelaufen sein? Wie zuverlässig ist Ihr Sohn? Wie ist das Verhältnis der Geschwister zueinander? Wie das zu den Großeltern? Wie steht Felix zu Matthias und er zu ihm? Wo haben Sie Matthias kennengelernt? Und wieder die Fragen nach der Bekleidung und dem Rad. Von welchem Hersteller ist das Fahrrad, weist es spezielle Eigenheiten auf?

Ich zermartere mir das Hirn. Mein Gott, wie oft sieht man sein Kind mit dem Rad fahren, und jetzt, wo es drauf ankommt, kann ich mich nicht einmal an den Hersteller erinnern. Besonderheiten hat das Rad, das weiß ich sofort, ich habe meinem Sohn selbst den Fahrradtacho gekauft. Weiter und weiter geht es, immer mehr Fragen prasseln auf mich ein.

»Welche Größe? Welche Qualität? Wo wurden die Sachen gekauft? Welche Socken? Was für Schuhe? Wo und wann wurden die Sachen erworben? Wir brauchen Vergleichskleidung.

Ich kann mich nicht an den Pulli erinnern. Ich weiß nur noch: Er ist blau. Herrje, er hat mir gestern am Mittagstisch gegenübergesessen, und außer blau fällt mir nichts mehr ein.

Sie brauchen ein Foto!

Ich krame die Kiste mit den Bildern durch. Eine Aufnahme, möglichst frontal, auch das noch. Wieso hab ich bloß so wenig Fotos von meinem Junior? Wir müssen erst mal das aus seinem Pass nehmen. Die Qualität ist in Ordnung.

Die Hose, die er trug? Wir hatten davon zwei, eine war zu klein, wo um Himmels willen habe ich diese noch hingegeben? Ich rufe eine Freundin an, die die Kleider oft von uns erbt. Sie wird alles durchsuchen und wieder anrufen. Warum sie nach der Hose suchen soll, fragt sie noch zum Schluss. Sie wohnt in Sachsen, woher soll sie es wissen. »Unser Felix ist weg«, sage ich ihr. »Er ist vom Spielen nicht nach Hause gekommen, gestern. Die Polizei ist hier, wir brauchen ein Bild von der Bekleidung, und

Felix hatte diese Hose gestern an.« Sie sagt noch, sie wolle sich beeilen.

Immer wieder ist die Suchmeldung im Radio zu hören. »Seit gestern 18 Uhr wird der achtjährige Felix aus Neu-Ebersdorf vermisst.« Mir stehen die Tränen in den Augen, ich schalte das Radio aus.

Wir hätten doch irgendwo das Fahrrad finden müssen, denke ich. Wo das Rad ist, ist auch Felix. Wieso ist er immer noch nicht da? Offensichtlich kann er nicht.

Vielleicht ist er gefallen und hat sich verletzt, hat sich irgendwo verheddert, ist in etwas reingestürzt. Aber dann müsste doch das Fahrrad irgendwo sichtbar herumstehen. Und in diesem Fall hätte man das doch schon gefunden.

Die Beamten brauchen eine Aufnahme von dem Rad. Wieder krame ich in der Fotokiste. Es ist zum Verzweifeln, ich habe kein Bild mit Felix auf dem Rad.

Ich suche die Versicherungsunterlagen durch, da müsste die Quittung liegen. Aber ich finde sie nicht. Wenigstens ist mir inzwischen der Hersteller eingefallen, Matthias recherchiert im Internet. Aber von diesem Modell gibt es keine Abbildung. Der Hersteller, so erfahren wir, legt das Rad jedes Jahr mit einer anderen Lackierung neu auf, das ist insofern gut, weil es uns beim Suchen hilft. Es ist kein Massenprodukt. Und ich weiß, wo es gekauft wurde. Wir werden am Montag sofort versuchen, ein Duplikat zu besorgen.

Und immer noch sitzt tief in mir das Gefühl, dass das, was gerade passiert, eigentlich gar nicht passieren kann, denn Felix ist pfiffig und wird hier irgendwo sein. Sie brauchen nur das Rad zu finden, irgendwo hier in meiner Nähe ist er.

Mein geschiedener Mann kommt mit seiner Freundin vorbei, er hat beim Suchen geholfen. Wieder Fragen. Kennt Felix die Strecke gut, die er gefahren ist? Wie oft hat er sie schon benutzt? Hat er vielleicht durch den Wald eine Abkürzung genommen? Ich habe die Fragen schon oft gehört, endlos habe ich sie beantwortet, und ich beantworte sie ihm wieder. Ich bitte ihn, unsere Tochter für eine Woche mitzunehmen, raus aus dem Trubel, weg von der Presse. Wie die Aasgeier hocken die Reporter hinter jedem Busch.

Magdalena nimmt ihre Schulsachen mit, ich erkläre der Freundin meines Exmannes, wie wir bislang gelernt und geübt haben. Sie hört aufmerksam zu, vermittelt mir den Eindruck, dass ich ihr meine Kleine beruhigt mitgeben kann.

Herr Roth und Frau Tietjen bleiben an diesem Tag sehr lange. Ich stehe in der Küche, sehe aus dem Fenster, auf den Radweg. Unbewusst halte ich Ausschau, warte, hoffe, dass mein Kleiner gleich um die Ecke saust. Autos fahren vorbei, hier bei mir steht die Zeit still, sie dehnt sich in die Ewigkeit. Die Dämmerung bricht herein, die Sonne, sie geht auf und sie geht unter, nur hier in diesem Haus tut sie das nicht mehr.

Die Zeit … sie steht.

Dämmerung heißt Abbruch der Suche, ohne dass Felix wieder da ist. Ich hoffe wieder auf eine Nacht ohne Frost. Es ist beklemmend, Felix wird Angst haben, kann verletzt sein, Schmerzen haben, hungrig sein, frieren. Ich friere mit ihm. Und ich kann nichts anderes tun als hoffen, dass es keinen Frost gibt und dass es nicht regnet. Wenn wir ihn nicht bald finden, wird er im Wald erfrieren, die Tage werden rasend schnell kürzer.

Ich sehe im fahlen Licht aus dem Fenster auf den Radweg. Die gesprochenen Worte um mich herum ziehen an mir vorbei. Ich antworte unbewusst.

Ich kann nicht essen, nicht schlafen. Immer wieder schrecke ich im Schlaf hoch, geweckt von Träumen. Es ist Felix, der mich ruft, ich sehe ihn und kann nicht zu ihm. Er weint. »Hol mich doch«, ruft er, sieht mich an, streckt die Arme aus. Tränen kullern über das kleine Gesicht.

Wieder habe ich wenig geschlafen. Noch immer ist Felix nicht zu Hause. Mein erster Blick gilt dem Wetter. Es ist trocken geblieben, und es hat nicht gefroren, Felix kann auch diese Nacht überlebt haben. Ich füttere seine Fische und quäle mich zur Arbeit, Herr Roth und Frau Tietjen kommen erst gegen Mittag. Meine Handynummer haben sie, sobald es etwas gibt, rufen sie sofort an. Heute muss er auftauchen. Heute finden sie ihn. Heute bringen sie ihn mir wieder.

Auch meine Patienten hören Radio. Einige kennen meinen Sohn, manchmal habe ich ihn zur Arbeit mitgenommen. »Ist das Ihr Sohn, der gesucht wird?« Ich nicke, beschwichtige sie, beruhige sie, erzähle ihnen, dass Felix ein ganz pfiffiger Junge ist, dass er sich bestimmt irgendwo verfangen hat und dass er ganz bestimmt heute nach Hause kommt – und dass es ganz furchtbar ist. Dann versuche ich zu arbeiten. Ich versuche mich zu konzentrieren. Heute stehen nur Hausbesuche auf meinem Zettel, während des Fahrens suchen meine Augen unwillkürlich nach Felix' Rad.

Mittags sind Herr Roth und Frau Tietjen wieder da. Mein Dienstplan ist auch für den Nachmittag voll, ich rufe meine Kollegin an und bitte sie, meine Termine zu übernehmen. Erzähle ihr von Felix' Verschwinden. Sie ist sofort bereit und übernimmt meine Praxispatienten. Ich habe das Gefühl, dass es wichtig ist, jetzt zu Hause zu sein.

Wieder geht es um die Hose, um Vergleichskleidung. Meine Freundin hat sie nicht finden können. Öfter habe ich Wäsche in den Kindergarten gegeben, da Felix dort auch immer wieder mal neu eingekleidet wurde. Jede Pfütze war seine. Ich rufe im Kindergarten an, bitte, den Fundus durchzusehen und sofort anzurufen.

Die Schulleitung meldet sich bei mir. In dem Moment, wo ich die Direktorin höre, schießt es mir durch den Kopf: Ich habe ver-

34

gessen, Felix für heute zu entschuldigen. Ich hole dies schnell nach, stammle eine Entschuldigung, dass ich es versäumt habe. Irgendwie verrückt, denn das ganze Dorf weiß ja, dass wir Felix suchen, natürlich auch die Schule. Die Direktorin, seine Klassenlehrerin und einige Eltern wollen mich besuchen kommen, ob es recht ist. Ich bin irritiert, warum wollen sie mich besuchen? Wir besuchen uns ja sonst auch nie.

Wieso sind die alle so aufgeregt? Felix kommt heute wieder nach Hause, sicher wird er eine dicke Erkältung haben, aber er wird auftauchen.

Die Polizei hat ein Flugblatt erstellt, ob ich es sehen möchte. Nein, ich will es nicht sehen. Ich halte das für überflüssig, weil der Kleine heute wiederkommt. Die Beamten lassen es auf dem Tisch liegen.

Es tut mir ja leid, dass alle so in Aktion sind, denn das Ganze wird sich heute noch aufklären.

Ich verfolge die Presse nicht, ich kann mir sowieso vorstellen, was die für eine Horrorgeschichte zusammengebastelt haben.

Reporter haben die Schule belagert, rein vorsorglich wird der Unterricht eine Stunde früher beendet, unsere Schulbusfahrer bringen die Kinder bis direkt vor die Haustür. Das sind Dinge, die ich nebenbei höre und registriere.

Die Kripo war in dem Geschäft, in dem Felix' Fahrrad gekauft wurde. Auch die Ladeninhaberin ist mit Geld nicht zu bezahlen, denn sie durchsucht ihre gesamte Buchführung aus dem entsprechenden Jahr, um herauszufinden, wer das gleiche Fahrrad gekauft hat. Ich weiß, wie viel Arbeit es bedeutet, die Buchführung von zwölf Monaten zu durchforsten. Und es ist wichtig, Fehler sind nicht erlaubt, es geht um das Leben eines Kindes. Das ist nicht nur mir bewusst. Sie wird tatsächlich fündig. Da immer Bescheinigungen für die Versicherungen ausgestellt werden, konnte sie die Anschrift eines Käufers ermitteln, die Familie ist glücklicherweise nicht umgezogen und bereit, das Fahrrad zur Verfügung zu stellen. Wir brauchen Fotos.

Die Kripo bringt das Rad erst zu uns, ob es auch wirklich das richtige ist. Mir schnürt es den Hals zu, als ich es sehe. Ein Duplikat von Felix' Fahrrad. Aber Felix fehlt. Sie bringen es zur Einsatzleitstelle, direkt neben dem Pressezentrum im Nachbarort.

Einige Zeit später ruft mein Vater aufgeregt an. »Ihr habt das Fahrrad gefunden, habt ihr Felix?« Wieso Fahrrad gefunden? Ich weiß gar nicht, was er von mir will. Durch die Presse geistert, das Fahrrad sei gefunden. Ich sehe Herrn Roth irritiert an, der blickt aber genauso verwirrt wie ich und weiß auch von nichts. Die Journalisten konnten mal wieder die Pressekonferenz nicht abwarten und haben das Ausladen des Duplikats als Fund gewertet und dies voreilig gemeldet.

Ein Duplikat von Felix' Schuhen wird noch benötigt. Wozu von den Stiefeln? Die Menschen werden doch eher das Fahrrad, die auffällige Hose oder Felix an sich erkennen, aber doch nicht die Schuhe. Herr Roth klärt mich auf, es gehe dabei um den Sohlenabdruck. Das leuchtet ein. Er sagt weiterhin, es wurden Spuren gesichert, alle möglichen am Wegesrand, man versuche festzustellen, wo Felix verschwunden sei und wann. Da hilft ein Schuhabdruck natürlich weiter. Hier kommt mir ein peinlicher Vorfall beim Kauf zu Hilfe. Felix hat die Stiefel erst vor den Herbstferien bekommen, das ist also noch nicht so lange her. Er wollte sich zu Hause gleich in die neuen Schuhe stürzen, sagte aber bald zu mir, sie seien komisch. Bei näherer Betrachtung stellten wir fest, dass uns die Verkäuferin zwei linke Stiefel verkauft hatte. Einen Tag später habe ich den passenden rechten geholt. So etwas passiert in Schuhgeschäften nicht so häufig, die Angestellte konnte sich dadurch auch sehr gut erinnern und ein Duplikat aus dem Regal für die Kripo sichern. Morgen werden sie abgeholt

Nach wie vor haben wir Schwierigkeiten, genau festzustellen, wann und wo Felix verschwand. Es gibt Differenzen in den Uhrzeiten. Felix' Freund Charly schwört Stein und Bein, er habe ihn noch um 17.30 Uhr an der Schule gesehen. Er sei auf dem Heimweg gewesen und wollte gerade auf die Hauptstraße abbiegen.

Ich verstehe das überhaupt nicht, denn dann hätte ich Felix sehen müssen. Ich war ja gegen halb sechs an der Schule. Ich ärgere mich, weil ich nicht exakt sagen kann, wann ich das erste Mal losgefahren bin. War es nun 17.20 Uhr oder 17.25 Uhr oder 17.30 Uhr, vielleicht auch 17.15 Uhr?

Auch Frau Paul, der ich beim Suchen mehrfach begegnete, passt nicht in das Zeitbild. Sie war am Samstag spazieren mit ihren Kindern, sie ging den gleichen Weg, den Felix fuhr, er hätte ihr begegnen müssen. Sie war seit 15 Uhr unterwegs, um 17.30 Uhr traf ich sie im Dorf, sie hat Felix nicht gesehen.

Wir können bislang nur sagen, zwischen 16.15 Uhr und 17.30 Uhr verschwand Felix mit seinem Fahrrad spurlos.

Verschluckt, weg, einfach so.

Und wieder wird es dunkel, wieder läuft das Leben draußen weiter, ohne Felix und ohne uns. Und wieder bedeutet die einsetzende Dämmerung, dass die Suche ergebnislos abgebrochen werden muss.

Wenn sie ihn im Wald bislang nicht gefunden haben, dann ist er auch nicht dort. So weit würde Felix nie in den Wald gehen, sie hätten längst das Rad gefunden.

Könnte er in die Bunkerruinen geklettert sein? Selbst wenn, er würde ja nicht sein Fahrrad schultern, um samt Rad einen Bunker zu erforschen. Die Ruinen sind alle gesprengt, es ist unmöglich, in diese noch reinzukommen.

Wir haben sie gemeinsam mit Felix angesehen, er durfte darauf rumklettern. Ihm sollte seine kindliche Neugier nicht irgendwann zum Verhängnis werden. So gab es das kontrollierte Risiko mit uns. Er hat damals selbst festgestellt, dass die Ruinen völlig unspannend sind.

Dass sie ihn nicht gefunden haben, bedeutet für mich aber auch, dass er nicht irgendwo in der freien Wildbahn ist, sondern in irgendeinem Haus, Keller oder Ähnlichem. Er ist jedenfalls nicht der Witterung ausgesetzt. Er friert also nicht und hat auch keinen Hunger, dafür hat er Angst.

Am Abend schleppe ich eine Matratze ins Wohnzimmer, ich kann die Stille im Schlafzimmer nicht ertragen. Immer wenn es dunkel und ruhig wird, kommen die Gedanken. Meine Ängste fahren im Kopf Karussell, alles wirbelt durcheinander. Gedanken tauchen auf, die mich nicht einschlafen lassen und die sich auch später in meine Träume schleichen, die mich wieder aufschrecken lassen und mir Angst machen vorm Wiedereinschlafen.

Ich schlafe vor dem laufenden Fernseher. Es ist besser, von irgendeiner Shampoo-Werbung in den Schlaf gewiegt zu werden, als diese Gedanken mit in die Träume zu nehmen.

Herr Roth und Frau Tietjen sind schon lange weg, es ist spät, bestimmt schon 23 Uhr, eine Uhrzeit, zu der man nicht mehr anruft, es sei denn, es ist etwas passiert. Es klingelt, ich hechte ans Telefon.

Jetzt, sie haben ihn gefunden.

Eine Frau meldet sich, sagt, sie habe Kontakt zu Felix. Wie, sie hat Kontakt zu Felix? Ja, sie halte täglich spiritistische Sitzungen ab und habe Kontakt zu Felix aufgenommen. Sie sähe ihn in einem Bunker oder so etwas sitzen, er sei verletzt und warte auf uns. In der Nähe sei Wasser, es könne eine große Pfütze, ein Teich sein. Sie sende ihm täglich Energie, aber wir sollten uns beeilen, der Junge habe nicht mehr viel Zeit.

Ich bitte sie, das der SOKO zu erzählen.

Hä? Was will die mir denn erzählen? Wasser, hier ist jede Menge Wasser. Wir leben in einem Moorgebiet, das ist naturgegeben mit Wasser verbunden. Nicht ohne Grund wurden als Erstes die Moorteiche abgesucht. Ich hatte meinen Kindern eingeschärft, dass das tückische Seen sind. Habe ihnen erklärt, was ein Moor ist, warum dort keine Vögel leben. Habe ihnen gezeigt, dass das Wasser nur dreißig Zentimeter tief ist, der Rest ist Moor, mit seinen Geheimnissen und Abgründen. Und Bunker? Das Thema hatten wir schon, sie sind alle abgesucht.

Wir sollen »uns beeilen«! Was glaubt die, was wir hier machen, eine Tupperparty?

Ich weiß, sie meint es nur gut, ist der festen Überzeugung, uns mit ihren medialen Fähigkeiten helfen zu können, aber sie formuliert meine Ängste, die ich jetzt nicht gebrauchen kann, die ich nicht haben will, nicht zulassen will und die sich nun erst recht in meine Träume schieben.

Dritter Tag ohne Felix, 2. November 2004, Dienstag

Ich bitte Herrn Roth und Frau Tietjen festzustellen, ob es wohl möglich wäre, mit Levkes Mutter zu sprechen. Ich möchte auch wissen, wo die Polizei schon überall gesucht hat. Ich erzähle von dem Anruf gestern Nacht und erfahre, dass die Frau sich tatsächlich bei der SOKO gemeldet hat, noch mehr staune ich, als sie mir sagen, dass sie daraufhin eine Gruppe abgezogen haben, um noch mal die Bunkerruinen zu durchsuchen. Man mag an diese übersinnlichen Fähigkeiten glauben oder nicht, auf jeden Fall schaden sie nicht, von daher wird auch diesen Hinweisen nachgegangen, wie allen anderen auch.

Das Fahrrad. Ich lande bei meinen Gedankengängen immer wieder bei dem Rad. Die Beamten hätten es schon längst finden müssen. Eigentlich können sie aufhören, im Wald zu suchen, er ist nicht hier im Wald.

Meine Gedanken drehen sich im Kreis. Felix wurde offensichtlich abgegriffen. Wer schnappt sich denn ein Kind? Wieso?

Wieso ist das Fahrrad weg? Wer geht das Risiko ein, auch noch ein Rad zu verladen? Das kostet Zeit, und Zeit erhöht das Risiko.

Er steigt nicht freiwillig irgendwo ein, das haben wir ihm eingeschärft.

Zu wem würde er überhaupt einsteigen?

Wen kennt er so gut, dass er das tun würde?

Ein Racheakt? Wer würde sich auf eine solch perfide Weise an mir rächen wollen – und wofür?

Ich traue es keinem aus meinem Bekanntenkreis zu, sich über ein Kind für irgendetwas rächen zu wollen. Vielleicht doch ein Unfall, und aus Angst vor den Folgen hat derjenige, der ihn verursacht hat, das Kind und das Fahrrad eingeladen? Aber dann hätten wir Unfallspuren sehen müssen. Bruchstücke von einem Reflektor oder ähnliche Dinge. Man nimmt ins Auto ja keinen Besen mit, um unter Umständen die Straße zu reinigen, falls man ein Kind anfährt.

Möglicherweise doch ein Bekannter, der uns nur ein bisschen Angst machen wollte und nun, erschrocken über die Maschinerie, die da angelaufen ist, Felix nicht mehr gehen lassen mag.

Oder eine Entführung, nur ist er nicht mehr dazu gekommen, seine Forderung loszuwerden, weil die Polizeimaschine so schnell anlief.

Ich habe mehr Fragen als Antworten.

Immer noch gibt es Informationen im Zeitbild, die nicht zusammenpassen. Ein Autofahrer hat sich gemeldet, er hat Felix auf dem Radweg, Höhe Abzweig Oerel, gesehen, um 16.15 Uhr.

Als mir die Situation beschrieben wird, weiß ich, dass das mein Kleiner war. Er war vor dem Überqueren der Straße vom Rad abgestiegen, hat den Autofahrer angesehen, gewartet, dass er anhält, und dann das Rad auf die andere Seite geschoben. Ich bin stolz auf meinen Kleinen, dass er alles richtig gemacht hat. Ich könnte heulen.

Aber die von Charly genannte Uhrzeit, 17.30 Uhr, ist noch nicht ausgeräumt. Ist Felix umgekehrt? Warum sollte er das tun? Hatte er etwas vergessen?

Wir fahren in die Leitstelle der Polizei, Matthias will nicht mit. Seitdem die Kripo im Haus ist, ist er eigenartig. Er mag die Beamten nicht, aber sie sind die Einzigen, die uns helfen können, Felix zu finden. Er sitzt meistens am Küchentisch, beteiligt sich nur wenig an den Gesprächen, löst Kreuzworträtsel. Wenn die Beamten weg sind, fängt er an zu schimpfen. Sie wollen uns nur ausspionieren, nun haben sie ja endlich einen Grund, hier rumzuschnüffeln, die wollen uns was anhängen. Was sollen die Hunde bei uns im Haus, selbst im Keller haben die gesucht? Was glauben die denn eigentlich?

Ich verstehe das nicht, was sollen die uns denn anhängen wollen? Selbst wenn ich aus Unkenntnis was falsch gemacht haben sollte, es wäre mir total egal. Es geht hier um wichtigere Dinge, es geht um Felix' Leben, alles andere ist völlig nachrangig.

Herr Peters hat ein Auto mit abgetönten Scheiben, mit dem wir zur Leitstelle fahren. Ich komme mir vor wie ein VIP. Ich sehe unterwegs die Suchmannschaften. Ein Fahrzeug hinter dem nächsten, eine Gruppe macht sich gerade auf den Weg ins Dickicht. Strengt euch bitte an, flehe ich in Gedanken, gebt meinen Kleinen nicht auf.

Da die Pressestelle direkt neben der Leitstelle untergebracht ist, ist es ein Abenteuer, ungesehen hineinzukommen. Die Presse ist nach wie vor skrupellos. Die Schule wird belagert, die Eltern haben inzwischen mehr Angst, dass ihre Kinder von den Medien abgefangen werden, als dass ein unbekannter Täter an die Kinder geht. Mehrfach muss die Schulleitung vom Hausrecht Gebrauch machen und Hausverbote aussprechen. Bei Schulschluss steht ein Streifenwagen auf dem Pausenhof, die Kinder könnten sonst nicht einmal in die Busse einsteigen. Die *Bild*-Zeitung hat die Fotos, die der Unsympath gemacht hat, natürlich auflagensteigernd verwertet. Aufnahmen von mir oder meiner Tochter wären jetzt der Knüller. Ich bin erschrocken über das Aufgebot an Presse, Übertragungswagen, Kameras. Natürlich … Levke verschwand, auch Dennis und Adelina haben wir hier nicht vergessen. Auf diesen Zug springt die Presse natürlich auf.

Ein bisschen amüsiere ich mich denn doch, dass ich so direkt vor ihrer Nase an ihnen vorbeifahre und sie es nicht mitbekommen. Wir nehmen den Hintereingang. In der Leitstelle sind detaillierte Umgebungskarten ausgebreitet. Dort ist alles verzeichnet, selbst die alten Brunnen. Dass es in dieser Gegend welche gab, wusste nicht einmal ich. Ich frage, ob sie an den Förster ge-

41

dacht haben, denn unser Gebiet ist ein Staatsforst, und niemand kennt den Wald so gut wie er. Er gehört zu den Menschen, die sich bereits am Sonntag gemeldet haben, und er geht immer wieder mit den Beamten durch den Wald, zu den neuralgischen Punkten. Den Förster kennt fast jedes Kind, im Rahmen des Kindergartens gibt es alljährlich eine Waldwoche. Da sind dann unsere Kleinen in diesem Dickicht, und der Förster ist dabei.

Sie zeigen mir, welchen Bereich sie bereits durchkämmt haben, welche Region heute dran ist, was noch an Durchsuchungen folgen wird. Sie fragen mich nach Felix, ich erzähle es ihnen gern. Sie sollen wissen, für wen sie das hier eigentlich alles machen.

Wenn Felix wieder da ist, werden wir uns zu Weihnachten bei ihnen bedanken, nehme ich mir vor.

Inzwischen sind siebenhundert Spurenhinweise bei der Sonderkommission eingegangen. Nun gibt es eine SOKO Felix, so wie es eine SOKO Levke gibt, eine SOKO Dennis und eine SOKO Adelina. Ich schiebe den Gedanken an die anderen Kinder zur Seite, Felix ist Felix, er ist pfiffig, selbstbewusst, er will leben.

Unwillkürlich muss ich lachen. Herr Roth sieht mich an. »Woran denken Sie?«

An Felix und an MacGyver denke ich. Ich erzähle Herrn Roth die Geschichte. Felix hatte ein Problem, ich weiß gar nicht mal, was es eigentlich war. Jedenfalls saß der kleine Kerl am Küchentisch, das Kinn auf die Hände gestützt, in Gedanken versunken, und sinnierte laut vor sich hin. »Was würde MacGyver jetzt tun?«, fragte er plötzlich. Es war der Brüller. Die Figur des MacGyver, der aus Petroleum und Kaugummi Bomben baut, hat ihn wohl nachhaltig beeindruckt.

»Unterschätzen Sie Felix nicht«, sage ich ihm. »Wenn er es schafft, seine Angst zu beherrschen, wird er uns einen Hinweis geben, das kann eine abgelegte Armbanduhr sein.«

Ein neues Flugblatt wurde erstellt. Eine Vergleichshose haben wir allerdings nicht, aber meine Mutter hat zwischen ihren Bildern eines gefunden, auf dem er diese Hose trägt, somit haben wir wenigstens ein Foto davon. Sie ist sehr auffällig, eine schwarze Jogginghose mit dicken roten Bündchen und übersät mit Teddyemblemen.

Wir haben also das Fahrrad, die Hose und Felix im Porträt. Aber auch dieses Flugblatt möchte ich nicht sehen. Wieder bleibt es zusammengerollt auf dem Küchentisch liegen.

Meine Mutter hat noch einen Film im Fotoapparat, sie hat die letzten Bilder von Felix gemacht. Die Kripo lässt sie entwickeln. Jeden Abend ruft meine Familie an, um Neuigkeiten auszutauschen. Da Matthias am Telefon sehr wortkarg ist, fällt mir auch diese Aufgabe zu.

Ein Kinderpsychologe hat sich bei der SOKO gemeldet und seine Hilfe angeboten. Ich finde das großartig, denn ich mache mir nicht nur Sorgen um meinen Sohn, ich mache sie mir auch um meine Tochter. Er verabredet für morgen einen Termin, wird zunächst zu Magdalena fahren und anschließend am Abend hierherkommen, um von dem Gespräch zu berichten.

Wieder wird es dunkel, die Welt hat sich trotzdem gedreht. Ein weiterer Tag ist vergangen, und Felix ist nicht zu Hause. Die Suchmaßnahmen im Wald werden heute abgeschlossen sein, das heißt aber nicht, dass man nicht weiter nachforscht. Lediglich die offensichtliche Suche in der Umgebung wird eingestellt. Ich teile das meiner Familie genau so mit. Nicht, dass falsche Schlussfolgerungen gezogen werden.

Jeden Abend kommt die Mutter von Madita mit einem Stück Kuchen vorbei, oft auch der Vater. Wir reden. Sie sind einfach da, und das ist gut so.

Ich schlafe weiterhin im Wohnzimmer vorm Fernseher. Unsere beiden Kripos sind weg, Matthias und ich sind allein. Sinnlose TV-Unterhaltung auf unterstem Niveau ist genau das Richtige, bloß nicht mehr denken. *Ich bin ein Star – Holt mich hier raus!* sehen wir uns an. Und wieder geht das Telefon, wieder ist es spät, wieder hechte ich sofort hin.

»Hier ist das *Hamburger Abendblatt*, ich habe selbst zwei Kinder, die können doch die Suchmaßnahmen jetzt nicht einstellen. Wie finden Sie das denn?«

Ja, wie finde ich denn diesen Anruf? Inzwischen ist sehr deutlich gemacht worden, dass hier keiner anzurufen hat oder auftauchen darf. Den Journalisten wurde klargemacht, dass sie auf die schwarze Liste kommen, das heißt, sie fliegen aus dem Presseverteiler. Der Name ist notiert, ich antworte dieser Frau nur, dass die Polizei wohl über ausreichend Erfahrung verfügt und dass sie solche Entscheidungen den Beamten überlassen sollte. Ich knalle den Hörer auf. Es ist eine Frechheit. Dreist gibt diese Zeitung am nächsten Tag vor, ein Interview mit mir geführt zu haben, was die nächsten Reporter auf den Plan ruft.

Vierter Tag, 3. November 2004, Mittwoch

Levkes Mutter hatte dieselbe Idee wie ich. Sie hat zur gleichen Zeit wie ich nach einem Gespräch mit mir gefragt. Wir verabreden uns für Samstag, bestimmte Bedingungen werden festgelegt, jede kann nach eigenem Empfinden das Gespräch abbrechen. Das macht Sinn, denn sie kennt mich nicht und ich sie nicht. Keine weiß von der anderen, wie sie reagieren wird. Die Gefahr, dass die andere im Gespräch verletzt wird, durch unsensible Fragen oder Verhaltensweisen, ist hoch. Auch ich weiß nicht, mit wem ich verabredet bin. Levkes Mutter möchte genau wissen, worüber ich mich mit ihr unterhalten will. Ich schreibe die Themen auf. Da auch Levke Geschwister hat, könnte sie mir vielleicht bei der Frage weiterhelfen, wie sie mit ihren Kindern umgeht. Ich möchte von ihr wissen, wie viel Ehrlichkeit ein Kind vertragen kann oder selbst in sich haben muss, um das alles verstehen zu können. Wenn man das überhaupt verstehen kann. Welche Verarbeitungshilfen waren sinnvoll? Denn auch ich habe nicht nur Felix, um den ich mich sorge, ich habe ebenso meine Tochter, die das alles nicht begreifen kann.

Ich möchte auch von Levkes Mutter wissen, ob es Dinge gibt, die sie aus heutiger Sicht anders machen oder früher veranlassen würde.

Ich gebe meinen Fragenkatalog ab.

Gedankenspiele

Meine Gedanken drehen sich wieder um das Fahrrad. Offensichtlich wurde Felix abgegriffen. Das Rad ist der Schlüssel zu Felix. Wie kann beides verschwinden, mein Kind und sein Fahrrad, spurlos? Wie groß muss ein Auto sein, um das Rad zügig verladen oder überhaupt unterbringen zu können? Ein Kleinwagen, Golfgröße? Das würde gehen, dazu muss man aber die Rückbank umklappen, das kostet wieder Zeit. Zeit ist das, was Täter eigentlich nicht haben. Wieso hat er das Rad mitgenommen?

Wer weiß, wo er hingefahren ist? Er wird mit einem Kind im Auto nicht tanken wollen, hat er das vorher erledigt? Vielleicht mit Scheckkarte? Vielleicht auch ein Leihwagen?

Wenn es um ein Kind geht, belastet man sich doch nicht noch mit einem Rad, zumal man es ja auch wieder loswerden muss. Ich frage Herrn Roth, ob er eine Idee hat, wieso das Fahrrad fehlt. »Wahrscheinlich, um den Einstiegspunkt zu verschleiern«, meint er. »Mit einem gefundenen Fahrrad könnten wir die Spuren besser zuordnen, die Uhrzeit genauer taxieren, gezielter ermitteln.« Das verstehe ich. Ist es nun besonders intelligent, das Rad mitzunehmen? War das der Grund, das Rad verschwinden zu lassen? Was sagt das über den Täter?

Die Kripo hat alle Kreditkartenabrechnungen der Tankstellen gesichert sowie auch sämtliche Handynummern unserer beiden

Funktürme. Es ist möglich, dass er in dieser Zeit telefoniert hat, aber dass er es tatsächlich getan hat, das glaube ich doch eher nicht. Herr Roth klärt mich auf: »Eingeschaltete Handys wählen sich immer beim nächstgelegenen Funkturm ein, suchen sich ein Netz, egal ob telefoniert wird oder nicht. Das Handy ist eingewählt und somit gemeldet.« Ich Dussel, ja sicher. Aber was für eine Datenmenge. Unser Glück, dass wir hier so ländlich leben und keine Millionenstadt in der Nähe haben.

In der Tat haben wir immer noch Schwierigkeiten, die Zeit des Verschwindens einzugrenzen. Das 17.30 Uhr von Charly steht. Die nächste Zeitangabe ist 15.15 Uhr an der Schule, die passt ins Bild. Dann wieder gegen 16 Uhr auf dem Weg nach Hause, und schließlich der weitere Zeuge, der Autofahrer, der cirka 16.15 Uhr am Offiziersheim angegeben hat. Wir sind immer noch auf der verzweifelten Suche nach Fahrzeughaltern, deren Autos gesehen wurden. Die meisten melden sich nicht, weil sie ja nichts gesehen haben. Aber gerade dass sie zu einer bestimmten Uhrzeit eben nichts mehr beobachtet haben, das ist für uns genauso wichtig.

Der Kinderpsychologe

Gegen 18 Uhr kommt der Kinderpsychologe, Herr Pohlmann, zu uns. Eigentlich eher zu mir, denn Matthias hat sich diesem wichtigen Termin wieder entzogen. Er hat getrunken, liegt auf der Couch und schläft. Wieder stehe ich das allein durch. Ich bin sehr verärgert über das Verhalten von Matthias, jetzt muss hier doch jeder jeden halten und auffangen. Ich verstehe nicht, wieso er sich so benimmt, als würde er damit nichts zu tun haben. Jetzt geht es um meine Tochter, sie ist genauso wichtig wie Felix und die Suche nach ihm. Auch Matthias leidet unter dieser Situation, ich weiß das. Er hängt mehr an Felix, als er das eingestehen möchte. Ich sehe seine traurigen Augen, seine Hilflosigkeit und die Flucht in den Alkohol. Dadurch fällt er allerdings als Hilfe für mich komplett aus.

Herr Pohlmann erscheint in Schlips und Anzug, er war auf einem Kongress. Danach machte er sich auf den Weg zu Magdalena und unterhielt sich zwei Stunden mit meiner Tochter, anschließend ist er mindestens hundert Kilometer gefahren, um jetzt hier zu sein.

Das alles macht er für uns, ich bin beeindruckt. Herr Pohlmann ist noch jung, Nickelbrille.

Er berichtet von meiner Tochter. Es geht ihr, soweit man das unter diesen Bedingungen sagen kann, gut. Meine Tochter ist eher introvertiert. Sie stellt sich selbst zurück, wenn sie merkt, dass die Menschen um sie herum zu sehr belastet sind. Ich möchte, dass sie eine neutrale Person hat, der sie Fragen stellen kann, die sie mir vielleicht nicht stellen würde, Fragen, mit denen ich vielleicht auch gar nicht umgehen könnte.

Nach seinem Bericht fragt er: »Wo ist denn Ihr Lebensgefährte?« Er erwischt sofort die neuralgischen Punkte. »Mein Lebensgefährte liegt betrunken drüben auf der Couch«, antworte ich ihm. So viel Ehrlichkeit ist er offenbar nicht gewohnt. Er wirkt ein bisschen irritiert.

»Ihre Tochter sagte so etwas schon«, bemerkt Herr Pohlmann. Matthias mit seinen Trinkgewohnheiten wird nun zum Thema. Der Mann gefällt mir, klare Ansage, kein Drumherumgerede. Ich sage ihm, dass ich hoffe, Matthias würde sich Hilfe holen, um mit dem Trinken aufhören zu können.

»Warum etwas ändern?«, sagt er. »Ihrem Partner geht es doch gut. Und wenn die Bauchspeicheldrüse kaputt ist, besuchen Sie ihn im Krankenhaus, und anschließend pflegen Sie ihn zu Hause weiter. Ist doch alles wunderbar.«

Drastische Aussage, aber ich weiß, dass er recht hat. Ich erzähle Herrn Pohlmann, dass ich Matthias die Adresse von den Anonymen Alkoholikern besorgt hätte, mein letztes Hilfsangebot. Wenn er diesen Strohhalm nicht ergreift, wird er gehen müssen. Ich wüsste in dem Fall nur nicht, wie ich das Felix erklären sollte, er hängt an ihm. Der Kinderpsychologe sieht mich einen Moment lang an und knallt mir vorn Kopf: »Finden Sie sich eigentlich nicht ein bisschen arrogant?« Herr Roth und Frau Tietjen verfolgen das Gespräch, später wird Herr Roth mir sagen, dass er in dem Augenblick nur dachte, jetzt springt sie gleich über den Tisch.

Die Frage bringt mich aus dem Tritt: »Was meinen Sie mit arrogant? Wieso bin ich arrogant?«

Dr. Pohlmann hat sich entspannt zurückgelehnt und beobachtet mich, er grinst. »Na ja, für alle besorgen Sie Hilfe, für Ihre Tochter, für Ihren Partner, und ich finde es ziemlich arrogant, dass Sie glauben, Sie bräuchten keine.«

Hilfe? Wieso benötige ich Hilfe? Wir haben ein Problem, Felix ist weg, die Leute, die mir helfen können, ihn zu finden, sind alle da. Bei diesem Thema scheiden sich unsere Geister. Dr. Pohlmann meint die psychologische Ebene, ich die praktische.

»Wer kümmert sich denn um Sie?«

Na, ich kümmere mich um mich, wie immer.

»Für persönliche Sentimentalitäten habe ich jetzt keine Zeit«, sage ich ihm. »Es gibt Wichtigeres zu tun.«

Der Kinderpsychologe wird meine Tochter in Zukunft einmal im Monat betreuen, sollte das Intervall raufgesetzt werden müssen, wird er auch das für sie machen. Das ist gut so.

Irgendwann bin ich wieder allein. Ich setze mich an den Computer, im Portal der Krankengymnasten erbitte ich die Hilfe aller meiner Berufskollegen. Ich bitte sie, das Flugblatt, das inzwischen als PDF-Datei hinterlegt ist, herunterzuladen und in jeder Praxis auszuhängen. Ich bitte sie, mir zu sagen, in welcher Stadt, in welcher Region, in welchem Landkreis es aushängt.

Ich will, dass die Räume ein bisschen enger werden. Egal wo der Typ mit Felix ist, er soll überall daran erinnert werden, dass er meinen Sohn zu Unrecht bei sich hat. Ich möchte, dass er, wo er sich auch befindet, dies nicht vergisst. Ich werde den Druck erhöhen, und zwar mithilfe meiner Kollegen.

Wieder kann ich nicht schlafen. Ich liege auf meiner Matratze im Wohnzimmer und gucke fern. Wie immer kommen nachts die Wiederholungen der Regionalprogramme.

Ich sehe die Berichterstattung über Felix zum ersten Mal. Ich sehe den Pressesprecher der Polizei und höre ihn sagen: »Wir können ein Gewaltverbrechen nicht ausschließen.«

Ein Gewaltverbrechen!!!

Für mich bricht eine Welt zusammen.

Tränen fließen. Ich sitze nachts weinend vorm Fernseher, allein, denn Matthias ist nach wie vor zu betrunken, um sprechen zu können. Ich kann ihn nicht einmal aufwecken.

Unentwegt rollen mir die Tränen übers Gesicht. Ich kann nicht begreifen, wie dieser Pressesprecher so etwas öffentlich sagen kann. Mein Kleiner ist vier Tage weg, und der spricht von ihm, als wäre er tot. Sie können doch nicht die Hoffnung so runterziehen, eine Hoffnung, die mich trägt. Die Idee, dass irgendeiner Felix gefangen hält, lebend, ist so zum Sterben verurteilt.

Ich will das nicht hören, ich will es auch gar nicht wissen. Ich will noch nicht mal daran denken, geschweige denn darüber nachdenken. Sie können meinen Sohn doch nicht nach vier Tagen abschreiben.

Ich verstehe das nicht. Sie können Felix doch nicht in aller Öffentlichkeit für tot erklären. Felix braucht die Aufmerksamkeit und das Erinnerungsvermögen der Menschen, wenn er überleben soll. Die Mitteilung, das Kind sei tot – so werte ich die Aussage »Gewaltverbrechen« – könnte die Menschen veranlassen, nicht mehr weiterzuhelfen, nicht mehr nach einem kleinen blonden Jungen, der sein Fahrrad schiebt, zu suchen. Wer will schon ein totes Kind finden?

Diese Aussage stürzt mich in tiefe Verzweiflung und Hilflosigkeit.

Sie dürfen so doch nicht denken, ich erlaube es ihnen nicht, es auf diese Weise zu sagen, das dürfen sie einfach nicht laut äußern. Es ist mein Junge, den wir da suchen.

Wieder rast das Gedankenkarussell, meine Angst ist nun noch größer. Auch in dieser Nacht wird mich mein Junge wieder rufen, wird mich anflehen, ihn endlich nach Hause zu holen. Und auch in dieser Nacht muss ich erleben, wie mein Junge gequält und missbraucht wird, und ich bin zum Zuschauen verdammt.

Fünfter Tag, 4. November 2004, Donnerstag

Meine Nerven sind durch den Schlafmangel und den fortgesetzten Stress inzwischen sehr mitgenommen. Ich kann mich auf meine Arbeit nicht mehr konzentrieren, kann für die Sicherheit meiner Patienten nicht mehr garantieren. Nachdem mir eine Dame fast hinfällt, muss ich einsehen, dass das Risiko, dass jemand zu Schaden kommt, zu hoch ist.

Ich spreche mit Matthias über die Aussage des Pressesprechers. Morgens habe ich wenigstens eine Chance, dass ich mit ihm ein vernünftiges Wort wechseln kann. Ab Mittag sinkt sie stetig. Er äußert sich nur in die Richtung, dass es vielleicht besser wäre, mit dem Schlimmsten zu rechnen, dann könnten wir uns freuen, wenn es nicht eintritt. Böse antworte ich ihm, dass er dann die Grabrede ja schon mal schreiben kann. Ich verstehe die Welt nicht mehr, wie kann er Felix so schnell aufgeben wollen, ich werde meinen Kleinen nicht aufgeben. Ich werde es nicht zulassen, dass Felix aufgegeben wird.

Unsere beiden Kripos kommen gegen Mittag. Heute soll Felix auch in der Sendung *Aktenzeichen XY … ungelöst* gesucht werden. Der Beitrag konnte noch eingeschoben werden, dies weckt die Hoffnung auf weitere Hinweise. Vielleicht ist hier jemand durch diese Gegend gefahren, hat etwas gesehen und weiß gar nicht, wie dringend wir ihn als Zeugen suchen.

Allmählich lichtet sich auch das Chaos um die Uhrzeiten. Charly hatte das Gefühl gehabt, es wäre 17.30 Uhr gewesen; erst nach einer erneuten Befragung stellt sich heraus, dass die Uhrzeit geschätzt war, er hatte gar keine Armbanduhr um.

Auch andere verwirrende Zeitangaben klären sich jetzt. Die Kripo hat alle Zeugen erneut befragt, zum Teil bis zu sechs Mal. Die entscheidende Frage war: »Woher wussten Sie, wie spät es ist?« Einige orientierten sich an den Nachrichten im Radio, andere an ihrer Armbanduhr und einige an der Kirchturmuhr. In der Nacht vom 30. auf den 31. Oktober wurden die Uhren umgestellt, von Sommerzeit auf Winterzeit; die Kirchturmuhr aber war bereits am Samstagmittag, also am Tag des Verschwindens, auf Winterzeit programmiert worden. Da muss man erst mal draufkommen. Die letzte verlässliche Angabe bleibt bei 16.15 Uhr am Offiziersheim.

Eine Frau meldet sich. Sie hat gesehen, wie am Samstag ein Mann einen blonden Jungen vom Spielplatz im Wald abgeholt hat, der nur sehr widerstrebend mitgegangen ist. Diese Frau kann genau das Fahrzeug beschreiben, und sie hat sich sogar das Gesicht des Mannes recht gut eingeprägt. Die Situation wird heute vor Ort nachgestellt. Bewundernswert, sich so präzise erinnern zu können, auf der Strecke ist Tempolimit 70, sie hatte nur wenige Sekunden Zeit, um sich das alles zu merken.

Jetzt ... jetzt kriegen wir ihn ... und finden Felix!

6. November 2004, Samstag

Heute ist das Treffen mit Levkes Mutter, sie war mit meinem Fragenkatalog einverstanden.

Sie hat die gleichen Bedenken wie ich, wenn eine von uns in Tränen ausbricht, werden wir unsere Unterhaltung beenden müssen, wenn eine der anderen emotional zu nahe kommt, wäre das mehr, als man ertragen kann.

Letztendlich waren meine Befürchtungen unbegründet, es wurde ein gutes Gespräch, und es ist im Detail nicht für die Öffentlichkeit gedacht.

Tief in meinem Inneren habe ich den irrationalen Verdacht, dass es ein und dieselbe Person ist, die wir hier suchen. Es ist mir zeitlich und örtlich zu nahe, als dass ich an zwei verschiedene Täter glaube. Vielleicht will ich es auch nicht, denn die Vorstellung, dass hier zwei oder vier Psychopathen, wenn man an Dennis und Adelina denkt, rumlaufen, ist ausgesprochen erschreckend. Vermutlich ist es auch nur mein inniger Wunsch, dass einer besser ist als vier, dass Levke uns den Weg zu Felix weist.

Interessiert sich ein Pädophiler für Kinder beiderlei Geschlechts? Was reizt an Kindern? Ist es die Macht?

Ich stelle die Fragen Herrn Roth, aber er kann mir nur zu verstehen geben, dass alles oder aber auch nichts sein kann. Dass man nichts ausschließen, aber auch nichts bestätigen kann.

Er kann nichts anderes sagen, da es keine weiteren Tatsachen gibt. Ich hänge in der Luft, seine Bemerkungen helfen mir natürlich nicht weiter.

Heute vor genau einer Woche habe ich Felix das letzte Mal gesehen. Es finden Fahrzeugkontrollen statt, jeder, der die Landstraße passiert, wird angehalten, Namen werden notiert. Vielleicht ist ja doch jemand dabei, der auch letzte Woche hier war und sich noch nicht gemeldet hat. Vielleicht ist gerade derjenige dabei, der uns den entscheidenden Hinweis geben kann.

Die Kripo bittet mich, Felix' Socken nachzustricken. Als ich nach dem Warum frage, meine ich rauszuhören, dass sie diese zum einen brauchen, um sie auf dem neuen Flugblatt abzudrucken, und zum anderen, um eventuelle Faserspuren, zum Beispiel aus Fahrzeugen, identifizieren zu können.

Es ist mühsam, sehr mühsam, die Wolle in die Hand zu nehmen, die Felix sich ausgesucht hatte. Die Erinnerung tut weh, ich hatte damals ein Schnellstricken veranstaltet, um Felix' Wunsch zum »Seepferdchen« zu erfüllen. In Gedanken bin ich in der Vergangenheit, jede gestrickte Masche schmerzt. Es ist eine unendliche Qual, aber es muss wohl sein, es ist wichtig.

Matthias trinkt inzwischen schon morgens, so liegt er bereits am Nachmittag betrunken auf der Couch und schläft. Ich drehe die Gedanken wieder hin und her. Was kann ich noch tun, was ich noch nicht getan habe?

Ich zünde in Felix' Zimmer wieder eine Kerze an, wie jeden Abend, füttere seine Fische, starre aus dem Fenster, in der Hoffnung, dass die Lichter, die in jedem Haus brennen, meinem Sohn den Weg nach Hause zeigen, dass ich ihn gleich im Licht der Straßenlaterne sehe.

Das Warten wird immer schrecklicher. Hier im Haus scheint sich die Zeit wieder einmal ewig auszudehnen, während sie draußen nur dahinfliegt. Mit jedem Tag sinken Felix' Chancen, wird es immer schwerer, eine Spur zu finden.

Ich mag nicht mehr reden, mein Kopf ist leer, ich könnte nur noch weinen. Ich spüre, wie meine Kraft nachlässt, wie ich mich jeden Tag mehr bemühen muss, um hilfreich zu sein. Jetzt nehme ich mir nachts die Freiheit, mich gehen zu lassen, erlaube ich mir das, was ich mir am Tag verbiete. Am Tag muss ich funktionieren, weinend kann ich Felix nicht helfen. Nachts holen mich meine Gedanken, meine Ängste ein, es gibt nichts, was mich ablenkt.

Wieder kann ich nicht schlafen, wieder sehe ich mir die Wiederholungen der Regionalprogramme an. Es ist keiner da, mit dem ich meine Gedanken teilen kann.

Irgendwann bin ich im Wohnzimmer vor dem laufenden Fernseher eingeschlafen. Es ist früh, sehr früh, als mich das Geklapper von der Computertastatur weckt. Matthias sitzt am Rechner, es ist 5.30 Uhr.

Im Halbschlaf frage ich mich, was er um diese Zeit am Rechner macht, immerhin ist das Geklapper ziemlich laut, und er könnte eigentlich mehr Rücksicht nehmen. Wir haben noch einen zweiten Computer im kleinen Büro, den hätte er benutzen können, das wäre leiser gewesen. Er merkt nicht, dass ich wach bin, so kann ich an der Schreibtischplatte vorbei auf den Monitor sehen. Als geübter Chatter reicht mir ein Blick. Er ist im Chat. Im Halbschlaf frage ich mich, seit wann er das wieder macht.

Ich bleibe noch liegen. Er chattet einfach, als gäbe es keine anderen Sorgen, denke ich bei mir.

Meine Familie möchte helfen, die Flugblätter mit zu verteilen, aber ich habe keine im Haus. Da sie sehr groß ist und in ganz Deutschland verteilt lebt, wäre es natürlich gut, ihnen welche zuzuschicken. Ich lade mir die PDF-Datei runter und beginne zu drucken, währenddessen gibt meine Druckerpatrone den Geist auf.

Matthias sitzt auf dem Sofa und liest. Ich fasse es nicht, er hält in aller Gemütsruhe ein Buch in der Hand. Unglaublich. Ich bitte ihn, seine Familie anzurufen, ihre Adressen und die seiner Freunde zu besorgen. Ihre Unterstützung ist wichtig, um weitere Flugblätter auszuhängen. Ein Teil seiner Freunde lebt an der Grenze zur Schweiz, ein anderer an der polnisch-tschechischen. Hier erscheint es mir besonders wichtig zu sein, Flugblätter zu verteilen, denn sollte Felix außer Landes gebracht werden, sind unsere Chancen, ihn zu finden, verschwindend gering. Es gilt, dies zu verhindern.

Matthias lehnt es ab, mir bei der Besorgung der Adressen behilflich zu sein.

Ich verstehe das überhaupt nicht, ich kann das nicht einordnen. Er hängt doch auch an dem Jungen, wieso ist er so passiv? Ich fühle mich im Stich gelassen, dadurch, dass er sich komplett aus der Sache rauszieht. Aber ich habe jetzt nicht auch noch die Zeit und die Energie, mich um seine Befindlichkeiten zu kümmern. Ich muss Felix finden.

Wer könnte mir noch bei der Suche helfen? Wie kann ich sie weiter bundesweit ausdehnen? Ich nehme Kontakt auf zu allen Personen, die ich kenne und die nicht im Norden wohnen. Dazu gehören mein Steuerberater und meine Freundin Andrea, beide leben in Nordrhein-Westfalen. Sie haben viele Kundenkontakte, und ich bitte sie, diese auszunutzen, möglichst den Rechnungen oder Aufträgen ein Fahndungsblatt beizulegen. Lange hatte ich von Andrea nichts gehört, sie von mir allerdings auch nicht, aber es ist, als wäre unser letzter Kontakt erst gestern gewesen. Sie spürt meine Verzweiflung, jeden Abend meldet sie sich von nun an.

Mein Stiefvater teilt Flugblätter an alle Auslieferungsfahrer der Firma aus, in der er beschäftigt ist. Und mit dem Fisch, den sie bringen, tragen sie meine Hoffnung weiter in das Land.

Am Abend kommt meine Kleine wieder zu uns. Sie kann nachts nicht schlafen. Verständlicherweise kann sie das nicht, keiner kann schlafen. Erst als ich ihr verspreche, dass ich mit zu ihr ins Bett krabbele und ich auch das Licht anlasse, wird sie ruhiger und schläft ein. Immer wieder sucht mich meine Tochter in der Nacht, ich merke, wie ihre kleine Hand sich nach mir ausstreckt, sich vergewissert, ob ich auch wirklich da bin.

»Nasengespräche«

Um den heißen Brei reden, das ist nicht mein Ding. Ich mag es direkt: »Wie kommt der Pressesprecher dazu, zu äußern, dass Felix vielleicht nicht mehr lebt?«, stelle ich in den Raum.

Die beiden Kripos drucksen rum, das kann ich gar nicht leiden. Herr Roth ergreift schließlich das Wort: »Es ist eine Möglichkeit, die wir in Betracht ziehen müssen.«

»Darüber können Sie für sich in der SOKO ja auch spekulieren, aber Sie können das doch nicht der Öffentlichkeit sagen. Wir suchen ein lebendes Kind auf zwei Beinen, das ein Fahrrad schiebt.«

»Wir alle hoffen ganz fest, dass Felix lebend nach Hause kommt.«

»Diesen Eindruck hat Ihr Pressesprecher aber am Donnerstag nicht unbedingt vermittelt«, zische ich ihn an.

»Aber Sie müssen sich doch auch mal Gedanken darüber gemacht haben, dass Felix vielleicht nicht mehr lebt.«

Das hätte er jetzt besser nicht gesagt.

»Ich erlaube ein Denken in diese Richtung nicht, Felix ist vermisst. Nicht mehr, aber auch nicht weniger. Ich erlaube Ihnen nicht, ihn vor der Zeit für tot zu erklären.«

Herr Roth hebt jetzt ein wenig die Stimme: »Sie werden diese Möglichkeit aber in Betracht ziehen müssen.«

Ich bin nur ein Meter fünfundsechzig groß, aber um meinen Worten Nachdruck zu verleihen, baue ich mich vor ihm am Küchentisch auf. Ich sehe ihm in die Augen und antworte beherrscht und ruhig: »Sie brauchen nicht laut zu werden, davon wird es jetzt auch nicht besser. Solange wir nichts anderes wissen, suchen wir ein lebendes Kind, und ich gestatte Ihnen nicht, noch einmal in der Öffentlichkeit in diese Richtung Spekulationen anzustellen.«

So, das dürfte ja nun deutlich gewesen sein. Felix ist mein Sohn, und die Entscheidung darüber, was gesagt wird, habe ja wohl immer noch ich als sorgeberechtigte Mutter. Wenn es nicht freiwillig geht, dann muss ich eben drohen. Für Diplomatie und Diskussionen fehlen mir inzwischen die Nerven.

Allerdings habe ich die Rechnung ohne den Wirt gemacht. Herr Roth erklärt mir ruhig und leise, dass sich die Polizei von mir nicht sagen lassen wird, wie sie ihre Arbeit zu machen hat.

Ich bin einen Moment sprachlos, in meinem Kopf rattert diese Information durch.

Welche Konsequenzen hat dieser Satz für mich?

Mit diesem Satz wird mir klar, dass ich mein Kind abgeben muss, um es wiederzubekommen. Dass nicht mehr ich diejenige bin, die Entscheidungen für ihr Kind trifft. Ab diesem Moment gehört Felix nicht mehr mir und nicht mehr seiner Familie.

Er gehört jetzt der SOKO und dem Pressedschungel, und ich werde nichts dagegen tun können. Nur eines kann ich noch tun, leise sage ich Herrn Roth: »Hier in diesem Hause wird nicht über Felix' Tod spekuliert, das kann ich nicht ertragen.«

Andrea, der ich am Abend von diesem Vorfall am Telefon berichte, verfügt über viel Fantasie. Irgendwie muss sie lachen, als sie sich vorstellt, wie ich bei meiner Größe Nase an Nase mit Herrn Roth dieses Thema diskutiere. Sie verpasst dieser Unterredung den Titel »Nasengespräch«, und die Bezeichnung trifft es auch und geht als solches in die Geschichte ein. Es bleibt allen Beteiligten unauslöschlich in Erinnerung.

Die Kripo hat am Wochenende noch einmal sämtliche Haushalte der beiden umgebenden Dörfer aufgesucht und alle Einwohner befragt, wo sie am Samstag, den 30. Oktober, zwischen 15 Uhr und 18 Uhr waren.

Alle sind hilfsbereit, sie bitten die Beamten in die gute Stube, bewirten sie dort, jeder gibt bereitwillig Auskunft, gibt Handynummern der Familien raus, damit wir sie von der Liste der gesicherten Daten von den Handyfunktürmen streichen können. In diesem Zusammenhang klärt sich auch der Vorfall auf dem Spielplatz auf, meine »Hoffnung« zerplatzt. Es war der Vater selbst, der seinen unwilligen Sohn mitzog, weil er weiterspielen wollte.

Unser Hund schlägt an. Wie immer ein Signal, dass etwas los ist, was nicht zum Üblichen gehört.

Ich sehe aus dem Fenster. Das THW, das Technische Hilfswerk, ist da und sucht heute mit ihren Hunden sämtliche Ausfallstraßen auf einer Breite von dreihundert Metern ab. Ich möchte an die Tiere Hundekuchen verteilen, als ich allerdings höre, dass mehr als achtzig Halter mit ihren Vierbeinern unterwegs sind, muss ich einsehen, dass ich so viele Leckereien nicht habe. Sie sind zum Teil bis aus Wuppertal mit ihren Tieren angereist, um zu helfen.

Wieder wird es dunkel, wieder kommt die Nacht, die Angst vor dem Einschlafen und den Träumen, die mich erwarten werden.

Ich zünde für Felix eine Kerze in seinem Zimmer an, vielleicht helfen ihm die Lichter doch, den Weg nach Hause zu finden. »Gib nicht auf, mein Kleiner, ich tue es auch nicht. Halte durch, wir finden dich.«

Ich telefoniere mit meiner Familie und mit meiner Freundin Andrea, teile ihnen die neuesten Erkenntnisse mit. Ein Ritual, das wir seit Felix' Verschwinden einhalten, Abend für Abend. Wir diskutieren auch die Frage der SOKO, ob Felix das Internet genutzt haben könnte, ob sich ein Pädophiler auf diese Weise ihm genähert hat. Ich habe das sofort verneint. Mein Kleiner ist zwar pfiffig, aber er hat als Schulanfänger noch so viele Schwierigkeiten mit dem Schreiben, dass Chatten unmöglich wäre, zumal er gar nicht wüsste, wie er ins Internet kommt.

Die Frau meines Vaters bekommt angesichts dieser Mitteilung fast einen Herzanfall. Ich verstehe das nicht so recht, aber erst heute hat sie einen Artikel in der Zeitung gelesen, dessen Inhalt genau dieser war. Darin stand, wie stark Kinder durch das Internet gefährdet sind, dass es ein Tummelplatz für Pädophile ist, die auf diesem anonymen Weg Kontakt zu Kindern herstellen. Ich beruhige sie, Felix könne das noch nicht, er würde nicht wissen, wie das geht.

Ein Privatdetektiv meldet sich

Wieder klingelt das Telefon, mit meinem Namen melde ich mich schon lange nicht mehr.

»Guten Abend, Jühlich, ich möchte mit Frau Wille sprechen.« Ich bin grundsätzlich die Freundin von Frau Wille. »Was möchten Sie denn von ihr?«

»Ich bin Privatdetektiv und wollte etwas von ihr wissen«, sagt er mir.

Da kann ja jeder kommen. »Sie werden mir sagen, worum es geht, ich leite es dann weiter.«

Er erklärt mir, dass er von einer anderen Familie beauftragt wurde, den Mörder ihres Sohnes zu finden. Er rollt nun noch einmal alles auf und sucht nach Parallelen. Er redet und redet, tausend Namen schmeißt er ins Gespräch, Dennis, Adelina, Levke, Kim. Er kennt erstaunlich viele Details, für meinen Geschmack zu viele. Misstrauisch halte ich meine Auskünfte vage, halte ihn in der Leitung, ich brauche die Telefonnummer für die SOKO.

Er weiß derartig viel, dass ich den Verdacht nicht loswerde, mit Felix' Entführer zu sprechen. Vielleicht hat er Spaß daran, sich am Leid anderer zu ergötzen? Er haut mir die Namen von mindestens dreißig toten Kindern der letzten zwanzig Jahre um die Ohren. Alles ist dabei, Disco-Unfälle, Vergewaltigungen, Entführungen, Mord. Laut sinniert er über Fehler der Polizei in der Ermittlungsarbeit, erklärt mir im Detail, wo die Fehler seiner Meinung nach gelegen haben, insbesondere was seinen Fall betrifft, er wäre ja viel schlauer. Schon lange hätte er die Daten der Meldeämter nach Umzügen durchforstet, dadurch wäre es ein Leichtes, eine Person zu finden, die Verbindung nach Attendorn, den Fundort von Levke, als auch nach Cuxhaven hat. Aus einem der beiden Orte könnte der Täter doch zugezogen sein. Außerdem sollte man sich nicht nur auf Autos festlegen, es kämen ja auch Pferdekutschen, Motorräder und Fahrräder in Betracht.

Dieser Monolog hat mich ganz durcheinandergebracht. Es ist schon spät, dennoch rufe ich Herrn Roth an, diese Nervosität will ich nicht bis morgen ertragen.

»Herr Roth, hier hat ein Herr Jühlich angerufen, sagt Ihnen der Name was?«

Oh ja, er kennt ihn. Er hört sich an, als hätte er gerade in eine saure Zitrone gebissen.

»Hören Sie ihm nicht zu, er macht nur Ärger. War klar, dass er sich melden würde.« Die Familie, die ihn jetzt beauftragt hat, den Mörder ihres Sohnes zu finden, hat er so gegen die Kripo aufgebracht, dass eine Zusammenarbeit nicht mehr möglich war. Ins Detail möchte Herr Roth aber nicht gehen.

»Die Idee mit dem Meldeamt hört sich aber nicht so blöd an«, wende ich ein.

»Die Idee ist prima«, sagt er. »Die Polizei war auch schon darauf gekommen, aber der Datenschutz verhindert, dass wir Zugang zu den Informationen bekommen.«

Scheißdatenschutz, denke ich. Wer nichts zu verbergen hat, braucht doch auch keine Angst zu haben.

»Legen Sie einfach auf, oder verweisen Sie ihn an die SOKO. Tun Sie sich diesen Typen nicht an.«

Zumindest scheint die Identität zu stimmen, ich habe nicht mit dem Entführer gesprochen.

Matthias im Internet

Irgendwann am Vormittag fährt Matthias weg, ich nutze die Chance, um mit meiner Freundin Andrea zu telefonieren.

Seit Tagen wirbeln ganz bestimmte Gedanken durch meinen Kopf, allmählich fügen sie sich zu einem Bild zusammen. Andrea kann mir helfen, die fehlenden Puzzleteilchen zu finden, sie kennt sich mit Computern besser aus als ich.

Das Telefonat mit meiner Stiefmutter und Matthias' heimliche nächtliche Chattereien haben mein Misstrauen geweckt. Was macht Matthias immer so lange im Internet? Wieso sind die Telefonrechnungen seit drei Monaten so explodiert?

Will ich ihm die Antwort glauben, dass die Einrichtung der Homepage für meine Firma so zeitintensiv ist, dass er dafür so lange im Internet recherchieren muss? Wieso sagt er mir nicht, dass er chattet? Wenn es harmlos wäre, könnte er davon erzählen, wieso diese Heimlichtuerei? Wieso dreht er den zweiten Bürostuhl immer so, dass er die Sicht auf den Monitor blockiert? Was macht er, was ich nicht sehen soll?

Normalerweise stellt man einen Stuhl an den Tisch und dreht ihn sich nicht extra in den Weg.

Wieso legt er immer ein Spiel über das Bild, wenn ich mich bewege oder aufstehe? Was macht er da, was ich offensichtlich nicht wissen soll?

Und er lügt mich an. Das Geklapper einer Tastatur hört sich deutlich anders an als das Klicken einer Maus, aber angeblich spielt er ja nur. Nur: Beim Spielen muss man nicht schreiben.

Wieso kam er in der Vergangenheit nie gleichzeitig mit mir ins Schlafzimmer? Jedes Mal war es das gleiche Spiel, ständig sagte er: »Ich schaue noch den Film zu Ende, dann komme ich nach.« Da das Schlafzimmer direkt unter dem Wohnzimmer liegt, konnte ich hören, wie der Bürostuhl über das Laminat gerollt wurde, und ich wusste, er hat sich wieder an den Computer gesetzt.

Ich setze mich also an den Rechner, Andrea lotst mich. Matthias ist ja jetzt nicht da, sonst ist er immer peinlich darauf bedacht, dass ich bloß nicht an den Computer gehe, den er immer benutzt. Selbst wenn ich nur einen Brief schreiben wollte und dieser schwächere Rechner dafür ausgereicht hätte, ließ er, wenn er gerade etwas am stärkeren Bürocomputer machte, augenblicklich davon ab, damit ich mich an den setzen konnte. Auch das fand und finde ich eigenartig.

Es scheint ihm sehr wichtig zu sein, dass ich nicht an diesen schwachen Computer gehe. Stellt sich die Frage, warum? Was könnte ich auf ihm finden, was ich nicht entdecken soll?

Andrea sagt mir, was ich aufrufen muss, um die zuletzt besuchten Seiten angezeigt zu bekommen. Aber dort ist nichts notiert, gar nichts.

»Er hat den Verlaufsordner verstellt«, erklärt sie. Normalerweise würde der Rechner automatisch die besuchten Websites registrieren, es sei denn, man ändert den entsprechenden Modus. Das macht er aber nicht von allein, erfahre ich von Andrea. Und ich war es nicht.

Meine Freundin weist mich an, wie ich in das betreffende System gelange. Ich ändere die Einstellung des Verlaufsordners ab, auf diese Weise wird der PC von jetzt an die Adressen der Seiten speichern, die in den letzten vierundzwanzig Stunden aufgesucht wurden. Aber es wird nur eine Frage der Zeit sein, bis Matthias es merken wird.

Mir lässt die Geschichte mit dem Computer keine Ruhe. Nein, Felix ist nicht im Internet unterwegs, aber Matthias. Und ich weiß nicht, was er da macht. Vielleicht hat er beim Chatten irgendeine fatale Bemerkung fallen lassen, unsere Adresse rausgegeben, was weiß ich.

Er hat ICQ geladen, ein weitverbreitetes Kommunikationssystem unter Chattern. Jeder, der ICQ auf seinem Rechner hat, besitzt eine Nummer. Will man nun außerhalb der Chatrooms mit einigen von diesen Teilnehmern in Kontakt treten, braucht man nur die jeweiligen Nummern seinem eigenen System hinzufügen. Sobald man im Internet ist, werden diese Kontaktpersonen aufgesucht und als an- oder abwesend im Netz gemeldet. Dadurch chattet man außerhalb von den geregelten Räumen, außerhalb jeglicher Kontrolle. Aber warum hat er es installiert? Warum verheimlicht er es?

Sein ganzes Verhalten gibt mir Rätsel auf. Wenn die Beamten kommen, verschwindet Matthias, als wenn es ihn nichts angeht.

Er reagiert auf sie ausgesprochen aggressiv. Wenn sie wieder weg sind, beginnt die Fragerei. Und, was wollten sie diesmal? Haben sie was gefunden? Natürlich haben sie das nicht, die sind nur hier, um uns auszuhorchen, die wollen uns was anhängen. Die suchen nur einen Grund, um im Haus zu bleiben. »Wenn es dich interessiert«, sage ich ihm, »dann solltest du bei den Gesprächen vielleicht dabei sein.«

Ich rufe anschließend Herrn Peters von der Verhandlungsgruppe an. »Ich muss dringend mit Ihnen sprechen«, sage ich ihm.

Ich habe den Rechner jetzt so manipuliert, dass er für einen Tag alle Verbindungen aufzeichnet. Ich habe mich nicht getraut, einen längeren Zeitraum einzustellen, er würde es merken. Die SOKO und ich brauchen die heutige Nacht, damit wir die Spur verfolgen können. Er wird seine Gewohnheit beibehalten und mit Sicherheit auch in diesen frühen Morgenstunden wieder im Internet sein. Also müssen die Rechner mit den aufgezeichneten Hinweisen morgen von der Kripo abgeholt werden. Sonst war alles umsonst, und er vernichtet womöglich vorhandene Daten und die Hinweise auf das, was er da treibt. Felix' Leben steht auf dem Spiel, ich kann keine Zeit mehr verlieren. Vielleicht ist mein Misstrauen völlig unbegründet, aber ich brauche Sicherheit, dass diese Heimlichtuerei harmlos ist und mit meinem Sohn nichts zu tun hat.

Herr Peters schlägt vor, morgen bei uns vorbeizukommen. »Nein«, sage ich. »Genau das ist eine ganz schlechte Idee. Wir müssen uns woanders treffen.« Wie soll ich zu Hause offen reden? Matthias hat seine Ohren überall. Wenn er hört, was meine Skepsis erregt hat, würde er sicher alle Spuren verwischen. Ich weiß nicht, ob er etwas damit zu tun hat, aber kann ich es ausschließen? Kann ich mir das kleinste Risiko erlauben? Kann ich wirklich sicher sagen, ein Verdacht ist ausgeschlossen? Da ich ohnehin einen Termin beim Pastor habe und Matthias dorthin auch nie mitkommt, sage ich, dass wir uns dort treffen sollten.

Die SOKO bittet mich am Nachmittag nach Bremervörde. Eine Frau hat auf ihrem Anrufbeantworter eine Nachricht, die sie nicht zuordnen kann. Ich fahre hin, ich höre eine Kinderstimme: »Hier ist der Felix. Ich bin in einer Telefonzelle. Sagt meinen Eltern Bescheid, sie sollen mich abholen. Ich habe doch solche Angst.« Es folgt noch ein gekonntes Schniefen. Fragend sehen mich die Beamten an. Ich hatte Angst gehabt, dass ich Felix' Stimme vergessen haben könnte, ich habe ihn so lange nicht mehr gehört. Dies hier ist die Stimme eines Kindes, aber nicht die von Felix. »Sind Sie sicher?« Oh ja, ich bin mir sicher. Weder stimmt der Ton noch der Satzbau, noch die verwendeten Worte. Felix hätte nie eine Formulierung wie »sagt meinen Eltern Bescheid« benutzt. Soll ich diesem Jungen nun wegen dieses üblen Scherzes böse sein? Ich muss mit meinen Kräften sparsam umgehen, keine Energien verschwenden. Die Kripo wird sich um den »Scherzkeks« kümmern.

Unser Pastor

Unser Pastor schenkt mir einen kleinen Engel, er ist aus Metall mit großen Flügeln: »Der ist für dich, es ist Felix' Schutzengel. Er wird auf den Kleinen aufpassen.« Der Geistliche hört mir zu, teilt meine Angst mit mir. Jeden Abend hält er Bittgottesdienste ab, die Kirche ist immer voll. Auf jeder Bank liegen kleine Zettel mit aufgemalten bittenden Händen, jeder, der kommt, schreibt einen Wunsch für Felix darauf. Dicht an dicht hängen diese Blätter an der Pinnwand in der Kirche. Die Menschen hoffen und beten mit mir. Der Pastor hat auch die »Lichterkette« organisiert, bei der am Abend in jedem Haus eine Kerze ins Fenster gestellt wird. Ein Zeichen der Anteilnahme, des Mitwartens, der Hoffnung. Die Lichter sollen Felix den Weg nach Hause weisen. Das alles und noch viel mehr macht unser Pastor, er agiert im Hintergrund, er ist immer da, für mich und die Gemeinde.

Das ganze Dorf ist wie gelähmt. Der Horror und die Angst haben Einzug gehalten und unser Idyll zerstört. Unsere beiden kleinen Dörfer rücken noch enger zusammen. Alle haben Angst um Felix, haben Angst, dass das Böse zurückkehrt. Und diese Ängste fängt unser Pastor auf.

Er organisiert für die Gemeinde eine Traumapsychologin, sie steht auf Elternabenden den anderen Müttern und Vätern zur Verfügung, versucht, die Furcht aufzufangen, Fragen zu klären. Die ganze Gemeinde ist in Aufruhr. Was sagen wir den Kindern, die wissen wollen, wo Felix ist, wo ihr Freund ist? Wie erklärt man ihnen, was ein böser Mann ist?

Einmalig ist er, unser Pastor, in dieser Extremsituation. Ich hatte bislang ein gespaltenes Verhältnis zur Kirche, dies ändert sich durch diesen Mann, den ich zuvor nicht kannte.

Er ist ein Gemütlicher, mit Bauch und Vollbart. Er steht mitten im Leben, verhält sich nicht abgehoben. Bei ihm fühle ich mich wohl und sicher, sein Arbeitszimmer ist vollgestopft mit Büchern. Ich liebe Bücher. Auch beim Termin mit Herrn Peters ist er dabei. Ich erzähle beiden von meinen Gedanken, den Merkwürdigkeiten, auf die ich mir keinen Reim machen kann, von den Lügen, die Matthias mir auftischt. Ich bitte Herrn Peters, unsere Rechner abzuholen und zu überprüfen, und das möglichst schnell. Da beide Computer mir gehören, reicht mein Einverständnis aus, sonst wäre das nur mit richterlicher Anordnung möglich gewesen.

Am nächsten Tag sind sie da, meine Kripos samt Verstärkung. Matthias ist nicht im Haus, zügig werden die Kabelverbindungen getrennt und die Computer verladen. Ich bin froh, dass Matthias nicht da ist, sicher hätte er Einwände vorgebracht. Auf diese Weise werden Tatsachen geschaffen. Als er etwas später kommt, ist das Wichtigste bereits geschehen. Stumm verfolgt er das Treiben. Wir müssen ausschließen, dass Felix im Internet unterwegs war, sagen wir ihm.

Meine Familienverhältnisse sind für Außenstehende sehr verworren. Damit die Kripo einen besseren Überblick hat, wer wer ist und in welcher Beziehung derjenige zu mir steht, zeichnen wir einen Stammbaum. Ich bin ein Scheidungskind, beide Eltern haben wieder geheiratet, aus beiden neuen Ehen gibt es Geschwister, und beide neue Elternteile bringen wieder Familie mit. Ich habe also alles doppelt.

Mit meinem Bruder bin ich bei meiner Mutter in Bremerhaven groß geworden. Richtige »Leher Butjer« waren wir, so wurden die Kinder genannt, die im Stadtteil Lehe wohnten. Hier stehen die ältesten Häuser der Stadt, nur dieser Teil ist von der Zerstörung des Krieges verschont geblieben. Ein Butjer (sprich: Butscher) ist ein Kind, wie Felix es ist. Mehr draußen als drinnen, mit Flicken auf der Hose. Ich selbst war auch immer mehr wie ein Junge, kein Baum war mir zu hoch, Jungen beeindruckten mich nicht, und wenn sie mich ärgerten, hatte ich zur Not immer einen großen Bruder, mit dem ich drohen konnte.

Das Verhältnis zu meinem Stiefvater, der irgendwann meine Mutter heiratete, war sehr schwierig. Oft hatte ich das Gefühl, nicht mehr in diese Familie zu gehören, zu stören. Auch meinem großen Bruder ging es so. Er zog daraus die Konsequenzen und verließ uns. Aus Platzgründen waren mein Bruder und ich bereits in die Dachmansarde ausquartiert worden. Nun war ich an dem Ort, an dem ich nicht gewollt war, wirklich allein. In dieser Zeit wurden meine unendliche Hartnäckigkeit, mein Trotz und mein unerschütterlicher Glaube an meine eigene Kraft geboren. Je mehr Druck auf mich ausgeübt wurde, desto widerspenstiger wurde ich.

Ich war fünfzehn, als meine Eltern in ihr neu gebautes Haus umzogen. In diesem gab es nur ein Kinderzimmer, ein Kinderzimmer für meinen kleinen Bruder. Sie ließen mich zurück in einer eigenen kleinen Wohnung, die ich nun ungewollt hatte, beneidet von meinen Freunden. Es war keine schöne Zeit, aber sie hat mich zu dem werden lassen, was ich heute bin. Sie hat mich wachsen lassen, hat mir gezeigt, dass nur ich die Entscheidungen treffe über meine Zukunft, dass es an mir liegt, etwas daraus zu machen. Und sie hilft mir jetzt, dieser Katastrophe standzuhalten. Mit meiner anscheinend unbegrenzt zur Verfügung stehenden Energie weiterzumachen. Manches Ziel, das habe ich auch aus dieser Zeit mitgenommen, ist so wichtig, dass ich bereit bin, mein eigenes Leben dafür einzusetzen, rigoros mit mir umzugehen, keine Schwächen zu zeigen, alles zu opfern. Dieses Ziel ist jetzt Felix, mein Kleiner, der mir so ähnlich ist.

Ich bin nun sechsunddreißig Jahre alt und kämpfe den schwersten Kampf meines Lebens, gegen einen unsichtbaren Feind, der meinen Kleinen hat.

Immer mehr Spuren

Wir legen ein Verzeichnis an mit allen Fahrzeugen, die in der Familie gefahren werden, und ihren Kennzeichen.

Die Aussage einer Nachbarin, dass meine Kinder vom Fahrer eines roten Sportwagens angesprochen wurden, brauchen wir dann nicht weiterzuverfolgen, das Auto fährt nämlich meine Mutter.

Sehr früh muss sich meine Familie genauso wie wir Durchsuchungen gefallen lassen. Das Wissen, dass 80 Prozent aller Täter aus dem Bekanntenkreis kommen, erklärt diese Maßnahme. Es geht darum, mögliche Verdächtige auszuschließen. So wird der Gartenteich meiner Mutter genauso durchsucht wie unser Keller und unsere Scheune.

Auch wegen dieses Hintergrunds müssen wir Angaben zu allen Freunden und Bekannten machen, allen Personen, die Felix auf die eine oder andere Weise kennengelernt haben.

Auch hier ist mir bewusst, dass ich keinen vergessen darf. Denn gerade der, den ich übersehe, könnte mit Felix' Verschwinden etwas zu tun haben.

So werde ich gezwungen, alle Freunde und Bekannten misstrauisch zu betrachten: Wer hat sich auffällig gut mit Felix verstanden? Hat jemand immer wieder Kontakt zur Familie gesucht? Bei wem würde mein Sohn unbefangen einsteigen? Welchen Personen aus dem Bekanntenkreis würde man das überhaupt zutrauen? Na, keinem, dann würde man ja den Kontakt nicht pflegen. Jede Nettigkeit betrachte ich von nun ab kritisch. Ich traue keinem mehr.

Es ist auch daran zu denken, welche Handwerker sich im Haus aufgehalten hatten. Es waren viele hier, denn zurzeit renovieren wir.

Erschwerend ist, dass die Kripo natürlich auch mir nur begrenzt traut. Sie haben die Erfahrung gemacht, dass die Betroffenen in der Aufregung Details preisgeben, die nicht für andere Personen bestimmt sind. Oder, noch schlimmer, sie möglicherweise ausgerechnet den Menschen erzählen, die in unmittelbarem Zusammenhang mit Felix' Verschwinden stehen. Daher können und dürfen die Beamten mir gar nicht alles erzählen. Deren ganzes Wissen könnte ich auch mit Sicherheit nicht verarbeiten, die Informationsflut ist so schon hoch genug. Und doch probieren sie es irgendwann, teilen mir Dinge mit, die niemand anders erfahren darf.

Die Zahl der Spuren nimmt stetig zu.

Nach wie vor belagert die Presse die Schule. Immer noch sind nach Schulschluss Streifenwagen notwendig, damit die Kinder ungestört in ihre Busse einsteigen können.

Die Bezirksregierung hat sich inzwischen auch eingeschaltet, am Montag werden sie mit einem Kriseninterventionsteam in der Schule erscheinen. Sie sollen bestimmte Probleme klären, Tipps geben, wie die Lehrer mit den Fragen der Kinder, wie sie mit meiner Tochter umgehen sollen. Sebastian, den Felix am Samstag ursprünglich auch treffen wollte, hat seitdem unglaublich gelitten, da einige Mitschüler dem kleinen Kerl die Schuld an Felix' Verschwinden gaben.

Er hat es sich so zu Herzen genommen, dass er ernsthaft krank geworden ist. Ich biete der Mutter meine Hilfe an, vielleicht hört es sich für ihn anders an, wenn ich ihm als Felix' Mutter sage, dass nur der, der seinen Freund mitgenommen hat, etwas dafür kann, aber nicht er. Mein Angebot steht, den Rest muss die Mutter entscheiden.

Die Lehrerinnen von Felix kommen in Begleitung einiger Eltern zu Besuch. Sie sind unsicher, wissen nicht, wie sie mir begegnen sollen, ich spüre es. Ich versuche, das Unangenehme aus der Situation zu nehmen, sie bringen mir Bilder mit, gemalt von Felix' Klassenkameraden. Sie haben das toll gemacht, auf einem fragen sie: »Felix, sol ich dier helfen, soll ich jets helfen?« Ich bin gerührt über ihre Wünsche, die sie in dieser Kinderschrift mit diesen vielen Fehlern aufgeschrieben haben. Sie sind doch erst in der zweiten Klasse, sie sind doch noch so klein. »Felix, gom wider«, steht auf einem anderen Blatt geschrieben. Seine Kumpels haben den Spielplatz gemalt, mit dem Baum, auf dem man so gut balancieren kann, mit den Hügeln, über die man mit dem Fahrrad brausen kann. Ich stutze, was bedeutet denn »kol, kol«? Wir müssen alle lachen, als ich erfahre, dass die Jungen damit »cool« meinten. Einige zeichneten Felix mit seinem Rad, andere Kinder die Kirche.

Wir reden über die Kinder, über Felix' Freunde. Die Mütter und Lehrerinnen erzählen mir, wie die Mitschüler sehen, wie intensiv wir ihn suchen. Sie haben Angst, sie fragen: »Was ist ein böser Mann?« und »Kommt Felix bald wieder?« Die Klassenlehrerin meines Sohnes sagt verzweifelt: »Gerade jetzt, wo er so gut in der Schule war.« Sie bemerkt es nicht, aber was heißt denn »war«? Er *ist* gut in der Schule. Die Menschen um mich herum ahnen das Grauen, von dem ich nichts wissen will.

Inzwischen begrüßt Magdalena Besucher nur noch mit der Frage: »Bist du auch Polizist?« Diese Menschen sind mittlerweile nichts Ungewöhnliches mehr in unserem Leben.

Immer haben sie und Felix miteinander gespielt, waren gemeinsam unterwegs, nun ist sie allein. Irgendwann fragt sie mich: »Mama, wenn ich mit Felix mitgefahren wäre, wären wir dann beide weg? Oder wäre Felix dann noch da? Er hat mich doch gefragt, ob ich mitkommen will, und ich hatte keine Lust.« Wie soll ich dieser Frage begegnen, was soll ich ihr sagen? »Ich weiß es nicht, mein Engel. Felix hat mich auch gefragt, ob ich ihn bringe«, antworte ich ihr. Auch ich kann mich von dem Gedanken, was wäre, wenn, nicht frei machen. Felix hat mich gebraucht, er hat nach mir gerufen, und ich war nicht da. Ich habe das Bad geputzt, wieso habe ich nicht gespürt, dass er in Not ist?

In einer stillen Stunde sagt meine Große zu mir: »Mama, ich wäre gerne so wie der Felix.«

»Wie meinst du das, Süße?«

»Ich wäre gerne so gut in der Schule und so.«

Sie hat das Bedürfnis, zu ersetzen, was hier fehlt. »Mama, hättest du mich auch gesucht? So gesucht wie den Felix jetzt?« Diese Aussagen machen mir so klar, so schmerzhaft klar, wie sehr meine Tochter mich in dieser Situation braucht. »Ich hätte dich genauso gesucht wie Felix, ich hätte genauso viel Angst um dich wie jetzt um deinen Bruder.« Und doch merke ich, dass das zu wenig ist, dass sie mehr benötigt. Ich versuche dem irgendwie gerecht zu werden, bin froh über die Oma, die sich intensiv um meine Tochter kümmert, bin froh, dass ihr Vater sich bemüht, ihr Halt gibt.

Zweite Woche: Das Gesicht meiner Tochter

Eine der größten Suchaktionen seit Kriegsende ist heute angelaufen. Dank vieler freiwilliger Helfer wird ein Gebiet von fünfzig Kilometern im Radius durchkämmt, die Jäger gehen alle zeitgleich durch ihre Reviere. Sie haben sich ohne Aufforderung bei der SOKO gemeldet, haben ihre Unterstützung angeboten: »Sagt uns, wo wir suchen sollen, wir sind sofort dabei.« Und so kommt es, dass mehr als siebentausend Menschen an einem Wochenende bei schlechtem Wetter durch die Wälder und Wiesen streifen. Ich bin tief beeindruckt, wie soll ich mich jemals bei all diesen Personen bedanken? Es gibt mir ein wenig den Glauben an die Menschheit zurück. Alle diese Männer und Frauen haben sich Gedanken gemacht, wollten helfen, auf eigene Initiative: siebentausend Menschen mit der gleichen Idee. Ein einziges Mal habe ich eine solche Demonstration des »kleinen Mannes« bislang erlebt. Damals wurden bundesweit die Shell-Tankstellen boykottiert, um zu verhindern, dass das Unternehmen die Brent Spar, eine Ölplattform, versenkte. Wir »Normalbürger« können eine große Macht sein. Diese Menschen im Wald zeigen es.

Mein Exmann hat nun auch ein Duplikat der Armbanduhr auftreiben können, die Felix trug. Er verteilte inzwischen auch mehr als 17 000 Flugblätter mit seinen Freunden, dank einer Druckerei, die diese kostenlos vervielfältigt hat. Es dürfte jetzt keine Autobahnraststätte mehr geben ohne Flugblatt.

Magdalena geht wieder in die Schule, ich bringe sie hin und hole sie wieder ab. Auch andere Eltern stehen nun immer vor der Schule, um ihre Kinder nach Unterrichtsschluss bei sich zu haben. Ein kleiner Junge zuppelt an meiner Jacke. »Felix ist tot, sagt mein Papa, der kommt nicht mehr wieder.« Der Junge ist vielleicht fünf, ich kann es ihm nicht übel nehmen. Klar, dass in diese Richtung spekuliert wird, die Kripo tut es ja auch. Die anderen Mütter sind genauso verzweifelt wie ich, sind genauso hilflos, vielleicht deshalb, weil sie wissen, dass ihre Kinder an diesem

Samstag ebenfalls draußen gespielt haben. Dass es Glück war, nichts als Glück, dass ihre Kinder noch alle da sind.

Wie jeden Tag bin ich auf dem Weg in die Schule, um meine Tochter abzuholen. Bereits beim Einbiegen in die Straße sehe ich sie wieder stehen. Die Presse parkt direkt vorm Gebäude. Was mache ich jetzt? Bislang ist den Medien das Gesicht meiner Tochter nicht bekannt, und das soll auch so bleiben. Aber meines kennen sie, sie werden sofort darauf schließen, dass das Kind an meiner Hand Felix' Schwester ist, und sie ablichten. Oh Gott, ich, mein Gesicht ist eine Gefahr für mein Kind. Mir muss was einfallen. Zum Glück bin ich früh dran, es nützt nichts, ich muss den Unterricht stören. Geplapper erfüllt den Raum, die Lehrerin sieht mich überrascht an. Ich wende mich an alle: »Die Presse steht auf dem Hof«, sage ich zu ihnen. »Wir müssen sie austricksen. Sie dürfen nicht erfahren, wer Magdalena ist.« Ich sehe meine Tochter an: »Magdalena, du gehst jetzt mit Madita zu ihr nach Hause, du winkst mir nicht, du gibst mir kein Küsschen. Du gehst mit ihr, als würdest du das jeden Tag tun. Ich hole dich dort nachher ab. Und du, Bärbel, du kommst mit mir, ich bringe dich nach Hause. Sie werden denken, du bist mein Kind, du bist ja auch blond.« Die Kinder lachen und spielen mit mir das Spiel »Presse veräppeln«. Wir Erwachsenen wissen, dass das alles kein Spaß ist, es ist bitterernst.

Alle Leihwagenfirmen werden überprüft, wieder gibt es eine »heiße Spur«. Ich erlaube es mir nicht mehr, Hoffnung aufzubauen, zu oft wurde ich enttäuscht. Ein Fahrzeug wurde mit falschen Papieren geliehen und war in unserer Region unterwegs. Der Wagen wurde sichergestellt. Die Spurensicherung ist dran, Fasern von Felix' Bekleidung haben sie für den Abgleich, jetzt brauchen sie noch Kettenfett von seiner Fahrradkette. Und Fingerabdrücke sind auf einmal gefragt. Das hätten sie mir früher sagen sollen, denke ich. Später erfahre ich, dass sie das auch getan hatten, aber Matthias hatte es mir nicht mitgeteilt. Ich habe in der Zwischenzeit, um Felix eine Freude zu machen, sein Zimmer aufgeräumt und geputzt. Bei der Suche nach Fingerabdrücken fällt mir siedend heiß ein, dass ich meinen Sohn aus dem Zimmer geputzt habe. Unverzeihlich.

Wir sind also auf der Suche nach Fingerabdrücken, möglichst auf einer glatten Oberfläche. Ich habe fast alles angefasst beim Aufräumen, ich ärgere mich über mich selbst. Ich hätte daran denken können, denken müssen. Herr Roth und ich durchforsten das Kinderzimmer, Lego-Steine? Die Oberfläche ist zu uneben. Seine Yo-Gi-Oh-Karten? Zu unsicher, sind wahrscheinlich viele fremde Abdrücke drauf. Er durfte es zwar nicht, aber er hat sie ab und an mit in die Schule genommen. Eine CD-Hülle? Und dann sehe ich es, Felix' absolutes Lieblingsbuch, ein Flugzeugbuch. Die Technik interessiert ihn, wie funktioniert ein Zeppelin oder ein Hubschrauber. Wir haben es schon wie verrückt gesucht, es gehört der Schule. Spurlos verschwunden war es, wie Felix jetzt. Und nun finde ich es unter sein Bücherregal geklemmt, damit er es abends im Bett immer gleich zur Hand hat. Das Buch geht zur Spurensicherung. Genauso wie seine Zahnbürste, um DNA-Spuren abgleichen zu können.

Eine weitere Spur führt uns zu McDonald's, auch hier will jemand Felix in Begleitung gesehen haben. Na ja, ich entführe doch kein Kind, um mit ihm dann einen Hamburger zu essen, aber wer weiß.

Wir sind bei meinem Vater eingeladen zum Krabbenpulen. Während wir schälen, kommt mein Bruder dazu. Alle sind angeschlagen. Ich erzähle von Felix' Fahrrad und dass meine Hoffnungen sich darauf konzentrieren: »Wo das Rad ist, ist auch Felix.« Wir spekulieren gemeinsam, wo man ein Fahrrad am besten verschwinden lassen kann. Nach meiner Meinung dort, wo viele Räder stehen, in der Masse fällt ein einzelnes nicht so auf. Mein Bruder denkt allerdings anders, er überlegt laut, wie er das machen würde. »Ich würde es zersägen, die Nummer ausflexen, in Einzelteilen entsorgen. So findet man es nie wieder.« Super, mir wird schlecht, er hat gerade meine entscheidende Hoffnung sterben lassen. Bevor er weiterfantasieren kann, gehen wir. Eine Ermutigung war das gerade nicht, aber hätte er es überhaupt besser wissen können? Ist diese Situation für meine Familie nicht noch schwerer zu ertragen? Sie steht wesentlich weiter am Rande des Geschehens, ist der Hilflosigkeit noch stärker ausgesetzt, und zu der Angst um das vermisste Familienmitglied kommen ja noch die Sorgen, die sie sich um mich macht. Patentrezepte, Lösungsstrategien? Für diese Lage gibt keine.

Worum geht es dem Täter?

Noch immer kommt jeden Abend ein Elternteil von Madita. Wir versuchen ein gemeinsames »Brainstorming«: Spekulieren, Antworten finden.

Wer geht das Risiko ein, ein Fahrrad zu verladen?

Wieso hat er es mitgenommen?

Felix muss freiwillig mitgegangen sein, aber mit wem würde er mitgehen?

Oder hat er ihn wehrlos gemacht, zugeschlagen, betäubt, um dann erst das Kind und anschließend das Rad zu verladen?

Wenn es ein Fremder war, wieso Kinder?

Wieso ein Junge?

Was gibt dem Täter den Kick? Es muss ein Kick dabei sein, denn sonst könnte er nach Thailand fliegen. Also, was macht es aus? Liegt der Kick vielleicht gerade in dem Risiko?

Wenn es so riskant war, Felix mitzunehmen, dann macht man doch sein Spielzeug nicht kaputt, oder?

Ist die Tatsache, dass das Fahrrad fehlt, nun ein Hinweis darauf, dass der Täter besonders intelligent ist, oder war es nur Glück?

Kehrt der Täter an den Tatort zurück, hat er vielleicht sogar an den Suchmaßnahmen teilgenommen?

Geht es vielleicht nur darum, jemanden besitzen zu wollen? Nicht nur ansehen, sondern wirklich besitzen? Wie bei einem Gemäldeliebhaber, der die Bilder stehlen lässt, um sie dann wegzuschließen, damit er sie nie mehr mit anderen teilen muss?

Geht es ihm um Medienwirksamkeit? Vielleicht findet er es ja ganz toll, dass alle über ihn reden und keiner weiß, dass er es ist, den wir da suchen. Ob er die Presse verfolgt und sich freut, dass er alle an der Nase herumführt?

Sind Pädophile auf ein Geschlecht fixiert? Andererseits: Kinder in dem Alter haben noch keine ausgeprägten primären Geschlechtsmerkmale, es könnte ihm also durchaus egal sein.

Geht es ihm um Macht, und zwar in jeder Hinsicht, die sich nicht nur auf Felix bezieht?

Geht es ihm vielleicht auch um die Lust, erwachsene Menschen in dieser Art benutzen zu können?

Finden wir irgendwo Parallelen zu den anderen verschwundenen Kindern? Auch Levkes Eltern hatten ihr Haus gerade neu gekauft, waren am Renovieren. Hat es vielleicht etwas mit dem Castor-Transport zu tun, der, wie bei Felix' Verschwinden, auch bei Dennis' Verschwinden gerade rollte?

Der Täter muss Ortskenntnis haben. Ist er also ein Außendienstler, ein Demonstrant?

Ich habe zu viele Fragen und zu wenige Antworten. Die Gespräche mit der Kripo haben das Wort »nichts« als zentrale Aussage: Man kann nichts ausschließen, aber auch nichts bestätigen. Es gibt nichts Neues. Meine Bitte, ein Gespräch mit den Beamten vom BKA zu führen, die die Täterprofile erstellen, wurde abgelehnt. Sie möchten keinen Kontakt zu mir, und ich kann es verstehen. Es würde ihre Objektivität beeinflussen. Aber es muss andere Menschen geben, die mir Antworten geben können auf so unendlich viele Fragen. Die in der Lage sind, meinem unsichtbaren Feind eine Kontur zu geben, mir eine Ahnung zu vermitteln, ein Gesicht zu zeigen. Nein, das werden sie nicht können, aber das ist auch nicht notwendig. Mir würden konkrete Aussagen reichen, die auf das Gros der Typen, die so etwas tun, zutreffen. Der Täter, den wir suchen, mag ein Außenseiter sein, vielleicht. Aber ein Vielleicht, ein Nichts reichen mir nicht mehr. Ich brauche Antworten auf meine unendlich vielen Fragen.

Im Internet finde ich etliche Forensiker, Psychologen, die sich ausschließlich mit Tätern befassen, die aufgrund einer psychischen Fehlentwicklung straffällig wurden. Wer könnte mir besser sagen, wie solche Typen ticken, als einer, der sich täglich mit ihnen befasst? Wer könnte besser hinter ihre Allerweltsfassade blicken als ein Forensiker?

Ich bitte Herrn Roth, einen Kontakt herzustellen, ihnen zu erklären, was ich möchte, und zu fragen, ob sie bereit sind, sich mit mir zu treffen. Er ist von meiner Idee nicht unbedingt begeistert. Mühsam versuche ich ihm verständlich zu machen, warum es für mich so wichtig ist. Er will sich kümmern, verspricht er mir, aber mehrfach muss ich nachsetzen. Ich habe den Eindruck, sie wollen nicht, dass ich ein solches Gespräch führe. Aber warum?

Frau Tietjen gibt mir die Antwort: »Frau Wille, es gibt auch Antworten auf Fragen, die einem nicht gefallen.«

Nun weiß ich Bescheid, sie haben Bedenken, dass ich mit den Erklärungen, die ich erhalten könnte, nicht zurechtkomme. Ich sage ihr: »Stelle keine Fragen, mit deren Antwort du nicht leben könntest.« So werde ich es auch halten: Was ich auslasse, das will ich auch nicht wissen. Der Horror ist schon so groß genug. Aber ich möchte selbst die Entscheidung treffen dürfen, wonach ich frage.

Inzwischen haben sich noch mehr Kindersuchdienste eingeschaltet. Sie veranlassen, dass die Plakate übersetzt werden. Somit dürften sie jetzt auch in den Grenzregionen aushängen, insbesondere in Polen, Holland, Belgien. Und es gibt sie ebenfalls in türkischer, russischer und französischer Sprache. Die Suchdienste haben außerdem Kontakt zu den großen Einkaufsketten aufgenommen. Sonst dürfen dort keine Plakate aufgehängt werden, aber diese Situation hier ist etwas anderes, über einen Verteiler hängen sie nun bei Aldi, Media Markt, TOYS 'Я' US und Hornbach bundesweit aus.

Nachts nehme ich mir die Freiheit, Angst, Wut, Trauer zu haben und verzweifelt zu sein, etwas, was ich mir am Tag nicht erlaube. Denn das sind Emotionen, die mich daran hindern würden, zu funktionieren.

Inzwischen war ich beim Arzt. Ich bin krankgeschrieben, kriege Tabletten, die helfen sollen, zu schlafen, traumlos zu schlafen.

Versammlung der SOKO

Felix' Vater ruft oft an, immer abends, immer mich, und immer hat er dieselben Fragen. Kannte Felix den Weg? Fuhr er ihn oft? Wie oft? Hat er abgekürzt? Fragen, die sich schon lange überholt haben. Ich versuche, Geduld zu bewahren, aber es nervt mich doch, ständig die gleichen Fragen gestellt zu bekommen. Er beklagt sich, er erhalte nur so wenige Informationen. Ich kann ihn verstehen, es aber auch nicht ändern, dafür bin ich die falsche Adresse.

So passt es gut, dass die SOKO-Leitung sich zu einem Termin bei uns ankündigt. Ich teile dem Vater von Felix das mit, er richtet es sich ein, dass er bei diesem dabei sein kann. Er erscheint zusammen mit seiner Freundin. Ihn geht das alles schließlich genauso viel wie mich an, auch wenn Felix' Lebensmittelpunkt hier bei mir ist. Er ist sein Vater.

Einen Tag bevor die SOKO-Leitung sich bei mir angemeldet hat, bekomme ich mich mit unseren Kripos in die Haare. Ich habe das Gefühl, ständig um alles kämpfen zu müssen, als würde ich vor eine Gummiwand laufen. Immer wieder muss ich nachhaken, Informationen anmahnen, einfordern. Ich will wissen, welche Aktivitäten geplant sind, welche Spuren abgearbeitet wurden, ich will Ergebnisse hören, aber ich erhalte sie nicht. Sehr nachdrücklich muss ich sie einfordern. Wieso es nur unter Druck geht, kann ich nicht verstehen, es müsste doch genügen, wenn ich es einmal sage. Sie blocken mich ab. Mit mir hätte die SOKO »einen Mann« mehr, aber sie wollen nicht, dass ich ihnen zuarbeite. Warum?

Ich versuche zu agieren, aktiv die Geschehnisse zu beeinflussen und gleichzeitig auf Anforderungen zu reagieren. Nebenbei muss meine Firma laufen, die Patienten müssen versorgt werden. Auch wenn das jetzt meine Mitarbeiter übernommen haben, müssen die Hintergrundarbeiten erledigt werden, etwa Stundenzettel ausfüllen, Termine absprechen, es bleibt auch die Buchhaltung. Es ist mehr, als ich eigentlich leisten kann, zusätzliche Schwierigkeiten kann ich nicht gebrauchen. Die Auseinandersetzungen mit meinen Kripos wären aus meinem Blickwinkel vermeidbar. Sie kosten mich nur Energie, mit der ich haushalten muss. Klare Aussagen will ich hier haben, nicht immer hinterfragen müssen. Aber sie wehren ab, und das macht mich ärgerlich; ich fühle mich ausgeschlossen von der aktiven Suche. Wie in einem Schnellkochtopf steigt bei mir der Druck, das Erscheinen der SOKO-Leitung kommt mir somit sehr gelegen.

Dieser Termin wäre die Gelegenheit, den Kampf mit meinen Kripos zu beenden, ein Kampf, den wir alle nicht gebrauchen können. Aber es wird einen Grund geben, warum sie sich so verhalten. Nur welchen? Wir sind keine »normale Familie«, vielleicht haben sie Vorgaben, wie man sich in Durchschnittsfamilien zu verhalten hat. So etwas wie hier kennen sie vielleicht nicht, sie kennen mich nicht. Wie viel Gelegenheit haben sie auch gehabt? Wenig. Und die SOKO-Leitung? Bislang auch keine. Meine Kripos werden entsprechende Informationen weitergeleitet haben. Wenn ich die beiden Beamten nicht zum Umdenken bewegen kann, werde ich es bei der Leitung noch viel weniger können. Ich überlege mir, das zu tun, womit der andere am wenigsten rechnet, dann ist er gezwungen, darüber nachzudenken, und wird nach dem Warum fragen.

Ich richte das Wohnzimmer her, koche Kaffee, mein Plan steht. Wenn Felix' Vater immer reklamiert, so wenig berücksichtigt zu werden, dann werde ich ihm heute den Raum geben, den er haben möchte. Meine Kripos kann ich jeden Tag fragen, jetzt soll er diese Chance nutzen. Er will eingebunden werden, das kann er ja heute klären.

Frau Tietjen und Herr Roth kommen, der Hund hat sie inzwischen als »normalen Besuch« erkannt und bellt nicht mehr. Das Wohnzimmer füllt sich, ich habe nicht genügend Sitzgelegenheiten, Küchenstühle müssen herhalten. Schließlich sind mit acht Personen alle da, ich ziehe mich, wie beabsichtigt, auf meinen »Beobachtungsposten« zurück. Schweigen hüllt den Raum ein, immer wieder ermahne ich mich: Halt die Klappe, halt bloß die Schnauze. Doch ich kann dieses Schweigen nur schwer ertragen. Es passiert nichts, da muss ich das Gespräch in die Gänge bringen. Ich spreche meinen Exmann direkt an. »Du hattest doch gestern Abend am Telefon so viele Fragen an die SOKO«, sage ich. Er wiederholt nun seine Fragen. »Wie oft fuhr er den Weg?«, »Hat er abgekürzt?« Ich kenne das alles schon.

Während die SOKO-Leitung sich müht, beobachte ich die Runde, ich amüsiere mich über Herrn Roth, der immer wieder irritiert zu mir rüberguckt. Er weiß offensichtlich nicht so genau, was hier gerade passiert. Nach dem Theater gestern hat er mit etwas anderem gerechnet, er traut dem Frieden nicht. Und ich? Ich halte meinen Mund, gehe mit wachsender Begeisterung Kaffee kochen und sehne den ebenfalls angekündigten Besuch von unserem Pastor herbei, der mich aus dieser Situation befreien wird. Es ist furchtbar anstrengend für mich, nichts zu sagen, es entspricht nicht meinem Naturell. Oft genug muss ich mir auf die Lippe beißen, damit ich still bleibe.

Herr Roth folgt mir irgendwann in die Küche. Sein Blick reicht schon aus, um ihm zu erklären: »Mein Exmann hat so viele Fragen an euch, diese Gelegenheit möchte ich ihm nicht nehmen, ich habe euch ja jeden Tag.« Mit dieser Antwort ist er erst einmal zufrieden, aber es ist eben nur die halbe Wahrheit. Im Stillen amüsiere ich mich bei der Vorstellung, dass die SOKO-Leitung nur sagen kann: »Die Frau ist doch total nett, Herr Roth. Was Sie erzählen, kann man ja kaum glauben.« Ich hoffe inständig, dass mein geschiedener Mann sein Informationsbedürfnis darstellt – und das an der richtigen Adresse. Und vielleicht merken meine beiden Kripos, dass ich ihnen nichts Böses will, ich aber dabei sein möchte. Ich zähle dabei auf Herrn Roth, rechne damit, dass er sich Gedanken macht, warum ich nichts gesagt habe, hoffe, dass er versteht, dass ich eine aktive Zusammenarbeit will.

Während sich die SOKO-Leitung weiter mit meinem Exmann beschäftigt, kommt unser Pastor in Begleitung der Traumatherapeutin. Am Abend wird sie als Ansprechpartnerin für die anderen Eltern im Gemeindehaus zur Verfügung stehen. Die Begegnung mit diesen beiden Personen tut mir unendlich gut. Ich schicke Herrn Roth aus der Küche. Es ist das erste Mal, dass ich mich ein wenig fallen lassen kann, etwas von meiner Kontrolle aufgebe, ich über Dinge reden kann, die mir an mir aufgefallen sind, die ich nicht verstehe. Warum kann ich Menschen so schlecht ertragen? Warum kann ich den Anblick von blonden Kindern nicht aushalten? Warum tun mir bestimmte Situationen weh, körperlich weh? Die Psychologin erzählt mir etwas von einem Trauma, von einem Schockzustand. »Ihr Leben wird nie wieder dasselbe sein«, sagt sie mir. Warum wird mein Leben nie wieder dasselbe sein? Wenn Felix wieder hier ist, wird es wieder so sein. Was redet die Frau denn da?

Aber ihre Worte gehen mir nicht mehr aus dem Kopf. Was hat sie damit gemeint? Schock, wieso habe ich einen Schock? Einen Schock hat man nach einem Unfall, ich hatte keinen Unfall.

Trauma? Ein Trauma ist eine Verletzung, ein Knochenbruch.

Ich recherchiere im Internet. Die Symptome, die ich bei mir feststelle, gehören zu einer »posttraumatischen Belastungsstörung«.

Mein Leben wird nicht mehr dasselbe sein? Nein, auf die Frage möchte ich keine Antwort finden. Warum sollte es nicht mehr so sein? Das werden wir sehen, wenn Felix wieder da ist.

Ich grüble darüber nach, dass Felix durch den Ausfall möglicherweise das Schuljahr wiederholen muss; ich sollte mich um Nachhilfe für meinen Kleinen bemühen, dann könnte er es doch noch schaffen.

Appell an die Öffentlichkeit

»Fühlen Sie sich in der Lage, einen Appell an die Öffentlichkeit zu richten?«, fragt Herr Roth. »Wir würden das mit dem NDR aufzeichnen, die verteilen das dann weiter an die anderen Sendeanstalten.«

Die Frage, ob ich mich dazu fähig fühle, stellt sich für mich nicht. Wenn ich etwas unternehmen kann, dann werde ich es tun. »Natürlich mache ich das«, sage ich ihm. »Bereiten Sie einen Text vor?«, fragt er mich. Ich setze mich hin, überlege, schreibe. Wir gehen den Text zusammen durch. Herr Roth holt mich ab, gemeinsam fahren wir zur Polizeiinspektion nach Bremervörde. »Sie brauchen nicht nervös zu sein. Wir können es so oft wiederholen, wie Sie wollen, die Leute dort sind nett. Nicht das, was Sie bislang kennengelernt haben«, sagt Herr Roth. Nein, ich bin nicht nervös, dafür habe ich auch keine Zeit.

Mir werden wieder etliche Personen vorgestellt, ich entschuldige mich schon vorher, ich werde mir ihre Namen nicht merken können.

Ich appelliere an die Öffentlichkeit: »Sie können uns helfen, meinen Sohn Felix zu finden! Wer war am 30. Oktober, nachmittags, zwischen Hipstedt und Heinschenwalde unterwegs? Jeder Hinweis kann uns helfen, schneller ein Bild von diesem Nachmittag zu bekommen. Wo ist das blau-gelbe Camporella-Fahrrad, mit dem Felix unterwegs war? Wer hat die auffällige Hose von Felix gesehen? Denken Sie in Ruhe nach. Mit Ihrer Meldung machen Sie es dem Täter immer schwerer, sich in der Masse zu verstecken. Bitte melden Sie sich sofort, es kann das Leben meines Kindes retten. Jede halbe Stunde erspart uns und Felix Leid und Qualen. Wir müssen diesen Menschen fassen, für unsere Kinder.« Ich brauche nur zwei Anläufe, dann passt es. An meinen Augen erkennt man meine Unruhe, sie wandern, ich konnte sie auf keinen Punkt fixieren.

Mit diesem Termin begreife ich, dass die Medien nicht nur eine Last, sondern auch eine Chance sind. Dass Journalisten und Redakteure nicht alle so sind wie die ersten, die ich traf. Dass wir über sie viele Menschen erreichen, die bereit sind, beim Suchen zu helfen. Sie sind eine Chance für Felix. Auch wenn ich die *Bild* nicht mag, kann man nicht außer Acht lassen, dass sie die auflagenstärkste Zeitung in diesem Land ist, dass sie von Millionen gelesen wird.

Es kommen etliche Hinweise durch den Appell rein, die Anzahl der Pkw-Fahrer, die wir so verzweifelt suchen, schrumpft zu meiner Erleichterung: Jetzt sind es nur noch vier Fahrzeughalter, die bislang nicht aufgefunden werden konnten. Hilfreich sind vor allem die Berufskraftfahrer. So meldet sich ein Handwerker, anhand seines Fahrtenbuches kann er exakt sagen, wann er die besagte Landstraße befuhr. Er hat Felix nicht mehr gesehen. Das schränkt die Zeit weiter ein.

Die Polizei lässt sämtliche Güllegruben und -tanks leer pumpen. Eine Sondergenehmigung war dafür notwendig. In Anbetracht der Umstände wurde sie erteilt. Kooperation findet auf allen Ebenen statt. Firmen legen Fahrtenbücher offen, normalerweise bräuchten sie das nicht. In jeder anderen Angelegenheit hätte man sie nur unter Druck herausgegeben, ich hätte nicht anders gehandelt. Aber es geht um ein Kind, für alle gibt es keinen zwingenderen Grund als diesen. Niemand achtet auf Kosten oder Zeit, alle helfen.

Die Kripo prüft inzwischen die Alibis aller einschlägig bekannten Sexualstraftäter. Alle Personen, die bereits eine Vorstrafe wegen Pädophilie, Vergewaltigung oder Missbrauchs haben, bekommen Besuch von der SOKO. Die Zahl der Überprüfungen, die sie mir dabei nennen, ist erschreckend hoch. In meiner Naivität bin ich davon ausgegangen, dass sich diese Angaben auf das Bundesland Niedersachsen beziehen. Ich liege falsch, sie betreffen nur unseren Landkreis. Mein Gott, überlege ich, und das sind nur die, die sie kennen, die Spitze des Eisbergs. Über die Dunkelziffer möchte ich gar nicht erst anfangen nachzudenken. Wo lebe ich eigentlich?

Das Verschwinden von Felix löst auch andere Reaktionen aus. So meldet sich eine Frau, sagt aus, sie wisse seit einiger Zeit etwas über einen Bekannten und seine Neigungen. Bis heute habe sie geschwiegen, aber die Tatsache, dass er vielleicht mit Felix etwas zu tun haben könnte, lässt sie nicht mehr in Ruhe. »Ich kann mit diesem Wissen nicht mehr länger leben«, sagt sie. Der Mann wird überprüft, ist nun wenigstens aktenkundig. Diese Courage ist nötig, die brauchen wir jetzt. Ich denke nur, wenn jemand da draußen irgendwas weiß, dann soll er um Gottes willen darüber reden – bevor es zu spät ist.

Meine Hoffnung ruht auf all diesen Menschen. Der Täter wird sich nicht melden, aber auch er hat ein Umfeld, auch er wird soziale Kontakte pflegen, hat eine Mutter, einen Vater, Kollegen, Freunde. Einem dieser Menschen muss eine Veränderung aufgefallen sein. Etwas, was anders ist als sonst, irgendetwas, was ihr Misstrauen weckt.

Die Taucher gehen noch einmal raus, die letzten »weißen Flecken« werden geschlossen, nachdem sie schon sämtliche Seen und Tümpel abgesucht haben. So wird nun eine alte Tongrube abgetaucht, alles, was vom Hubschrauber aus nicht eindeutig feststellbar war.

Auch eine Hundestaffel ist wieder im Einsatz. Ein Bloodhound in Polizeidiensten wurde aufgespürt, samt Herrchen reist er aus

Stendal an. Man sagt diesen Hunden nach, dass sie eine ausgezeichnete Nase haben, selbst drei Wochen alte Spuren können sie noch aufnehmen. Dass Felix mit dem Rad unterwegs war, ist für das Tier ebenfalls kein Problem. Ich danke dem Herrgott, dass er so viel Hirn auf mich hat regnen lassen, dass ich Felix' gebrauchte Kleidung nicht mitgewaschen habe. Ich brauche immer wieder Nachschub, damit der Bloodhound und die Staffelhunde Witterung aufnehmen können.

Gespräch mit einem Forensiker

Das Wissen eines Forensikers war mir zu wichtig, als dass ich diese Möglichkeit ignorieren konnte. Ich habe mich durchgesetzt, und nun fahre ich mit Herrn Roth und Frau Tietjen nach Neumünster zu Dr. Köhler. Er ist Inhaber eines Lehrstuhls für Forensik an der Universität Kiel. Ich habe so viele Fragen und hoffe, dass er mir Antworten geben kann, dass er meinem unsichtbaren Feind eine Kontur geben kann.

Vielleicht kann er mir helfen, den Schwachpunkt meines Gegners zu finden. Er muss einen haben, jeder Mensch hat einen. Die enorme Medienpräsenz kann so eine Chance für mich sein, vielleicht lässt er sich über die Medien provozieren. Vielleicht findet er es toll, ständig von sich zu lesen, zu hören, dass die Menschen über ihn tuscheln, und keiner weiß, dass er es ist. Dann würde es ihn mit Sicherheit massiv stören, wenn eine Nachrichtensperre verhängt wird. Vielleicht würde er dann das Fahrrad auftauchen lassen, damit das Feuer der Medien wieder Nahrung findet. Vielleicht hält er sich auch für besonders intelligent und wäre mit gezielt abwertenden Aussagen meinerseits über ihn in der Presse herauszufordern. Vielleicht gelingt es mir, ihn zu einem Fehler zu zwingen.

Während der Autofahrt hänge ich meinen Gedanken nach. Matthias wollte nicht mit. Ich gehe wieder und wieder meinen

Fragenkatalog durch, um nichts zu vergessen. Ich habe jetzt die einmalige Gelegenheit, Antworten zu bekommen.

Herr Köhler freut sich offensichtlich über unseren Besuch. Dass die Kripo ihn um Hilfe bittet, ist schon ungewöhnlich, aber er hat es noch nie erlebt, dass ihn eine Mutter direkt aufsuchen wollte, um Unterstützung zu erhalten.

Er erklärt, dass er speziell zu Felix nichts sagen kann. »Ich bin Forensiker«, sagt er, »das heißt, ich bin kein Profiler oder etwas Ähnliches. Ich arbeite mit Tätern und hatte noch nie mit Opfern zu tun.« Dr. Köhler zweifelt, ob er wirklich der richtige Gesprächspartner für mich ist. Aber ich bin mir ganz sicher, er ist es. Ich weiß, dass er mir nichts über Felix berichten kann. Aber wer kann mir mehr über Täter sagen als ein Psychologe, der mit ihnen zu tun hat? Wer könnte mir diese kranke Denkweise besser erklären als er?

Über drei Stunden dauert unser Gespräch.

Was ich erfahre: Diese Täter haben Empfindungen wie Schuld, Reue oder Mitleid nicht, würden sie solche kennen, wären sie zu solchen Taten nicht fähig. Da hätte ich auch selbst draufkommen können. Die Formulierung »Es tut mir leid« wird in Gerichtsverfahren von ihnen nur bemüht, um die Strafzumessung zu mildern. Es sind gelernte Floskeln, hohle Worte ohne Inhalt. Sie sind nicht in der Lage, ernsthafte Emotionen mit dieser Aussage zu verbinden.

Aber auch Täter müssen ihre Taten psychisch verarbeiten, und das tun sie auf die gleiche Weise wie die Opfer, etwa durch Verdrängen oder Vermeiden. Das kann bedeuten, dass sie die Zeitung abbestellen, das Radio bei den Nachrichten ausschalten oder im Fernsehen umschalten, wenn ihre Tat Thema ist.

Andere verleugnen jede Beteiligung, selbst wenn sie eindeutig bei der Ausführung beobachtet wurden. Auch dies ist eine Strategie der Tatverarbeitung. Einige blenden diese Tat auch völlig aus, eine Amnesie verhindert, dass sie sich erinnern. Das ist kein gezielter Abwehrmechanismus, das Gehirn schützt sich vor einer Informationsflut, die es nicht verarbeiten kann, durch »Vergessen«.

In einem klassischen Sinn planen diese Typen ihre Taten nicht. Ein Bankräuber würde gezielter, klarer vorgehen, das tun diese Typen jedoch nicht. In einem anderen Sinne lässt sich dennoch von Vorbereitung sprechen. Diese Täter haben zwei Welten, in denen sie leben, eine reale und eine Parallelwelt. In Letzterer agieren sie ihre Fantasien aus, erfinden Situationen, Entwicklungen, Personen. Diese Gedankenspiele wiederholen sie ständig, dabei gehen sie alle Varianten durch, als würden sie diese wirklich erfahren. Manchmal spielen sie diese vorgestellten Ereignisse sechzig Mal, vielleicht auch hundert Mal durch, bis ihnen diese Fantasieerlebnisse nicht mehr reichen, dann werden sie übergriffig. Sie werden zunächst immer unruhiger, halten insgeheim schon nach Gelegenheiten Ausschau. In dem Moment, wo ihre Fantasien Übereinstimmungen in der Realität finden, schlagen sie zu, leben sie ihre ausgemalten Situationen in der wirklichen Welt aus, um dann in ihr »normales« Leben zurückzukehren. Dies ist meist völlig unauffällig, sie gehen einem Beruf nach, sind selbst Väter. Kein äußerliches Merkmal verrät diese Monster.

Es gibt nur sehr wenige von diesen Tätern, die auf eine persönliche Medienwirksamkeit aus sind, sagt mir Dr. Köhler. Ihr Vorgehen ist vielfach ein völlig anderes. Sie wollen sicherstellen, dass ihre Opfer gefunden werden, die Auffindesituationen werden regelrecht medienwirksam inszeniert. Levke wurde aber versteckt, und Felix ist nicht aufzufinden – der Täter, den wir hier suchen, gehört also nicht in diese Kategorie. Meine Hoffnung, den Täter über die Presse zu erreichen, hat sich mit dieser Auskunft zerschlagen.

Zu meiner Frage, ob wir es nun mit einem intelligenten oder einem glückreichen Täter zu tun haben, sagt er mir, dass diese Personen häufig überschätzt werden, oft ist es nur Zufall und kein besonders cleveres Vorgehen.

86

Der Großteil der Pädophilen ist geschlechtsspezifisch orientiert, erfahre ich weiter, es gibt natürlich auch Ausnahmen. Und die meisten von ihnen sind bereits in der Vergangenheit aufgefallen, haben versucht, ihre Gedankenkonstrukte auszuleben, sind aber gescheitert, weil sie gestört wurden, die Opfer fliehen konnten oder den Angriff überlebten.

Dr. Köhler berichtet von einem Mann, der ein Jahr lang durch Schleswig-Holstein fuhr, das Auto mit Waffen aller Art beladen. Man fand Messer, Wurfsterne, Baseballschläger und Schusswaffen bei ihm. Getrieben von dem Gedanken, eine Frau töten zu wollen, fuhr er unruhig durch das Land. Nach einem Jahr gab es in der Realität Übereinstimmungen mit seinen Fantasien, er schlug zu. Die Frau überlebte den Angriff. Aufgrund ihrer Aussage konnte der Täter gefasst werden. Er wäre zum Serienmörder geworden. Das waffenbeladene Auto ist in meinem Verständnis bereits eine Planung, warum lädt man sich sonst all diese Sachen ein, wenn man damit nichts vorhätte. Für diesen Täter sah es aber anders aus, er stritt jegliches bewusste Vorgehen ab. Herr Köhler erklärt, dass diese Typen assoziieren. Hält ein solcher einen Gegenstand in der Hand, der sich als Tatwerkzeug eignen würde, verbindet er diesen sofort mit »Auto« und bringt ihn dorthin. Es ist nur ein Beispiel, aber es verdeutlicht mir, dass wir normale Menschen diese kranke Welt nie werden verstehen können.

Auch wenn ich glaube, dass ich es mit einem Mann zu tun habe, kann ich mir nicht sicher sein. Käme eine Frau als Täterin nicht genauso in Betracht? Herr Köhler klärt mich auch hier auf. Die meisten Sexualstraftäter sind Männer, Frauen sind als Einzelakteure die absolute Ausnahme, wenn sie überhaupt in Erscheinung treten, dann als Mitläufer, als Gehilfin.

Die meisten meiner brennenden Fragen sind damit beantwortet.

Wir suchen einen völlig unauffällig lebenden Mann, er wird die Nachrichten nicht verfolgen und hat höchstwahrscheinlich eine Vorstrafe wegen eines Sexualdelikts. Tendenziell weniger intelligent, eher unter Durchschnitt, und zu keinen echten Gefühlen fähig. Ein Typ, der durch seine Verarbeitungsmechanismen nur schwer erreichbar ist. Die Plakate von Felix, besonders sein Gesicht, die werden zu ihm durchdringen. Es hängen so viele davon aus, dass er es nicht vermeiden kann, ihnen zu begegnen, aber er wird sich deswegen nicht auffällig verhalten.

Herr Roth und ich fahren wieder zurück. Ich bin nachdenklich, versuche, die neuen Informationen mit den alten in Einklang zu bringen. Es hilft nichts, es handelt sich hierbei um ein Ausschlussverfahren. Ich komme wieder beim Fahrrad an. Das Fahrrad ist der Schlüssel zu Felix.

Die Anspannung, das Gefühl, keine Zeit mehr verlieren zu dürfen, fällt von mir ab. Über die Presse ist der Täter ja nicht direkt zu erreichen. Das war meine Hoffnung, als ich hierher fuhr.

Albträume

Die SOKO Levke kommt voran, ein Phantombild wurde heute veröffentlicht. Ich bin nach wie vor der festen Überzeugung, dass Felix und Levke demselben Täter über den Weg liefen. Vielleicht ist es aber nur eine weitere Hoffnung, dass diese Ermittlungsergebnisse auch uns helfen. Ein Beitrag über Levke wird wiederholt bei *Aktenzeichen XY … ungelöst* gezeigt. Schrecklich die Vorstellung, dass auch mir das bevorstehen könnte, dass Felix noch Monate vermisst bleibt und sein Verschwinden dort als Film läuft. Die SOKOs stehen untereinander in Kontakt, tauschen sich aus.

Heute werden wir den Geburtstag meiner Tochter nachfeiern, ich muss noch Süßigkeiten für die Feier einkaufen, bevor unsere beiden Kripos auftauchen.

Heute kommen sie früh, um 9.30 Uhr wollen sie da sein.

Ich schaffe es nicht, pünktlich wieder zu Hause zu sein, aber darüber mache ich mir keine Gedanken. Matthias ist ja da und kann sie reinlassen. Um zehn Uhr erreiche ich unseren Hof, aber unsere Kripos stehen vor der Tür. Auf ihr Klingeln hat er nicht aufgemacht, wahrscheinlich schläft er noch, und so ist es auch.

Wie immer koche ich für uns alle Kaffee, wie immer sitzen alle in der Küche. Überhaupt ist im Rahmen dieser Ausnahmesituation alles wie immer, bis … ja, bis Herr Roth mir mitteilt, dass die Durchsuchung der Computer etwas ergeben hat. Sie werden gegen Matthias ein Verfahren einleiten, gleich würden noch ein paar Kollegen hier sein, und ich müsse mit aufs Revier, zur Vernehmung.

»Ich verstehe nicht, warum soll ich mit aufs Revier? Wieso Vernehmung? Ein Verfahren wegen was? Was haben Sie denn gefunden?«

»Wir müssen ein Strafverfahren wegen der Verbreitung und Veröffentlichung kinderpornografischer Schriften einleiten.«

Treffer versenkt! Ich begreife nicht, was ich da höre.

»Die Kollegen, die gleich kommen, werden nach weiteren Daten oder Aufzeichnungen im Haus suchen.« Herr Roth zeigt mir einen Durchsuchungsbeschluss.

Ich glaube das alles nicht. Ich habe ja mit vielem gerechnet, aber doch nicht mit so etwas.

Herr im Himmel, lass mich aus diesem Albtraum endlich aufwachen. Aber ich wache nicht auf, es ist real, was hier passiert. Matthias steht in der Tür, er ist aufgewacht und wird nun erst einmal elegant aus der Küche gelotst, während ich versuche, das, was ich gehört habe, irgendwie auf die Reihe zu bekommen.

Die Rechner sind bislang nur mit zwei Suchbegriffen gefüttert worden, und das waren die Namen meiner Kinder. Diese Namen haben die Ermittler zu kinderpornografischen Chats geführt, deren Daten teilweise wiederhergestellt werden konnten.

Ich habe keine Gelegenheit, diese Informationen zu verarbeiten, wie betäubt nehme ich sie zur Kenntnis, während die anderen Beamten eintreffen. Ich höre nur noch, wie Matthias fragt, ob er sich umziehen könne, dann sind sie weg. Vier Beamte bleiben weiterhin auf dem Hof, ich sehe ihren Blick, irgendetwas zwischen Bedauern und Mitleid.

Ich helfe ihnen, im Büro die Datenträger zusammenzusuchen, überlege mit ihnen, wo Matthias etwas vor mir verstecken würde. Die Musik-CDs werden mitgenommen, es könnte auf ihnen etwas anderes abgespeichert sein als das, was draufsteht. Bitter fällt mir ein blöder Spruch ein: »Nicht überall, wo Nuss-Nugat-Creme draufsteht, ist auch welche drin.«

Ich muss mit zur Vernehmung: Es sind meine Computer, die diese Daten aufweisen, es ist mein Haus. Ich muss erklären, wie es dazu gekommen sein könnte.

Auf dem Weg zum Vernehmungszimmer sind sie wieder da, diese Blicke. Die Beamtin kenne ich schon. Sie weiß um meine Vorliebe für Kaffee, den ich auch erhalte. Anschließend klappt sie einen ziemlich dicken Ordner auf. Da sind sie, die ausgedruckten Daten vom Suchlauf.

Die Fragerei geht los.

Wann waren Sie das letzte Mal im Chat?

Ich begreife das alles nicht, aber ich kann anhand meiner Termindaten belegen, dass ich zu den Uhrzeiten, an denen die Chats stattfanden, außer Haus war, wenn sie nicht nachts stattgefunden hatten. Als berufstätige Mutter mit zwei Kindern, die morgens in die Schule müssen, hätte ich es mir aber nicht erlauben können, nachts um drei zu chatten. So sage ich das auch der Vernehmungsbeamtin.

Sie liest mir Auszüge aus den Chatprotokollen vor, explizit fragt sie nach, ob ich das geschrieben habe. Was da steht, das kann ich nicht mal denken. Mir wird speiübel, ich kann den Brechreiz kaum unterdrücken.

Matthias hat in jenen Chats beschrieben, wie meine Kinder aussehen, das Alter stimmt auch, ebenso die Namen. Ich finde Magdalena und Felix in verbaler Form als Hauptdarsteller von Kinderpornos wieder.

In einem Chat hat Matthias sich mit einem weiblichen Namen eingeloggt, Sexfantasien einer Frau mit Felix beschrieben.

Das, was mir seit Felix' Verschwinden Angst macht, steht hier geschrieben. Ganz nah ist es gewesen, in meinem Haus. Alles, was mit meinem Sohn passiert sein könnte, hat Matthias fantasiert. Es ist ein Albtraum, ein Albtraum, der im August bereits begann.

»Nun geben Sie doch zu, dass Sie das waren, das ist doch ein Frauenname, Frau Wille.«

Ich bin fassungslos, angewidert, ich wüsste nicht einmal, wo ich einen solchen Chat finden sollte, über die normalen Suchmaschinen ist der sicherlich nicht auszumachen. Ich war das nicht, ich habe das doch nicht gewusst. Ich habe Matthias einiges zugetraut, aber doch nicht so etwas.

Seitenlang liegen diese Protokolle vor. Sätze wie »Beim Hintern meiner Stieftochter würde mir noch mehr einfallen« bleiben hängen, und der ist noch harmlos.

Satz für Satz werden mir diese Protokolle vorgelesen, muss ich sie selbst noch einmal durchgehen. Meine Grenze ist fast erreicht, aber das war noch nicht alles. Es geht weiter mit Bildern.

»Sehen Sie sich die Fotos genau an, haben Sie die schon mal gesehen?«

Ich muss mir jede Aufnahme ansehen. Es ist abstoßend, Kinder beim Sex, Kinder untereinander, Kinder mit Erwachsenen, Kinder als Tiere verkleidet beim Sex. Einfach nur widerwärtig.

Die Beamtin zeigt mir ein mehrere Seiten langes Protokoll mit aufgerufenen Dateien, die Dateinamen sind eindeutig. Jede Zeile ist die Entschlüsselung eines Bildes, eines Dateinamens: Lolita zwölf, zwei Jungen zehn und elf, scharfe Neunjährige …

»Was werden Sie jetzt unternehmen?«, fragt sie mich. Leise sage ich ihr, dass ich nur noch nach Hause möchte, dass ich das erst mal in meinem Kopf zurechtrücken muss, dass ich es noch nicht weiß. Ich bin wie betäubt, ein dumpfes Entsetzen. Warum tut er mir und den Kindern das an?

Wäre dies ein Drehbuch, keiner würde es verfilmen, zu viele Klischees auf einmal. Es ist ein ganz schlechter Film, und ich bin mittendrin.

Abwesend bereite ich Magdalenas Geburtstag vor, Herr Roth spielt mit den Kindern »Blinde Kuh« und »Topfschlagen«. Dies ist der größte Spaß für die Kids. Ich stelle mir Felix in diesem Gewusel vor, wie er auf dem Hochbett sitzt, sich die Süßigkeiten reinhaut und am Tau schaukelt. Einer fehlt, Felix fehlt, und er sitzt womöglich bei einem Monster, das jetzt genau das mit ihm tut, was ich eben habe lesen müssen.

Gute Miene zum bösen Spiel, ich muss diese Feier durchhalten.

Erst als alle Kinder verschwunden sind, traut Matthias sich aus der Werkstatt wieder ins Haus. Unsere Kripos sind noch da. »Hier kommt das Monster«, sagt er. Wenn das ein Scherz sein sollte, ist der gründlich danebengegangen. »Stimmt«, erwidere ich, er hat den Nagel auf den Kopf getroffen.

Möglichst ruhig frage ich ihn, ob er mir das irgendwie erklären kann. Ich erhalte keine Antwort. Wenn ich will, kann ich einen sehr vernichtenden Unterton in die Stimme legen, und jetzt will ich. »Nachdem du dich so lange in Schweigen gehüllt hast, wäre es spätestens jetzt an der Zeit, es mal mit Reden zu versuchen. Also erkläre mir das!«

Es kommen Rechtfertigungen, eine so schlecht wie die andere. »Ich wollte der Polizei nur helfen«, sagt er zum Beispiel. Keiner hat ihn um diese Hilfe gebeten. Und erstaunlich, dass er schon im August wusste, dass Felix Hilfe brauchen wird. »Ich hab das doch nicht ernst gemeint. Ich wusste nicht, dass das strafbar ist.«

Nun ist mein Tonfall sehr scharf, ich zische ihn an, ob er schon mal was von moralischen Grenzen gehört hat, dass diese deutlich vor denen des Gesetzes liegen.

»Ich habe mich gelangweilt.« Diese Begründung schlägt dem Fass den Boden aus. »Gelangweilt? Ich reiße mir hier den Arsch auf, weiß nicht, wo mir vor lauter Arbeit der Kopf steht, und der

Herr hat sich gelangweilt? Das Badezimmer ist seit Monaten eine Baustelle. Arbeit haben wir hier, weiß Gott, genug, aber der Herr zieht es vor, meine Kinder im Internet zu prostituieren.«

Die Bilder hat er natürlich nur versehentlich runtergeladen. Versehentlich! Wir passen so auf, dass wir uns keine Viren holen, wir klicken gar nichts versehentlich an. Eine faule Ausrede mehr, die sein Vorgehen legitimieren soll.

Die Krönung ist allerdings der Hinweis, dass er, würde Felix nicht verschwunden sein, ja gar nicht aufgeflogen wäre.

Was ich da höre, ist unglaublich, nicht zu begreifen. Mit was für einem Menschen habe ich zusammengelebt, wem habe ich vertraut, meine Kinder anvertraut? Offensichtlich habe ich ihn nie richtig gekannt. Deswegen war er so pingelig darauf bedacht, dass ich nicht an seinen Rechner gehe. Für diesen Tag reicht es mir.

Ich lasse meine Tochter nicht mehr eine Minute allein mit Matthias.

Ich muss mir nun überlegen, was ich tun werde.

Herr Roth sagt: »Ich hab schon einiges in dieser Richtung lesen müssen, aber um das zu formulieren, was Sie sich da haben anhören müssen, bedarf es einer Menge abartiger sexueller Fantasien. Das ist kein Anfangsstadium mehr.«

Könnte er gegen Felix oder Magdalena oder gegen beide übergriffig geworden sein?, fragt nun Herr Roth. Ich kann ihm einzig sagen, dass Matthias, soweit ich es beobachtet habe, zu den Kindern sehr distanziert war. Dass er körperliche Berührungen tunlichst vermieden hat, er hat sie nicht einmal getröstet, wenn sie weinten, geschweige denn auf den Schoß genommen. Ich schließe Übergriffe aus, dennoch informieren wir den Kinderpsychologen, damit er in diese Richtung fragt.

Die gesamte Situation erscheint mir völlig abstrus, völlig irreal. Jede Menge Gedanken wirbeln durch meinen Kopf, wollen einsortiert und bewertet werden. Meine Gefühlswelt ist tot. Ich fühle mich erinnert an den Film *Der Feind in meinem Bett*.

Es ist für mich klar, dass Matthias nicht länger bei uns bleiben kann. Ich werde seine Abreise organisieren müssen, ich möchte ganz sicher sein, dass er diese Gegend verlässt. Wenn ich ihn augenblicklich vor die Tür setze, ist zu befürchten, dass er es sich vor dem Gartenzaun unter der Laterne gemütlich macht und auf Mitleid hofft. Das muss ich unbedingt vermeiden. Ein Auto hat er nicht, aber einen Cousin in unserer Nähe. Ich fahre zu ihm und bitte ihn, Matthias abzuholen und nach Hause zu verfrachten. Er möchte natürlich den Grund dafür wissen, doch ich möchte es ihm nicht sagen. Es ist seine Familie. Mir ist völlig bewusst, dass er kaum eine weitere Chance hat, wenn diese Geschichte durchsickert.

Ich bin aber derartig erschüttert, dass ich nach ein paar Fragen des Cousins in Tränen ausbreche und ihm erzähle, was ich habe lesen müssen. Dass er verstehen muss, warum Matthias sofort wegmuss, er nicht eine Minute länger bleiben kann. Der Cousin ist vollkommen entsetzt, er kann es kaum glauben. Bis zum Haus seiner Mutter wird er ihn unter diesen Bedingungen nicht bringen, aber er wird ihn abholen und dann am nächstgrößeren Bahnhof in den Zug setzen. Wer so etwas macht, soll sehen, wie er zurechtkommt. Matthias' Mutter müssen wir notgedrungen mitteilen, dass ihr Junior anreist, damit sie ihn vom Zug abholt.

Vorher diskutieren wir lange, ob wir ihr überhaupt erzählen sollen, weshalb er rausgeflogen ist, ob wir ihr nicht die Wahrheit ersparen sollten.

Letztendlich platzt sie aus mir raus, als ich mit ihr telefoniere. »Der Junge musste ja auf solche Ideen kommen, er hatte ja auch kaum Kontakte«, bekomme ich zur Antwort. Die typische Reaktion einer Mutter, die ihrem eigenen Kind nichts Schlechtes zutraut. Ich lasse diese Bemerkung unkommentiert stehen.

Showdown in der Küche

Ich warte ab, bis ich meine beiden Kripos in der Nähe weiß, um Matthias meine Entscheidung mitzuteilen. Sie sollen mir nicht nur den Rücken stärken, ich möchte auch, dass sie ganz deutlich wissen, dass ich in meinem Haus so etwas nicht toleriere. Das können sie dann an die SOKO weitertragen.

Schauplatz ist die Küche.

Matthias sitzt auf seinem Stammplatz und will, wie immer, gehen, als die Kripos auftauchen.

Aber diesmal lasse ich es nicht zu, sage, dass ich mit ihm zu reden hätte.

»Du wirst noch an diesem Wochenende das Haus verlassen.«

»Du kannst mich doch deswegen nicht rausschmeißen!«

»Wenn nicht aus diesem Grund, wegen was dann? Erwartest du nach dieser Sache etwa, dass du noch länger hierbleiben kannst? Ich an deiner Stelle hätte gar nicht erst gewartet, bis man mich vor die Tür setzt, ich wäre freiwillig gegangen. Nur um dir das mal klarzumachen, ich durfte nicht nur Stellung dazu nehmen, wie die Daten auf meinen Rechner kommen, ich durfte mir Satz für Satz deine Schweinereien durchlesen. Ich durfte lesen, wie knackig du den Hintern meiner Tochter findest und was dir bei seinem Anblick noch so einfallen würde. Glaube nicht, dass es vonseiten der Beamten mit der lapidaren Frage ›Haben Sie damit was zu tun?‹ erledigt gewesen wäre. Ich durfte mich fragen lassen, ob ich Sexfantasien mit Felix im Chat ausgelebt habe.«

Matthias' Gesichtsfarbe wechselt ins Rote.

»Diese Familie hat dir ein Dach über den Kopf gegeben, ihre Liebe, warmes Essen, und du hast nichts Besseres zu tun, als ausgerechnet diese Menschen in den Dreck zu ziehen, zu besudeln und diesen absolut schützenswerten Raum im Internet anzubieten. Du lässt es zu, dass sich andere an der Vorstellung meiner Kinder aufgeilen und sexuell erregen. War es denn schön für dich, soll ich in Zukunft den Schreibtisch auch von unten abwischen?«

Nun ist er bleich, stammelt was von »Helfen wollen« und »Du weißt doch, dass ich nicht so einer bin«, dass er als *Fake* diese Schweine auffliegen lassen wollte.

»Bist du eigentlich schon mal auf die Idee gekommen, dass du mit jedem runtergeladenen Bild die Nachfrage auf dem Markt erhöhst? Dass du dazu beiträgst, dass neue Fotos gemacht werden, wieder Kinder gequält und missbraucht werden? Muss ich jetzt damit rechnen, dass ich Felix irgendwann als Hauptdarsteller auf einem dieser Bilder wiedersehe?«

Nun ist seine Gesichtsfarbe fast grün. Er stottert ein »Nein, um Gottes willen«. Herr Roth lehnt sich zurück und beobachtet uns aufmerksam.

»Gebe Gott, dass du nicht irgendjemanden auf den Geschmack gebracht hast, dass er sich jetzt einen kleinen blonden Jungen in Natura holt. Und dabei spielt es keine Rolle, ob das hier passiert oder in Bochum, Berlin oder München. Das musst du mit deinem Gewissen ausmachen, damit wirst du leben müssen, nicht ich. Hast du möglicherweise irgendwann unsere Adresse erwähnt? Hast du irgendwelche Ortsbezeichnungen genannt, die einen Rückschluss auf unseren Wohnort zulassen?«

Er schweigt.

»Sag endlich was, du hast lange genug geschwiegen«, brülle ich ihn an. »Spätestens als die Rechner abgeholt wurden, hättest du reden müssen. Vielleicht, aber auch nur vielleicht, hätte man dir dann ein bisschen geglaubt. Stattdessen wartest du noch weitere zwei Wochen! Hast du geglaubt, die Polizei ist blöd, die findet nichts, und das rechtfertigt es, weiter zu schweigen?

Du hast deine persönlichen Eitelkeiten über das Leben von Felix gestellt. Hoffentlich kosten diese zwei Wochen Schweigen Felix nicht das Leben. Wie kannst du eine solche Geschichte hinter dem Berg halten, wo wir den Kleinen so verzweifelt suchen?«

Ganz bestimmt habe er in diese Richtung nichts geschrieben, versucht er zu versichern.

»So lange, wie du jedes Mal gechattet hast, willst du noch genau wissen, was du geschrieben hast, dass du keine Hinweise gegeben hast? Könnte es nicht sein, dass jemand gedacht hat, der erzählt immer so niedlich von dem kleinen Jungen und was man mit dem so machen kann, den sehe ich mir doch mal in Wirklichkeit an?«

Ich sehe Herrn Roth an. »Habe ich noch irgendetwas vergessen?«

»Nein«, sagt er, »das müsste es im Großen und Ganzen gewesen sein.«

Ich wende mich wieder Matthias zu. Sehe ihn an, angewidert sage ich ihm nur noch: »Du kotzt mich an! Ich bin am Sonntag wieder da, bis dahin bist du fort.«

Matthias sitzt aschfahl und in sich zusammengesunken am Küchentisch, als ich mit den beiden Kripos das Haus verlasse.

Ich verbringe das Wochenende bei Freunden, Magdalena ist bei der Oma, am Sonntag werden Herr Roth und ich uns hier wieder treffen.

Ich weiß nicht, was Matthias jetzt tun wird. Legt er das Haus in Schutt und Asche? Oder hängt er sich zur Krönung auf dem Hof auch noch auf? Ich möchte ihn dann nicht finden müssen. Am Sonntag werde ich beim Betreten des Hauses Herrn Roth den Vortritt lassen.

Eine Verhandlungsgruppe besteht immer aus einem Team von zwei Personen, bei mir sind es Frau Tietjen und Herr Roth. Normalerweise gibt es immer noch ein Team 2, falls jemand krank wird oder die Belastung zu hoch wird. Auch bei mir soll ein Team 2 eingeführt werden. Das allerdings klappt nicht besonders gut, die junge Frau, die als Ersatz erscheint, hat schon bei ihrem ersten Auftritt verloren. Sie macht einen unsicheren Eindruck auf mich, ihr Händedruck ist schlaff, sie kann mir nicht in die Augen sehen. Meinen Fragen weicht sie aus. Wie will sie mich unterstützen? Die Beamtin mag in einer anderen Familie ganz wunderbar passen, aber sie ist mir nicht gewachsen. Die direkte Fragestellung liegt ihr nicht, und an schlechten Tagen kann ich sehr direkt sein, und dieser Tag ist ein schlechter Tag.

Die Kripos aus den Verhandlungsgruppen haben in ihren Schulungen etwas über Krisensituationen der unterschiedlichsten Art gelernt, das sie aus gutem Grund anwenden. Aber ausgerechnet bei mir hilft ihnen dieses Wissen nicht. Ich will nicht in Watte gewickelt werden, ich will helfen, unterstützen, und das kann ich nur, wenn ich ausreichend Informationen bekomme. Immer wieder bitte ich sie darum, oft weichen sie mir aus, versuchen Fragen zu vergessen, ständig muss ich nachbohren. Es ist anstrengend für mich und für sie sicher auch. Die Verärgerung auf meiner Seite nimmt zu, ich fühle mich immer mehr ausgeschlossen aus den Ermittlungen und kann nicht verstehen, warum sie das tun. Meine damalige Strategie, als die Leiter der SOKO bei mir waren und ich dieses Thema bewusst nicht ansprach, um sie zur Einsicht zu bewegen, funktionierte nicht.

Dementsprechend ist der Tonfall manchmal sehr rau. Aber sie ertragen es.

Irgendwann kommt es wieder, dieses Rumgedruckse, das ich nicht leiden kann. Entnervt sage ich: »Sagen Sie es bitte einfach so, wie es ist. Informationen werden nicht besser, wenn Sie eine rote Schleife darum wickeln. Lassen Sie sie weg.«

Doch nur schleppend teilen sie mir mit, was sie wissen. Lauter für mich nicht wichtige Details. Mein Kopf scheint keine Ablagefläche mehr zu haben für alle diese Daten, ich muss davon welche loswerden, um Platz für neue zu haben. Ich brauche Ergebnisse, sagen ich ihnen. »Wir haben keine«, bemerkt Herr Roth. »Vierzig Leute sitzen in der SOKO, und Sie sagen, es gibt keine Ergebnisse? Sie müssen welche haben, auch eine Spur, die sich erledigt hat, ist ein Ergebnis. Wenn ich das weiß, brauche ich nicht mehr darüber nachzudenken und kann diese Informationen aus meinem Gehirn rausschmeißen.« Nachdenklich sieht er mich an. »Das geht nicht, Datenschutz.« Ich kann diesen Satz nicht mehr hören. »Sie brauchen mir doch nur sagen, die Spur bei McDonald's hat nichts ergeben. Das würde reichen.«

An den nächsten Tagen klappt es dann besser, ich bekomme abgearbeitete Spurenergebnisse, ich kann Platz schaffen in meinem Kopf.

In einer ruhige Minute frage ich Herrn Roth, was sie denn auf ihren Seminaren lernen. Was man ihnen erzählt, wie sich ein Mensch, eine Mutter in einer solchen Situation verhält. Welche Reaktionen sie von mir erwartet haben. Natürlich kann er dies nicht offen beantworten, sicher ist es auch ein Schutz für mich, die Karten nicht vollständig auf den Tisch zu legen. Es waren auch eher rhetorische Fragen. Es ist eines der ruhigen Gespräche, die ich allein mit dem Beamten führe: »Sie haben es mit mir zu tun, Herr Roth, ich bin anders. Ich werde in das Schema, das Sie gelernt haben, nicht reinpassen. Vergessen Sie, was man Ihnen beigebracht hat, stellen Sie sich neu ein, versuchen Sie zu verstehen.«

Und es hilft. Er ist der Einzige, der bereit ist, seine Perspektive zu wechseln, der sich die Mühe macht, zu begreifen, warum ich bestimmte Dinge so mache, wie ich sie mache. Und Stück für Stück scheint er mich ein bisschen mehr zu verstehen.

Meine Kinder waren noch ganz klein, als ich mich selbstständig machte. Kinder, Firma, Kunden, Haushalt, ohne eine hohe Stresstoleranz ist das alles nicht unter einen Hut zu bringen. Viel Selbstaufgabe gehört dazu, und ich bin das seit Jahren gewohnt. Als Frau hatte ich es in meinem Beruf oft wesentlich schwerer, musste ich mich wesentlich nachdrücklicher durchsetzen, besser sein. Das geht nur mit einer gewissen Hartnäckigkeit. Ich bin es gewohnt, Probleme zu lösen, sachlich zu agieren. Krankengymnastin – den meisten fallen dazu Rückenschmerzen ein, aber ich bin ganz anders spezialisiert. Viel Leid erlebe ich auf meiner Arbeit. Ich habe fast ausschließlich mit Patienten zu tun, die durch einen Schicksalsschlag ihr gewohntes Leben nicht mehr aufnehmen können, bedingt durch Unfälle und schwere Krankheiten wurde es auf den Kopf gestellt. Meine Aufgabe ist es, ihnen wieder Lebensqualität zu verschaffen, Mut zu machen, Hoffnung zu geben. Wenn sie sich anmelden und ich am Telefon nach der Diagnose frage, weiß ich aber oft genug auch nur zu genau, dass ich diesen Menschen beim Sterben begleiten werde. Meine Auffassung ist, dass gerade sie mich brauchen, einen Außenstehenden, der zuhört, der ihre körperlichen Leiden lindert. Viele sind in diesen Jahren gestorben, manche langsam, quälend, manche unerwartet. Babys, überhaupt Menschen, die für den Tod eigentlich noch zu jung waren. Einige begleitete ich über Jahre, und ich habe sie alle bis heute nicht vergessen, weiß noch immer ihren Namen. Diesen Job könnte ich nicht aushalten, wenn ich meine Gefühle nicht unter Kontrolle hätte. Ich muss mich emotional distanzieren können. Deswegen kann ich in der jetzigen Situation meine Gefühle so gut kontrollieren, es ist eine Folge jahrelanger Übung. Ich habe versucht, meinen Patienten zu geben, was ich kann. Und wie sieht es bei ihnen aus? Sie wissen es nicht, aber sie schenken mir viel zurück. Das alles täglich zu sehen hat mich dankbarer gemacht. Oft beschäftigen mich nachträglich noch jene Hausbesuche, wo das Schicksal kein Erbarmen kannte. Sie machen mir bewusst, wie gut es mir geht. Und es sind meine Kinder, meine Familie, meine kleine heile Welt, die mir täglich die Kraft geben, das Leid auszuhalten. In all den Jahren habe ich ein Gespür für Stimmungen entwickelt, ich kann Spannungen, die in der Luft liegen, fühlen, wenn ich ein Haus betrete, die Körpersprache der einzelnen Familienmitglieder lesen. Weder Herr Roth noch Frau Tietjen können das alles wissen, in einer Standardschulung ist das auch nicht zu vermitteln. Heike Tietjen ist so alt wie ich. Auch sie hat eine wichtige Bedeutung für mich, schon allein wegen der Tatsache, dass sie sehr genau zuhören kann. Die letzte Zeit aber macht sie einen abgelenkten Eindruck auf mich. Sie sieht schlecht aus, dünn ist sie geworden, die Falten in ihrem Gesicht haben sich tiefer eingegraben. Ständig schickt sie irgendeine SMS los. Bald hat sie ihren Spitznamen weg: »SMS-Heike«. Sie ist aber Profi genug, um das selbst zu merken, sie lässt sich im Dezember ablösen. Wer zu hoch belastet ist, kann kein Partner für mich sein.

Ich spüre die Anspannung der Kripos, immerhin wird Heike abgezogen, und die junge Dame aus Team 2 ist hier durchgefallen. Frauenmangel. Ich versuche ihnen klarzumachen, dass die Standardeinstellung, eine Frau könne sich nur mit einer Frau austauschen, so nicht stimmt. Ich komme mit Männern besser zurecht. Sie können hier ruhig ein Team aus zwei Männern einsetzen, für mich wäre es sogar besser. Und so kommt es schließlich auch, Herr Roth wird in Zukunft von Daniel Vogt unterstützt.

Fratzen hinter Masken

Einige Menschen aus meinem Umfeld, mit denen ich befreundet war oder bin, benehmen sich in letzter Zeit sehr auffällig. Ich habe den Eindruck, dass sie sich meine Arbeitsunfähigkeit und Felix' Verschwinden zunutze machen, um mir zu schaden. Teilweise geschieht dies recht offen und ohne jede Scham. Ich bin entsetzt über diese hässlichen Gesichter, die sie jetzt ohne jede Scheu offenbaren. Für moralische Bedenken haben sie keinen Platz. Ich und meine Mitarbeiter werden diskreditiert, bei Krankenkassen, Ärzten und Patienten verleumdet. Es ist ein entsetzlicher Blick, der sich mir bietet, und er erschüttert meinen Glauben an die Menschen schwer.

Das eigennützige Verhalten widert mich an. Die Frage ›Wie kann man nur so handeln?‹ dreht sich für mich bald um. Daraus wird die Überlegung: Hat einer von diesen Menschen die Finger mit im Spiel, um sich einen Vorteil zu verschaffen? Würde einer von ihnen so weit gehen und meinem Jungen etwas antun?

Mein Misstrauen ist inzwischen so groß, dass ich jedem alles zutrauen würde. Vielleicht wurde Felix' Entführung beauftragt? Wie schafft man es, mich am besten außer Gefecht zu setzen? Natürlich über meine Kinder. Und wenn man mir genug geschadet hat, lässt man meinen Sohn vielleicht wieder gehen. Dieser furchtbare Gedanke hat zugleich etwas Tröstendes. Er eröffnet die Perspektive darauf, dass mein Sohn an keinen Kinderhändlerring verkauft wurde, er nicht prostituiert wird, er wiederkommt.

Ich ziehe mich immer mehr zurück. Ich kann die Menschen nicht mehr ertragen. Überall lauert der Verrat, ich baue auf niemanden mehr.

Die Monster dieser Welt haben sich bis in mein Wohnzimmer, bis in mein Bett geschlichen. Misstrauisch beäuge ich die Leute in meiner Umgebung, immer in der Erwartung, dass noch ein weiteres Ungeheuer auftauchen wird. Dass ein Lächeln nur eine Fratze verbirgt. Ich kann Freundlichkeiten nicht mehr als selbstloses Tun wahrnehmen. Ständig hinterfrage ich in meinem gesamten Umfeld jede Nettigkeit, suche einzig nach den Abgründen. Bei allen Menschen, die sich mir nähern, vermute ich Leichen im Keller.

Hinter welcher bürgerlichen Fassade verbirgt sich die nächste Bestie?

Ich lasse meine Tochter nicht eine Minute mehr aus den Augen. Nur noch unter strenger Kontrolle darf sie nach draußen zum Spielen, sie muss mit meiner Angst vor den Ungetümen, die sich in dieser Gesellschaft versteckt halten, leben.

Vertrauen, das Wort klingt wie Hohn in meinen Ohren. Der Mensch, dem ich am meisten vertraute, hat mich und meine Kinder verraten. Und ich hatte es nicht wahrgenommen.

Wenn ich es bei meinem eigenen Partner nicht bemerkte, wie will jemand anders dieses Monster, das wir suchen, entlarven wollen? Welch ein Anspruch an diese Gesellschaft – sie wird ihm nicht gerecht werden können.

Ich habe alle Hebel, die mir zur Verfügung standen, in Bewegung gesetzt. Ich kann nur noch warten, beten, Kerzen anzünden.

Und hoffen, dass ich die Kinderstimme bald auch am Tage hören werde und nicht nur in der Nacht.

Hoffen, dass ich mich irgendwann wieder über das Knallen von Türen aufregen darf.

Bevor er ging, hat Matthias noch lange Beteuerungsschreiben hinterlassen. Nichts macht das, was er getan hat, wieder gut. Wie soll ich das jemals meinen Kindern erklären? Felix wird fuchsteufelswild sein, dass Matthias weg ist, er hat so sehr an ihm gehangen. Wie soll ich ihm erklären, dass seine Liebe benutzt wurde? Dass auch er sein Vertrauen und seine Liebe in die falsche Person gesetzt hat. Wie?

Advent – nicht nur Lichter für Felix

Die SOKO geht weiter den Meldungen aus der Bevölkerung nach. Mit Hochdruck verfolgen sie einen Hinweis aus Berlin. Ein Mann wurde beobachtet, wie er ein Fahrrad in einen Schrottcontainer warf, es könnte Felix' Rad gewesen sein.

Bevor die Beamten vor Ort sind, ist der Container bereits abgeholt worden und schon auf dem Weg in den Osten. Es gelingt ihnen, festzustellen, dass der gesamte Schrott auf ein Binnenschiff verladen wurde. In einem Hebesperrwerk kann es gestoppt werden. Nun beginnt für die Beamten eine mühevolle Arbeit, Tonnen von Metall werden genauestens durchsucht. Jedes Teil wandert zweimal durch die Hände der Beamten, beim Ausladen und beim Neubeladen. Alles endet ohne ein Ergebnis.

Felix' Fahrrad war nicht dabei.

Ich habe nicht mehr den Mut, Hoffnung zu haben. Ich nehme die Informationen nur noch zur Kenntnis und freue mich über die Aufmerksamkeit in der Bevölkerung. Irgendein Mensch könnte den entscheidenden Hinweis geben – und weiß es vielleicht gar nicht.

In einem Nachbardorf wird ein Teil des Waldes durchsucht, eine Reiterin hat dort ein Fahrzeug gesehen, das da nicht hingehört.

Siebzig Beamte sind unterwegs, um dieses Waldstück zu durchkämmen.

Die Taucher brechen ihre Suche ergebnislos ab. Alles, was vom Hubschrauber aus nicht eindeutig einzusehen war, wurde noch ein weiteres Mal abgesucht. Moorteiche, Kiesgruben.

In Uthlede bei Bremen wurde ein Kind nachdrücklich von einem Pkw-Fahrer aufgefordert, in sein Auto einzusteigen. Es konnte weglaufen. Ist das unser Mann? Das Kennzeichen seines Wagens ist polizeilich nicht registriert. Die Kinder gehen draußen nur noch in Gruppen. Eltern von Cuxhaven bis Bremen haben Angst um die Kinder, die noch da sind.

Alle Fundbüros wurden abgeklappert, auch ohne Ergebnis. Wir suchen immer noch Fahrzeughalter, mal sind es nur noch zwei, dann wieder drei. Ausgerechnet einer von ihnen könnte etwas mit Felix' Verschwinden direkt zu tun oder auch etwas Entscheidendes beobachtet haben. Ich könnte verzweifeln, wieso melden sich diese Menschen nicht?

Die Menschen beginnen sich auf die Weihnachtszeit einzustellen, in den Fenstern leuchten die ersten Weihnachtslichter. Es sind nicht mehr nur Lichter für Felix, es ist Advent. Die Familien leben weiter ihr Leben, nur für mich gibt es das nicht. Nikolaus ist bald, und ich muss mir überlegen, worüber sich Felix in diesem Jahr wohl freuen würde.

Schon das Nachdenken darüber treibt mir die Tränen in die Augen. Ich entscheide mich für Yo-Gi-Oh-Karten und eine neue Armbanduhr. Einige Geschäfte füllen die Stiefel der Kinder mit Süßigkeiten, eigentlich müssen sie die Schuhe selbst abgeben, ich mache das für Felix. Irritierte Blicke beantworte ich nur mit: »Mein Sohn ist im Moment nicht da.« Auch einen Adventskalender bekommt der Kleine, es ist das Einzige, was in unserem Haus an Weihnachten erinnert.

Nach ein paar Tagen räume ich das verderbliche Obst von Felix' Nikolausteller.

Ich betrachte seine Fische, sein geliebtes Aquarium. Das Wasser ist trüb, zu trüb. Die Pumpe ist ausgefallen und will auch nicht mehr anspringen. Wenn den Fischen was passiert, wird Felix wütend werden. »Das hast du ja toll gemacht, Mama. Kannst du nicht mal auf meine Fische aufpassen, wenn ich weg bin«, höre ich ihn sagen. Felix erhält sein Weihnachtsgeschenk also dieses Jahr etwas früher, ich fahre mit meiner Tochter los, um eine neue Pumpe zu kaufen. Im Geschäft überlegen wir, welche er wohl hätte haben wollen. Er wünschte sich immer einen Außenfilter, er kriegt einen. Ich montiere die Pumpe an, nach ein paar Stunden klärt sich das Wasser. Doch, der Kleine hätte sich gefreut, aber das Strahlen in den Augen werde ich wohl nicht mehr sehen. Das, was Weihnachten so besonders macht, das Glänzen der Kinderaugen, wird es für mich nicht mehr geben. Ich starre aus seinem Fenster, auf den Radweg, immer in der Erwartung, dass der kleine Blondschopf gleich angeradelt kommt. Aber er kommt nicht, seit mehr als vierundvierzig Tagen warte ich. Warte auf ein Klingeln, auf den nächsten Tag.

Immer wenn ich nach Hause gelange, denke ich, jetzt, wenn ich jetzt in den Hof einbiege, sitzt er vor der Tür und wartet auf mich. Aber seit vierundvierzig Tagen sitzt kein Felix vor der Tür.

Für meine Tochter platzt eine Spielverabredung nach der nächsten, meistens deshalb, weil in den Familien Backen und Basteln angesagt ist. Das wäre bei uns auch so gewesen. Wäre gewesen.

Auf Anraten der Kripo gehe ich zu einer Psychologin. Ich frage mich aber schon nach der ersten Sitzung, wie viel Zeit sie brauchen wird, um mir helfen zu können. Wie soll diese Hilfe überhaupt aussehen? Wie viele Sitzungen wird sie brauchen, bis sie mich und meine Familienverhältnisse kennt? Natürlich: Sie ist, wie viele andere auch, über die Weihnachtszeit im Urlaub. Ab wann soll denn das beginnen, was sogenannte Hilfe bedeuten könnte? Ab Februar?

Ich benötige zunehmend mehr Valium, um irgendwie über die Runden zu kommen, um mich zu konzentrieren, um bei der Suche zu helfen. Immer schwerer wird es, die Informationen zu verarbeiten, streckenweise geht es nicht mehr, ich speichere sie nur noch, filtere sie.

Festnahme »im Fall Levke«

Am 8. Dezember bekomme ich morgens einen Anruf von einem meiner Kripos. Sie werden heute »im Fall Levke« zugreifen, es gibt einen dringend Verdächtigen.

Bei mir macht sich Hoffnung breit. Die SOKO Levke war erfolgreich, vielleicht gibt es einen Zusammenhang zu Felix. Bekomme ich heute meinen Sohn wieder?

Es dauert auch nicht lange, bis die Festnahme durch die Presse geht. Wie auf Kohlen sitze ich am Telefon und warte auf die Ergebnisse der Vernehmung. Dass sie ihn auch nach Felix fragen werden, ist klar. Aber ich warte vergeblich.

Unruhig laufe ich im Haus hin und her, den Hörer immer dabei. Die Pressekonferenz im Fernsehen kann ich nicht verfolgen, mein Receiver streikt. Erst am Abend erhalte ich den Anruf. Die Vernehmung hat keinen Hinweis auf Felix ergeben. Sie glauben auch nicht an einen Zusammenhang, bislang wurde der Festgenommene auch nur auf Mädchen übergriffig, sodass sie Taten mit Jungen bei ihm ausschließen. Außerdem, so sagen sie mir, ist er voll geständig. Er passt genau in das Bild, das der Forensiker, Herr Köhler, gezeichnet hat. Dieser Typ hat selbst zwei Kinder, für eines von ihnen hat er sogar das Sorgerecht. Wie kann man so etwas tun, wenn man eigene Kinder hat? Ich war mir so sicher, dass es ein und derselbe Täter ist. Aber nein, er war es nicht. Nun haben wir einen Psychopathen weniger, Levkes Eltern haben nun die Chance, in absehbarer Zeit zur Ruhe kommen zu können. Nun suchen wir den nächsten. Die SOKO Levke war erfolgreich, dann wird es die SOKO Felix auch sein.

Meine Mutter schießt am Abend den Vogel ab. Sie bedauert das arme Kind von diesem Typen. Ich werde so etwas von sauer und frage sie, ob sie sich einmal Gedanken über die Geschwister von Levke gemacht hat. Im Verhältnis zu dem, was diese Geschwister durchmachen, ist der Weg des Kindes von diesem Typen ein Spaziergang. Das musste diesem Vater ja wohl klar sein, dass er mit seinem Tun das Leben der eigenen Familie gleich mit zerstörte. Ausgerechnet meine eigene Mutter solidarisiert sich mit der Täterfamilie, ich glaube es nicht. Bedauern kann ich wirklich nicht empfinden.

Ich bringe Magdalena mit ihrer Freundin zum Sport. Im Auto führen die beiden Mädchen eine lebhafte Unterhaltung. Sie tauschen ihre Strategien aus. »Ich bleibe mindestens einen Meter von jedem Auto weg. Du doch auch?«, fragt meine Tochter. Klar, und die eine erzählt der anderen, wie schnell man rennen, wie man beißen und kratzen kann und dass sie in Zukunft sowieso immer weglaufen werden, wenn sie einer anspricht. Sie amüsieren sich bei der Vorstellung, dass jemand nur nach dem Weg fragt und sie gleich schreiend davonsprinten. Die Freundin gibt zu bedenken, dass ja nicht alle Erwachsenen böse seien, aber dass man eben nicht wüsste, wer denn nun gut sei, daher sollte man sich doch besser vor jedem fernhalten.

Oh Gott, worüber müssen sich Kinder Gedanken machen? Sie erleben dieses Geschehen so nah, dass sie kaum über anderes reden können. Wo sind noch unbeschwerte Kinder? Hier gibt es keine mehr.

Perspektive Rasierklinge

Die Kripos wollen sich mit mir über ihre Besuchsintervalle unterhalten. Es ist ja irgendwie richtig, sie gehören schließlich nicht in den üblichen Alltag einer Familie. Ihre Anwesenheit macht sehr klar, dass nichts mehr normal ist. Allerdings macht die Ansage, sie würden nicht mehr so oft kommen, auch wiederum schmerzlich klar, dass sie nicht mehr täglich mit neuen Ergebnissen rechnen.

Ich hätte aber schon ganz gern, dass man mir die Hoffnung erhält. Damit das passiert, ist es sowieso vielleicht besser, wenn sie gar nicht mehr erscheinen. Die Antworten sind ohnehin täglich die gleichen. Nichts, nichts, nichts.

Ich habe Angst vor dem Tag, an dem sie mir sagen könnten, wir haben ihn gefunden, aber er ist tot. Davon will ich nichts wissen, nichts hören. Ich kann es einfach nicht begreifen, dass ein Kind mit seinem Fahrrad so spurlos verschwinden kann.

Hilfsangebote gibt es von vielen Seiten, aber wie sollen sie für mich aussehen? Wie will man mir denn helfen? Mein Leben wird es so nicht mehr geben, das ist jetzt schon klar. Selbst wenn mein Kleiner lebend wieder auftaucht, wird er schwer gestört sein. Diesen unbeschwerten kleinen Jungen werde ich nicht mehr wiederbekommen.

Mir bleibt nur die Hoffnung, und der Versuch, einen erträglichen Alltag aufzubauen, meiner Tochter zuliebe. So bringe ich sie zur Schule, zum Sport, zu Freunden. Ich koche, aber nur noch für zwei. Doch wenn ich den Tisch decke, decke ich immer noch für drei, nur zwei Teller wandern in die Spülmaschine, und jeden Tag stelle ich einen unbenutzt wieder in den Schrank zurück.

Essen kann ich schon lange nicht mehr, nach ein paar Bissen wird mir derartig übel, dass ich aufhören muss. Mein Kaffeekonsum geht in schwindelerregende Höhen, mein Motor muss geschmiert werden, drei Liter sind es bestimmt pro Tag.

Die neuesten Ermittlungsergebnisse registriere ich nur noch. Jetzt suchen wir das Fahrrad in Bremen. Auf einem Flohmarkt soll es angeboten worden sein. Die angemeldeten Händler werden in Erfahrung gebracht, dadurch der potenzielle Käufer. Man hält Ausschau nach Besuchern, die etwas gesehen haben.

Nach wie vor fehlen uns auch noch drei Pkw-Halter.

Irgendwann schaut mich Herr Roth an und sagt nur: »Zehn Kilo?« Ich weiß nicht, was er meint, bin irritiert. Nach einer Weile begreife ich, er meint meinen Gewichtsverlust, ich habe es nicht registriert. Möglich, dass es zehn Kilo sind, ich habe keine Waage. Es ist typisch für mich, unter Stress kann ich nichts zu mir nehmen. Ich bringe ihn von dem Thema ab, auf der sachlich-logischen Ebene bin ich besser. Aber das ist nicht so einfach. Er bleibt im emotionalen Bereich.

»Weinen Sie eigentlich auch irgendwann mal?«

»Was sollte das bringen?«, frage ich ihn. »Für persönliche Sentimentalitäten habe ich keine Zeit, wenigstens tagsüber. Ich weine nachts, wenn ich allein bin.«

Ich muss mich doch zusammennehmen, wenn ich hier zusammenbreche, kann ich nicht mehr helfen. Kann ich für meinen Sohn nichts mehr tun. Ich muss können, für Felix, für meine Tochter.

Meine Valiumdosis wird ständig höher, ich muss schlafen. Wenn ich aber schlafe, schaffe ich es nicht mehr, morgens pünktlich aufzustehen. Meine Tochter kommt ständig zu spät in die Schule, ich habe Probleme, uns Essen zu kochen. Ich kann den Alltag nur noch mühsam aufrechterhalten.

Sechs Wochen ist Felix nun schon weg. Was soll ich mir für meinen Kleinen wünschen? Wünsche ich ihm wirklich, dass er womöglich nach sechs Wochen Martyrium noch lebt? Ist das nicht sehr egoistisch von mir gedacht? Wäre es für ihn besser, wenn er nicht mehr lebt?

Es gibt nur noch zwei Alternativen, und eine ist schlimmer als die andere.

Meine bekannten Strategien, um jedes Problem zu lösen, greifen nicht mehr. Dies ist allerdings kein Problem mehr, es ist eine Katastrophe. In diesem Bereich habe ich, zum Glück, keine Erfahrung. Das macht mich hilflos, zum Zuschauer.

Ich kann mich nicht mehr um meine Große kümmern, ich merke es.

Es wäre mein Job, dafür zu sorgen, dass sie pünktlich in der Schule ist, es wäre auch mein Job, sie mit aufzufangen, und ich kann es nicht mehr. Alles entgleitet mir, ich kann die Fäden nicht mehr festhalten, mir fehlt die Kraft, ich habe die Energie nicht mehr.

Ich muss Druck abbauen. Einen Druck, den ich spüre, aber nicht in Worte fassen kann. Es ist die Anforderung, die ich an mich selbst stelle, weiterzufunktionieren, mir jede Verfehlung zu verbieten, denn ich weiß: Versage ich, kann es Felix das Leben kosten.

Immer öfter verspüre ich im Alltag den Impuls, Gläser zu zerdrücken, Scheiben mit der Hand zu zerschlagen. Irgendwann kann ich diesen Drang nicht mehr kontrollieren und gebe ihm nach. Es werden Rasierklingen sein, mit denen ich mir die Arme zerschneide. Diesen Schmerz spüre ich nicht, mein täglicher Schmerz ist größer als dies. Der Druck lässt nach, ein wenig. Es ist Winter, es ist kein Problem, diese deutlichen Zeichen der Überforderung nach außen zu verbergen. Ich will nicht darüber sprechen, ich könnte es nicht erklären, und das müsste ich wohl. Ich will überhaupt nicht mehr reden. Dumpf und taub vergehen die Tage.

Nur noch fort

Ich muss hier weg. Ich muss hier raus, raus aus dem Auge des Taifuns, weg von diesem Albtraum, raus aus diesem Druck. Ich will hier nur noch weg. Ich ertrage es nicht mehr, ich ertrage das ständige Nichts nicht mehr. Ich will nicht mehr warten, ich kann diesen ständigen Schmerz nicht mehr aushalten.

Meine Freundin Andrea hat mich wiederholt nach Bonn eingeladen. Ich müsste noch bis zu den Weihnachtsferien durchhalten, sage ich ihr. Ich weiß, dass ich das bis dahin nicht mehr schaffe.

Ich bitte meine Mutter, sich um meine Tochter zu kümmern, damit ich einige Tage früher abreisen kann. Sie wohnt nur fünfzehn Kilometer von uns entfernt und macht das gern. Mein Exmann wird meine Tochter dann dort abholen, um wie geplant die Ferien mit ihr zu verbringen.

Ich bin mir sicher, dass außer mir sowieso keiner mehr daran glaubt, dass mein Kleiner noch lebt. Bevor ich abreise, brauche ich aber eine Bestätigung. Ich werde nicht so verrückt sein, mit meinen beiden Kripos darüber zu reden. Ich möchte nur eine Antwort und keine Diskussion. Meine beiden Kripos würden mit mir alles durchgehen, ich will aber über meine Emotionen nicht sprechen, ich könnte meine Haltung nicht mehr wahren, und ich werde hier nicht umfallen. Würde ich denn jemals wieder aufhören können zu weinen?

Ich will ihnen nicht darauf antworten, wenn sie mich fragen, was wäre denn, wenn Felix tot ist?

Damit mich niemand in meiner Gedankenwelt aufhält, kann ich überhaupt kein Wort darüber verlieren. Ich kann mir ein Leben ohne meinen Sohn nicht vorstellen. Wie sollte ein solches aussehen? Den Alltag wieder aufnehmen, ignorieren, dass hier einer fehlt? Still abwarten? Nein, das alles werde ich nicht tun. Ich habe immer eine Entscheidungsmöglichkeit, und wenn es die ist zwischen weiterleben und sterben. Aber das ist meine Entscheidung, und ich werde darüber nicht diskutieren. Nichts und niemand wird mich abhalten.

Die Vorstellung allerdings, dass Felix womöglich doch noch lebt und ich dann nicht mehr, könnte ich nicht ertragen, also brauche ich eine Antwort. Ich bekomme sie von dem stellvertretenden SOKO-Chef.

Er kennt mich nicht gut genug, und das nutze ich aus. Ich drücke ihn verbal an die Wand, und es kommt die Antwort, mit der ich gerechnet habe: »Möglich ist alles, aber unsere Erfahrungen sprechen dagegen. Die Kollegen sind doch schon auf dem Weg zu Ihnen, wir haben noch etwas vor, bei dem wir Ihre Hilfe brauchen.«

Gut, auch das. Als meine Kripos, Herr Roth und Herr Vogt, auftauchen, wissen sie von diesem Telefonat nur wenig bis nichts. Funkloch sei Dank, konnte der stellvertretende SOKO-Chef sie nicht erreichen.

In der Vergangenheit haben die beiden Beamten immer wieder das Thema »Felix könnte auch tot sein« angeschnitten, und jedes Mal habe ich sie angeblafft, dass dieses Thema tabu ist.

Schaukästen

Sie wollen noch Schaukästen aufstellen an den Orten, wo wir Felix' Verschwinden vermuten. Mit persönlichen Gegenständen von meinem Sohn sollen sie bestückt werden. Wir suchen sie gemeinsam aus. Die Medien wurden informiert. Es ist ja Sinn der Sache, dass möglichst viele Menschen von den Schaukästen wissen. Daniel Vogt fährt mit mir zu diesem Pressetermin, den ich wahrnehmen werde. Ich weiß, dass ich diese Schaukästen nicht mehr für Felix aufstelle. Ich weiß, dass sie meinem Jungen nicht mehr helfen werden. Ich habe das Gefühl, meinen Jungen zu prostituieren, zum Wohle der anderen Kinder. Ich stelle ihn aus, biete ihn dem breiten Publikum dar. Eigentlich ist es mir völlig egal, ob sie den Typen finden, der Felix verschleppt hat. Ich werde mein Kind nicht mehr wiederbekommen. Ob irgendjemand jemals wissen wird, welch hohen Preis ich hier zahle?

Die Organisation läuft nicht so gut, der Schlüssel für die Schaukästen ist nicht da. So muss ich mit Herrn Vogt bestimmt eine halbe Stunde im Auto warten. Das erste Mal höre ich die Frage: »Wie geht es Ihnen?«

Ich antworte ihm nicht, ich sage ihm nur, dass dies der letzte Termin sein wird, dass ich anschließend zu meiner Freundin Andrea fahren werde. »Wenn ihr noch etwas braucht, sagt es jetzt.«

Ich wickle diesen Termin ab, so wie immer, beherrscht, kontrolliert. Morgen, sagt mir Herr Vogt, werden sie noch einmal da sein. Das ist in Ordnung, da kann ich mich innerlich noch von ihnen verabschieden.

Ich werde nicht mehr wiederkommen. Seit einer Woche ordne ich meine Papiere, telefoniere mit Behörden und Versicherungen, kläre ab, ob mein Testament noch rechtsgültig ist, auch wenn von den eingesetzten Erben vielleicht nur noch ein Kind lebt.

Den Großteil meiner Tiere bringe ich zum Schlachten.

Das fällt meinen beiden Kripos am nächsten Tag auf. Mein Kater ist versorgt, den Hund nehme ich mit.

Herr Roth und Herr Vogt haben so viel getan, und es war doch umsonst.

Immer wieder fragt mich Ersterer nach der Adresse meiner Freundin, ich will sie ihm nicht sagen. Sie brauchen sie doch gar nicht. Nach jeder Frage verwickle ich Daniel Vogt in ein Gespräch, in der Hoffnung, dass Herr Roth es vergisst, weiter nach der Anschrift und der Telefonnummer von Andrea zu fragen. Aber er tut es nicht. Nachdem er das dritte Mal nachgehakt hat, nervt es. Ich gebe ihm die Adresse, es macht auch nichts, es ändert nichts. Gute fünfhundert Kilometer werden zwischen uns liegen, das gibt mir genügend Vorsprung. Allerdings möchte Werner Roth jeden zweiten Tag mit mir telefonieren. Das passt mir jetzt gar nicht. Aber auch das ist ja egal, wenn am Festnetz keiner rangeht, kann er nicht viel machen.

Wenigstens fragt er mich nicht nach einem verlässlichen Rückkehrtermin. Lügen liegt mir nicht, bei dieser Frage hätte ich Probleme bekommen. Aber er fragt nicht.

Ich sehe den beiden noch lange nach, als sie gehen. Ich verabschiede mich von ihnen. Wir werden uns nicht mehr wiedersehen.

Ich ordne noch meine Papiere, lege das Testament auf den Schreibtisch, sie sollen ja nicht lange suchen müssen. Anschließend ziehe ich die geschriebenen Briefe vom Rechner auf eine CD-ROM. Ich werde sie mitnehmen, ich kann sie vor Ort ausdrucken und dann immer noch abschicken.

Ich packe ein paar Sachen ein, meine Fotokiste, meine Erinnerungen an mein altes, zerstörtes Leben.

Danach lade ich den Hund ein und starte das Auto. Ich fahre noch einmal durch die Dörfer, die mir so lange mein Zuhause bedeuteten. Ein letztes Mal den Radweg entlang, an dem Felix verschwand, wo jetzt Schaukästen stehen.

Irgendwann bin ich in Bonn.

»Mein Gott, siehst du scheiße aus«, sind die ersten Worte meiner Freundin. Mein Hund springt vor Freude fast aus dem Autofenster. »Komm rein, schön, dass du da bist.«

Ich bin fix und fertig, ich kann nicht mehr. Hier wartet Ruhe auf mich, endlich Ruhe. Meine Freundin verdonnert mich dazu: »Nichts wirst du hier machen, außer essen.« Es ist auch ihr offensichtlich nicht entgangen, dass ich Gewicht verloren habe. Was bei zwölf Kilo, die mir fehlen, jedoch nicht schwierig ist. Ein Leichtgewicht war ich schon immer, vierundfünfzig Kilo sind nicht gerade viel, aber nun sind es nur noch zweiundvierzig.

Dadurch, dass Andrea und ihr Freund im Schichtdienst arbeiten, habe ich bis zwölf Uhr mittags Pedy zum Reden und Andrea ab 20 Uhr. Pedy und ich drehen morgens unsere Runden mit den Hunden.

Auch hier läuft die Kaffeemaschine den ganzen Tag. Ich will nichts essen, ich vergesse es, Hunger nehme ich nicht wahr. Ich bin unglaublich unruhig, extrem schreckhaft, und ich schlafe unglaublich viel, nur um danach wieder nervös in der Wohnung hin und her zu rennen. Neun Milligramm Valium brauche ich zum Schlafen. Das Einzige, was ich schaffe, ist, mit dem Hund rauszugehen.

Wir reden über alles Mögliche und Unmögliche. Ich erzähle von den Kripos. Wenn Andrea und Pedy weg sind, drehen sich meine Gedanken im Kreis. Ich habe Angst. Angst vor dem Tag, an dem man mir schlechte Nachrichten bringen wird, und die werden unausweichlich irgendwann kommen. Die Unruhe wird immer größer, der Druck ist nach wie vor da, immer öfter entlaste ich mich. Alles, was ich dafür dringend brauche, habe ich mitgenommen. Mein Arm sieht jeden Tag schlimmer aus.

Ich muss zur Ruhe kommen und erstehe beim Einkaufen ein Puzzle.

Ich konzentriere mich nun auf Puzzleteile. Fixiere dadurch meine Gedanken, sie gleiten nicht mehr so schnell ab. Das Spiel

unterbricht das Karussell in meinem Kopf. Jedes Auto, das vor-
fährt, jedes Klingeln lässt mich zusammenschrecken. Bei jedem
Läuten taucht der eine Gedanke auf: »Sie sind da, sie kommen,
sie haben ihn gefunden.«

Ich kann nicht mehr, ich will auch nicht mehr. Die Perspektiven sind erschreckend schlecht. Ich finde nichts mehr, woran ich
mich festhalten könnte.

Stundenlang drehe ich die Frage hin und her, ob ich Herrn
Roth anrufe oder nicht. Es wäre nicht fair, sich davonzustehlen.
Er und Herr Vogt haben es verdient, dass ich mich persönlich verabschiede. Ich möchte auch nicht, dass die beiden Ärger kriegen,
dass ihnen Vorwürfe gemacht werden.

Ich habe aber doch Bedenken. Wenn ich darüber rede, dass ich
nicht mehr leben will, dass ich nicht mehr wiederkomme, womit
muss ich rechnen? Sie sind bei der Kripo. Ich weiß sehr genau,
dass bei Eigengefährdung auch eine Zwangseinweisung möglich
wäre. Das wäre das Allerletzte. Es würde mir meine Freiheit nehmen. Ich könnte keine Entscheidungen mehr treffen. Würden sie
das tun? Vielleicht müssten sie es? Ich weiß es nicht, es ist ein Vabanquespiel.

Ich würde mit einem Anruf ein großes Risiko eingehen. Sie sind
allerdings fünfhundert Kilometer weit weg. Sollten sie jemanden
vorbeischicken, hätten sie keine Zeugen dafür, dass ich eine der-
artige Aussage gemacht habe. Ich müsste auf Fragen entsprechend reagieren, und das traue ich mir durchaus zu. Tarnen und
täuschen, das kann ich.

Dennoch fahre ich vorher mein Auto vom Hof meiner
Freunde, falls ich doch fliehen muss, denn freiwillig kriegen sie
mich nicht.

Wo würde man klingeln? Vorn, also werde ich dann hinten
rausgehen.

Ich weiß, dass ich jedem, dem ich es erzähle, eine unheimliche
Verantwortung auf die Schultern lege. Es ist die Frage, ob ich das
möchte, ob sie das aushalten können.

Nach Stunden rufe ich Herrn Roth an. Er will mir gleich die neusten Infos geben, so wie ich es immer eingefordert habe. Aber jetzt ist eben alles anders. Ich würge ihn ab. »Ich will es nicht mehr wissen, es interessiert mich nicht mehr«, sage ich ihm.

Vorsichtig wage ich mich vor, frage ihn noch einmal, was eigentlich seine Aufgabe als Kontaktbeamter ist, wie er seine Arbeit versteht.

Vermittlung und Unterstützung in einer schwierigen Lebenssituation, Unterstützung der ermittelnden Beamten und der Familien. Meine Pausen sind lang, zu lang? Ich muss über das, was er gesagt hat, nachdenken. Ich frage: »Was versteht ihr unter Unterstützung? In welchen Bereichen?« – »In allen Bereichen«, sagt er. Hoffentlich hat er sich die Antwort gut überlegt. Damit macht er mir die Tür ein bisschen auf. Trotzdem zögere ich, noch habe ich nichts gesagt, noch kann ich zurück. »Könnt ihr auch mit schwierigen Themen umgehen?«

»Ich komme auch mit schwierigen Themen zurecht. Was ist denn los?«

»Werdet ihr immer meine Autonomie wahren?«, frage ich ihn. Die Antwort ist jetzt entscheidend, wenn ein Nein kommt, ist unser Gespräch beendet. Aber es kommt ein Ja.

Nun könnte ich weiter, wieder zögere ich. Er hakt nach. »Warum fragen Sie?« Ich könnte mich mit einem »Nur so« wieder rausziehen. Das Ja reicht mir nicht. Ich werde deutlicher: »Das heißt, ihr werdet nichts tun, was ich nicht will?«

Wieder höre ich: »Wir werden nichts machen, was Sie nicht wollen.«

Soll ich ihm glauben? Kann ich ihm glauben?

»Herr Roth, ich werde nicht mehr wiederkommen«, sage ich ihm schließlich.

»Was meinen Sie mit ›nicht mehr wiederkommen‹?«

Meine Pausen werden noch länger, ich muss genau überlegen, was ich sage, und mein Denken ist sehr eingeschränkt.

»Ich wollte mich von euch verabschieden. Ihr habt so viel gemacht, ich finde es nur fair, wenn ich es euch persönlich sage.«

Das, was ich sonst so hasse, mach ich jetzt selbst, ich eiere rum.

Werner Roth will nun ganz genau wissen, was ich damit meine, dass ich nicht mehr wiederkomme.

Er kann doch nicht so schwer von Begriff sein, das war doch deutlich. Nun kriegt er es genauer. »Mein Gott, Herr Roth, das soll heißen, dass ich den nächsten Zug nehme.«

»Wollen Sie verreisen?«, fragt er.

Das kann doch wohl nicht wahr sein. »Herr Roth, ich habe nicht gesagt, dass ich in den Zug einsteigen werde, ich habe nur gesagt, dass ich den nächsten Zug nehme.« Ich finde die Formulierung gut, da muss er nun drüber nachdenken, das ist so schön zweideutig. Aber ich will ihn auch nicht unnötig verwirren. Ich kläre meine Bemerkung auf. »Ich werde nicht mehr zurückkommen, es gibt keine Rückkehr, wir werden uns nicht mehr wiedersehen. Ihr müsst ohne mich auskommen. Aber eigentlich braucht ihr mich ja auch nicht mehr.«

Nun hat er es verstanden.

Er hat es am Freitag schon gewusst, sagt er. Er hat es zu seinem Kollegen schon gesagt, dass sie mich vermutlich nicht mehr wiedersehen werden. Ich war ihnen zu aktiv in der letzten Woche.

»Aber warum haben Sie mich dann überhaupt fahren lassen?«

Ich bekomme zu hören, dass er und Herr Vogt die Tatsache, dass ich Weihnachten bei meiner Freundin bin, besser finden, als die Vorstellung, dass ich allein im Haus geblieben wäre. Er würde auch jederzeit nach Bonn reisen.

Nun werde ich nervös, und ich werde deutlich: »Lasst euch hier bloß nicht blicken, ich will hier keine Uniform oder irgendjemanden von der Polizei sehen, auch euch nicht. Ich werde weg sein, und ihr werdet nicht mehr erfahren, wo ich bin.«

Das versteht er nicht. Er will wissen, weshalb ich den Abstand brauche.

»Ich finde diese fünfhundert Kilometer zwischen uns genau die richtige Distanz. Ihr könnt mir nichts tun, dafür ist es zu weit«, sage ich ihm, im Stillen denke ich: Und ich brauche auch niemandem von euch in die Augen zu sehen. Im Zweifel habe ich fünf Stunden Vorsprung, das ist die Zeit, die ich benötige.

»Warum haben Sie nie was gesagt?«, fragt er. »Am Küchentisch hätten wir uns doch schon öfter darüber unterhalten können.«

»Ihr habt mich nie gefragt«, sage ich ihm.

Ich bin erstaunt, ich hätte erwartet, dass ich ihn erschrecke, aber er wirkt nicht so. Hat er mich nicht richtig verstanden?

Hat er überhaupt begriffen, dass ich es ernst meine? Dass das mehr als eine Gedankenspielerei ist? Ich frage nach: »Wissen Sie jetzt, was ich meine?« – »Ja, ich hab Sie verstanden«, sagt er. »Sie wissen im Moment nicht, ob Sie den nächsten Tag noch erleben.«

Ich bin beeindruckt, er kann sich ja richtig klar ausdrücken, besser als das Geeiere von mir.

Nun haben wir klare Worte auf dem Tisch, offensichtlich kann ich ihn nicht erschrecken, und das ist gut so. Das gibt mir die Möglichkeit, mehr von mir auszupacken. Ich erzähle ihm von meinen Armen, selbstverletzendes Verhalten nennt man das, wofür ich auch keine Erklärung habe. Er kennt das nicht, kann so spontan nichts damit anfangen. Ich bin mir sicher, bis morgen kann er damit was anfangen.

Ich erzähle ihm von den Zügen, von den Gleisen in der Nähe des Hauses, dass Rasierklingen mich magisch anziehen, von Brückenpfeilern ohne Leitplanken, von der Lage des Chips für den Airbag.

Ich bin im Moment eher für die sichere Linie zu haben. Medikamente haben einen zu großen Unsicherheitsfaktor, die Chance, dass man das überlebt, weil man gefunden wird, ist mir zu hoch.

Er erinnert mich an meine Tochter. Das war keine gute Idee. Die Bürde, mit elf Jahren für das Überleben der Mutter zuständig zu sein, finde ich doch etwas derbe. Ich fühle mich aber auch nicht mehr in der Lage, die Verantwortung für meine Tochter verlässlich tragen zu können. Ein Kind habe ich bereits verloren, soll ich das jetzt noch einmal ausprobieren? Dieses Risiko werde ich nicht eingehen, dafür liebe ich meine Tochter zu sehr, als dass ich sie dieser Gefahr wieder aussetzen würde. Ich kann eben nicht ausreichend aufpassen. Das haben wir ja gesehen.

Mein Druck lässt etwas nach, es hilft mir, sachlich über das Thema Suizid reden zu dürfen. Es baut die Spannung ab.

Wir werden am nächsten Tag wieder telefonieren.

Nach dem Gespräch bin ich nervös. Wird er seine Zusage halten? Wenn in der nächsten Stunde hier nichts vorfällt, tut er das. Jedes Geräusch lässt mich hochfahren. Ich horche, ob ein Wagen anhält vorm Haus, auf Stimmen, die näher sind, als sie sein sollten.

Aber es geschieht tatsächlich nichts. Nach mehr als zwei Stunden hole ich das Auto wieder auf den Hof.

Ich hänge meinen Gedanken nach. Die haben alle Familie, wollen alle Weihnachten feiern. Ich würde ihnen das Fest zerstören. Wenn hier jetzt was passiert, dann wird man sie losschicken, Weihnachten hin oder her. Das möchte ich nicht, das haben die beiden Kripos, ihre Angehörigen und auch meine Familie nicht verdient. Von meiner Freundin könnte ich mich vorher noch verabschieden, sagen, dass ich noch einen weiteren Freund in dieser Gegend besuchen wollte. Ein solcher Wunsch würde sie nicht misstrauisch machen, ihr Fest wäre gesichert. Aber für meine beiden Kripos und meine Familie – Weihnachten wäre gelaufen, der bittere Geschmack würde auch in Zukunft immer mit diesen Tagen verbunden bleiben. Die Zeit um Heiligabend werde ich noch durchhalten, denke ich, es sei denn, es kommt irgendeine Nachricht.

Ich habe sie in eine schwierige Position gebracht. Herr Roth weiß, dass er nicht herkommen darf. Und ich weiß, dass sie eine Nachricht über Felix' Auffinden maximal vierundzwanzig Stunden zurückhalten können. Länger wird die Presse nicht stillhalten. Dann würde ich es unweigerlich erfahren. Was ich dann tun werde, weiß ich. Diese Nachricht könnte ich nicht mehr ertragen.

Wenn die Tage schon unerträglich sind, so sind es die Nächte erst recht. Auch mit Valium komme ich nur für einige Stunden zum Schlafen. Oft finde ich erst gegen drei oder vier Uhr nachts Ruhe, dadurch bin ich erst gegen zehn wach. Ausgeschlafen bin ich nie. Auch morgens fühle ich mich wie gerädert, zerschlagen. Meistens bleibe ich noch länger liegen, warum sollte ich aufstehen? Aber der Hund muss raus, und wenn ich Pedy unten in der Küche hantieren höre, bin ich ja auch nicht allein. Er lenkt mich ab. Wir reden über alles, aber nicht über Felix. Ich kann es nicht.

Wenn ich allein bin mit mir und meinen Gedanken, höre ich Musik, sehe fern, schlafe auf der Couch, spiele Puzzle. Aber meine Gedanken gleiten immer wieder ab, drehen sich hin und her, suchen Perspektiven und bleiben am Suizid hängen.

Ich kann nicht zurück, ich kann dieses Haus im Norden und diese Erinnerungen nicht ertragen. Sie quälen mich jetzt schon den ganzen Tag. Ich habe die Fotokiste mit, aber ich kann die Bilder nicht ansehen.

Wie soll mein Leben aussehen? Was ist davon übrig geblieben? Woher soll ich die Kraft nehmen, aus diesen Trümmern wieder etwas aufzubauen, und wofür?

Je länger ich allein bin, desto unruhiger werde ich. Ich kann nirgends still sitzen bleiben, kann mich nicht auf eine Sache konzentrieren. Der Druck baut sich auf mit jeder Stunde. Wenn die Gedanken durch meinen Kopf jagen, wird alles unübersichtlicher, quälender. Immer wieder muss ich Druck rausnehmen, sitze nachdenklich herum und drehe die Rasierklingen hin und her. Der Arm sieht nicht gut aus. Es tut nur wenig weh, es sind Momente, in denen ich etwas anderes wahrnehme als diesen unerträglichen anderen Schmerz, der mich den ganzen Tag martert. Es hilft mir, von diesem anderen Schmerz für einen Augenblick wegzukommen. Dies ist besser zu ertragen. Es hat eine logische Ursache, wenn ich darauf sehe, weiß ich es.

Es hilft, für eine halbe Stunde, manchmal für eine Stunde, und dann ist es wieder da.

Ich werde wahnsinnig, ich glaube, ich kann es nicht mehr ertragen, nicht eine Minute länger kann ich das noch ertragen.

»Geh, geh jetzt. Geh zum Zug, dann ist es vorbei, dann tut es nur noch ein einziges Mal weh und dann nie wieder.«

Tröstend ist dieser Gedanke, der sich in meinem Kopf festsetzt.

Ich und nur ich werde entscheiden, wie lange ich es noch ertrage. Wenn nur nicht Weihnachten wäre. Ich kann und darf den Menschen, die ich schätzen gelernt habe, das nicht kaputt machen. Ich werde es noch ertragen müssen, bis zum 27. Dezember.

Ich habe mich von Herrn Vogt noch nicht verabschiedet. Doch ich möchte es ihm sagen, möchte mich bedanken dafür, dass er da war, dass er sich Mühe gegeben hat, und das hat er wirklich. Ich war in der Zeit bestimmt nicht einfach, und sie haben mich ertragen. Ich möchte auch nicht so viele offene Fragen hinterlassen. Nichts ist quälender als Fragen, die niemand mehr beantwortet.

Ich rufe Daniel Vogt an und lande bei Herrn Roth.

Ich bin irritiert. Es klärt sich aber schnell auf, Herr Roth hat mir die falsche Nummer gegeben, nämlich seine eigene. Da kann ich Herrn Vogt natürlich nicht erreichen. Was ich denn von ihm wolle, fragt Herr Roth. Ich möchte ihm nur schöne Weihnachten wünschen, sage ich. Dann bekomme ich die Nummer, mit dem Hinweis, dass Herr Vogt über Weihnachten im Skiurlaub sein wird. Stimmt, er hatte darüber gesprochen.

»Wie geht es Ihnen?«, fragt mich Herr Roth weiter.

»Schlecht, ganz schlecht.«

»Sie sind geflüchtet.«

»Ja, stimmt, ich bin weggelaufen, erst einmal bis hierher. Hier könnt ihr mir Nachrichten nicht so schnell herbringen.« Meine zerbrechliche Sicherheit fängt an zu wanken.

»Doch, auch nach Bonn gelangen diese, ob per Mail, per Telefon oder durch die Kollegen vor Ort.«

Ich sage ihm, dass ich auf diese Nachrichten nicht gerade scharf bin. Es werden ohnehin keine guten sein. Ich sehe den Weg von Levkes Eltern noch vor mir, und wie sie langsam am Horizont verschwinden. Und nun soll ich mich auf die Reise machen und ihnen folgen? Soll ich etwa warten bis zur nächsten Pilzsaison, bis jemand Felix findet oder das, was von ihm übrig ist? Ich habe die Bilder von Levke gesehen, vielmehr das, was von ihr blieb. Es war nicht einmal mehr zu erkennen, dass das einmal ein Mädchen war. Soll ich ausharren, bis man mir erklärt, dieser Oberschenkelknochen ist Felix? Und diese Perspektive soll ich so gut finden, um an diesem Leben noch irgendetwas Schönes zu finden?

»Ein beerdigtes Kind sieht nach einem Jahr auch nicht anders aus«, sagt Herr Roth.

Immerhin wird es da nicht von Wildschweinen auseinandergenommen, denke ich.

»Sie können sich darauf vorbereiten«, sagt er. »Aber es dauert lange, das zu verarbeiten.«

»Wie lange?«, will ich wissen.

»Fünfzig Sitzungen werden Sie schon brauchen.« Fünfzig Sitzungen, das ist ein Jahr. Nein, das ist nicht akzeptabel. Das will ich nicht, das kann ich nicht, das halte ich nicht durch.

Er bietet wieder an, nach Bonn zu kommen, nur so, zum Kaffeetrinken. Das lehne ich rigoros ab, so viel Vertrauen habe ich denn doch wieder nicht. Ich glaube ihm nicht, dass er fünfhundert Kilometer fährt, nur um mit mir Kaffee zu trinken. Es kommt überhaupt nicht infrage. Meine Entscheidung ist bereits gefallen, sie steht nicht zur Diskussion. Ich teile ihm nur Tatsachen mit, der Fairness halber.

»Warum haben Sie solche Angst vor uns?«, fragt er.

Ich versuche, es ihm zu erklären. »Ich habe keine Angst vor Ihnen. Es hat mit Ihnen persönlich nichts zu tun. Ich habe Angst vor dem, was Sie mir bringen können. Ich habe Angst vor den Nachrichten. Und Sie und Herr Vogt, Sie sind die Überbringer schlechter Nachrichten.«

Natürlich versucht er mir Zusagen abzunehmen, ich wusste, dass er das ausprobieren würde. Erst mal auf Zeit spielen. Das kann er auch ruhig, und da ich es mir vorher schon überlegt habe, habe ich auch kein Problem damit, ihm zuzusichern, dass hier bis Weihnachten alles ruhig bleiben wird, dass ich ihnen das Fest nicht versauen werde. Danach allerdings garantiere ich für nichts mehr. »Ab dem 27. Dezember dürfen Sie täglich mit allem rechnen.«

Der Glaube, bei meiner Freundin in Sicherheit zu sein, ist dahin. Mein Fluchtort ist nicht sicher, nun muss ich wieder ständig Angst haben. Die Gelegenheit, ein wenig zur Ruhe zu kommen, werde ich wohl nicht haben, es ist mir nicht vergönnt.

Es verunsichert mich zutiefst. Mir bleiben nur zwei Möglichkeiten, mich der Realität zu stellen. Ich kann sie annehmen oder mich ihr entziehen. Es ist meine Entscheidung.

Dieses Telefonat mit Herrn Roth hat mir Angst gemacht. Ich hätte nichts erzählen, ich hätte mich nicht melden sollen. Ich hätte immer meine Freundin ans Telefon schicken sollen, damit sie sagt, dass ich für die Kripo nicht zu sprechen bin. Ich hätte ihm die Adresse nicht geben dürfen. Auf diese Weise bin ich erreichbar, irgendwie. Ich muss hier weg, eigentlich darf ich keinen Tag länger bleiben. Aber ich kann nicht mehr, ich kann nicht mehr weiter gehen als bis hierher. Ich bin froh, ein Stück Ruhe gefunden zu haben, ein Stück Normalität miterleben zu können. Ein Stück normales Leben, das ich schon gar nicht mehr kenne. Menschen, die zur Arbeit gehen, die nach Hause kommen, die einkaufen gehen. Die ihre normalen Sorgen haben.

Es ist sinnlos, ich bin müde. Unendlich müde. Auch diese Telefonate strengen mich maßlos an. Die Konzentration aufrechtzuerhalten erschöpft mich. Ich versinke in Lethargie.

Kann ich noch zurückrudern? Die letzten Tage, die ausgesprochenen Worte ungeschehen machen? Ich kann es versuchen. Dann werde ich mich nach Weihnachten von meiner Freundin verabschieden und ins Nirgendwo gehen, in aller Ruhe, ohne Angst haben zu müssen, dass man mich aufscheucht.

Ich habe nur noch ein unendliches Bedürfnis nach Ruhe.

Ich rufe Herrn Roth noch einmal an.

»Ich habe mich zu weit aus dem Fenster gelehnt, es war ein Fehler. Vergessen Sie einfach die letzten zwei Tage. Vergessen Sie bitte, dass es mich hier gibt.«

Er versteht den Rückzug nicht, sagt, die letzten zwei Tage werde er nicht vergessen können. Es sei völlig richtig gewesen, dass ich ihn angerufen habe. Der erste Weg, um Hilfe anzunehmen. Er will sich wieder melden.

Es gibt keine Hilfe, nicht für mich. Ich glaube nicht daran. Nein, ich will nicht mehr. Ich verbiete mir, Herrn Roth wieder anzurufen. Ich werde mir selbst helfen müssen, selbst zurechtkommen müssen.

Ich bin nicht der Typ, der um Hilfe bittet, das konnte ich noch nie. Ich bin es gewohnt, mein Leben selbst in die Hand zu nehmen, die Fäden zu ziehen. Hilfe kenne ich nicht, ich habe noch nie darum gebeten, und ich werde es auch diesmal nicht tun. Nur ich allein gebe meinem Leben eine Richtung, entscheide mich für einen Weg, den ich allein gehen muss. Einen Begleiter habe ich bisher selten gefunden – und irgendwann auch nicht mehr danach gesucht. Eher bin ich mit meinen Patienten ein Stück des Weges gegangen, habe kleinere, manchmal auch größere Steine aus dem Weg geräumt. Zu blind, zu egoistisch ist unsere Gesellschaft geworden, oft hat es mich sehr traurig gemacht, das beobachten zu müssen.

Er selbst wird auch nicht anrufen, vorsichtshalber schalte ich das Handy ab. Ich möchte nicht erreichbar sein für Herrn Roth.

Ich kenne die Strategien, wer Hilfe will, muss sich selbst darum bemühen. Wie sollte Hilfe denn aussehen, was könnten sie tun?

Von Tag zu Tag kann ich weniger, werde ich weniger. Ich scheine Stück für Stück zu sterben, ich gebe mich auf. Ich verfluche diesen leistungsstarken Körper. Kann der nicht einfach mal umfallen, mir Ruhe verschaffen, mir Zeit zum Luftholen geben. Aber er tut es nicht. Und ausgerechnet jetzt ist Weihnachten; wenn nur dieses verflixte Fest nicht wäre, könnte ich gehen. Einfach gehen und mir die Ruhe holen, die ich so gern hätte.

Trotz Valium schlafe ich nicht.

Panik?

Herr Vogt ruft an, darüber freue ich mich riesig. Da kann ich ihm ja doch noch ein schönes Weihnachtsfest wünschen. Seine Vorsicht fällt mir auf. »Haben Sie mit Herrn Roth gesprochen?«, frage ich. Ja, hat er. »Was hat er erzählt?« Ich bin misstrauisch. Er habe ihn grob informiert, sagt er ausweichend. Ich muss es wissen: Kann ich offen reden oder nicht? Offensichtlich kann ich es. Ich verabschiede mich von ihm und wünsche ihm auch einen schönen Urlaub. Aber er fährt gar nicht in die Ferien, sagt er, er ist im Dienst. Er fährt nicht? Bevor ich mich nach Bonn aufmachte, sprachen wir darüber, er hatte sich so gefreut. Es rattert wieder durch meinen Kopf: Warum geht er nicht zum Skilaufen?

Dieser Gedanke lässt mich nicht los, ich diskutiere das mit Andrea und Pedy. Was für Gründe kann es geben, dass man nicht in den Urlaub fährt? Eine Erkrankung in der Familie? Die muss aber ernst sein, und wenn sie das ist, gehe ich doch nicht arbeiten. Und wenn sie Felix gefunden haben und sie, weil Weihnachten ist und ich weit weg bin, diese Nachricht zurückhalten? Möglich. Ich stufe das als wahrscheinlich ein.

Ich feiere bei Andreas Eltern Weihnachten, es ist ausgesprochen nett, mich so in den Familienkreis aufzunehmen. Alle packen

126

Geschenke aus, auch ich. Meine Mutter hatte mir meine Präsente mitgegeben. Aber lange halte ich es nicht aus, Pedy bringt mich zurück in Andreas Wohnung. Glücklicherweise hat sie die Wohnung nicht geschmückt, so kann ich den Gedanken an Weihnachten besser wegschieben.

Die Angst sitzt mir im Nacken. Werden sie morgen kommen? Der abgebrochene Urlaub, die Gedanken darüber begleiten mich in die Nacht, sie lassen mich wieder nicht schlafen. Wieder träume ich von Felix.

Ich habe Heiligabend überlebt, wir verbringen den nächsten Tag in Ruhe, keine Aktion. Ich telefoniere mit meiner Mutter, will mich für die mitgegebenen Geschenke bedanken, sie würgt mich mitten im Satz ab: »Wann kommst du wieder zur Arbeit? Am 3. oder am 9. Januar?« Ich bin sprachlos, irgendwie hat sie was verpasst. Sie kann doch nicht ernsthaft glauben, dass ich einfach vergesse, dass Felix fehlt und ich meinen Alltag aufnehme, als wäre nichts geschehen. Was soll ich dazu noch sagen? Am besten nichts.

Seit ich angefangen habe zu puzzeln, habe ich immer öfter Gesellschaft. Das Spiel wirkt sehr verbindend und kommunikativ. Ich fange an zu reden, erst mit Andrea, dann auch mit Pedy. Sie sind ebenfalls nicht erschreckt, als ich ihnen sage, dass ich nicht mehr kann, nicht mehr will. Andrea würde gern mal mit Herrn Roth und Herrn Vogt reden. Ich erzähle so viel von ihnen, dass sie sich selbst einen Eindruck von den Menschen verschaffen will, die mir offensichtlich so wichtig geworden sind.

Wir puzzeln, reden, trinken Wein, ich bin unglaublich nervös. Mein Hund schlägt an und lässt mich so zusammenfahren, dass ich den Wein verschütte. Sie kommen, ich wusste es. Gehetzt blicke ich zur Tür. Panik macht sich breit, ich habe sie vorgewarnt, das hätte ich nicht tun sollen. Ich bin nur noch auf Flucht eingestellt. Gedanken wirbeln durch meinen Kopf, sie könnten die Ausfahrt zuparken, dann hätte ich keinen Zugriff mehr auf mein Auto. Glücklicherweise sind die Bahnschienen nicht so weit weg, ich könnte sie im Spurt erreichen. Pedy geht zur Tür, sieht nach und beruhigt mich. Der Hund hat ohne Anlass gebellt.

Ich muss wissen, warum Daniel Vogt nicht in den Urlaub gefahren ist. Dieses Damoklesschwert ist nicht zu ertragen.

Ich wähle die Telefonnummer von Herrn Roth. Sollte er über meinen Anruf erleichtert sein, merke ich es nicht. Ich falle mit der Tür ins Haus, frage, warum Herr Vogt nicht in den Urlaub gefahren ist. Angeblich ist wirklich jemand krank, bekomme ich zu hören, er mag deswegen nicht weit weg verreisen, ist aber dennoch im Dienst. Sollte es so einfach sein? Glaube ich ihm oder nicht? Die beiden Kripos sind jedenfalls nicht hier, wenn … dann wären sie wenigstens unterwegs. Ich höre auch keine Geräusche von einem fahrenden Auto, Herr Roth ist wirklich zu Hause. Ich glaube ihm. Ohne dass ich danach gefragt hätte, erklärt er mir, warum er sich nicht gemeldet hat. »Es war wichtig, dass Sie anrufen, Sie bestimmen den Zeitpunkt, zu dem wir uns unterhalten können. Der Wunsch muss von Ihnen kommen, aber ich habe gewartet.« Das verstehe ich. Ich verstehe nicht mehr viel, aber das kann ich begreifen, auch wenn sein Verhalten mich enttäuscht, mich gekränkt hat. Eigentlich völlig irrwitzig.

»Meine Freundin Andrea wollte mal mit Ihnen reden, ist Ihnen das recht?«

Es ist ihm recht. Ich ahne ja gar nicht, wie recht es ihm ist. Er kennt Andrea nicht, und er möchte wissen, was für ein Typ sie ist, ob sie der Lage gewachsen ist, inwieweit sie eine Hilfe für mich ist. Ich hole meine Freundin an die Strippe und lasse die beiden in Ruhe miteinander quatschen.

Alles ist durcheinander, meine Bedürfnisse kippen ständig in die eine oder in die andere Richtung, ich will allein sein und doch lieber nicht, ich will sprechen und dann doch lieber schweigen. Ständig ist mir übel, ich kriege kaum was runter, ich friere.

Andrea versucht immer mal wieder, mit mir über eine psychologische Betreuung zu reden. Ich gehe hoch wie ein HB-Männchen, davon will ich nichts hören. Kann ich mir doch kaum vorstellen, dass Therapeuten in der Lage wären, mir zu helfen. Ich habe kein Problem, ich habe eine Katastrophe vor mir.

Ich schlage sinnlos die Zeit tot. Worauf warte ich noch? Auf die nächste Nacht, in der ich nicht schlafen werde? Auf einen Anruf, der mir eine Nachricht bringt? Aber welche? Auf Besserung? Was könnte besser werden, es ist eher das Gegenteil. Jeder Tag wird schlechter, ich bin nur noch ein einziges Nervenbündel, bin unkonzentriert, meine Hände zittern ständig.

Wir gehen essen. Das Lokal ist leer, erst langsam kommen weitere Gäste. Ein langer Tisch vor uns füllt sich. Mindestens fünfzehn Leute sitzen da. Das Gespräch mit Andrea und Pedy zieht an mir vorbei, während ich die Menschen fixiere, die an der langen Tafel sitzen. Hinter welcher Visage verbirgt sich die nächste hässliche Fratze?, überlege ich. Ist es die von dem, der so viel lacht, oder doch eher die von dem Dickeren? Mein Puls wird von diesen Gedanken hochgejagt. Ich bekomme Atemprobleme, mein Herzschlag rauscht in meinen Ohren, ich muss hier raus. Wir sind zum Glück fertig. Wir zahlen und verlassen zügig das Lokal.

Ein Tsunami hat eine unvorstellbare Verwüstung in Indien und anderen Ländern dieser Region angerichtet. Ich sehe die Bilder im Fernsehen, die verzweifelten Gesichter der Menschen, die Angehörige suchen und vielleicht nie finden.

Ich weiß, was ihr durchmachen werdet, denke ich. Das ist erst der Anfang, wir werden jede Menge traumatisierte Menschen nach Deutschland zurückbekommen. Auf einmal sind so unendlich viele Leute da, die irgendwann wissen werden, was ich hier durchmache. Leidensgenossen. Oh ja, ich weiß, wie es ist, nach jedem Strohhalm zu greifen. Ich wünsche ihnen viel Erfolg. Andrea und Pedy sehen mich an, ob sie umschalten sollen? Nein, das sollen sie nicht. Ich will weiter diese TV-Aufnahmen anschauen, Aufnahmen von Kindern, die tot aus dem Meer gezogen werden. Ein kleiner Junge, der leblos in den Armen eines Mannes hängt. Er wird auch sieben oder acht gewesen sein, wie Felix. Ungefragt sage ich, dass ich mich wohl an ein solches Bild gewöhnen werde. Da kann ich sie mir auch jetzt ansehen.

Ich sehe einen kleinen blonden Jungen, vielleicht drei Jahre alt. Verstört, einsam, mit ängstlichen Augen blickt er in die Kamera. Ich kann mir vorstellen, welche Ängste der Junge aussteht. Und wie viel Hoffnung er anderen Eltern gibt. Dass vielleicht auch ihr Kind in irgendeiner Ambulanz auf sie wartet, sprachlos, stumm, umgeben von Menschen, deren Sprache es nicht spricht.

Der blonde Junge findet seine Familie, er ist ein kleiner Schwede. »Glück gehabt, kleiner Schwede.«

Auch die Mutter, die sich entscheiden musste, welches ihrer beiden Kinder sie festhält und rettet und welches sie loslässt, bekommt ihr zweites Kind wieder.

Viele Familien werden zerstört. Mehr als 200 000 Tote hinterlässt die Meereswoge, viele werden nicht mehr gefunden.

Das war der große Tsunami, und ich habe meinen kleinen, der mir mit der ersten Welle meinen Sohn nahm und mit der zweiten meinen Partner.

Die Züge sind nah

Ich komme überhaupt nicht mehr zurecht.

Ich kann meine Fassade, die so lange funktioniert hat, nicht mehr aufrechterhalten. Sie zerbröselt allmählich. Mit Andrea kann ich offen sprechen. Von ihrer Seite droht mir keine Gefahr. Wir sind seit siebzehn Jahren befreundet, haben miteinander so manchen Mist durchgestanden. Stets hat die eine die andere als Persönlichkeit respektiert, getroffene Entscheidungen nie infrage gestellt.

Und wir haben schon immer über alles geredet, uns gegenseitig vertraut, und ich vertraue ihr auch diesmal. Ich habe das Bedürfnis, ihr zu erklären, wie es mir geht und wieso ich nicht mehr anders konnte, als diese Entscheidung für mich zu treffen.

»Was hast du vor, Anja?«

»Ich nehme den nächsten Zug, ich kann einfach nicht mehr, und ich will auch nicht mehr.«

»Ich werde deinen Wunsch immer respektieren, Anja, auch wenn ich ihn nicht gut finde und es mir wehtut. Ich werde es respektieren. Aber glaube mir, wenn der Zug an dir vorbeifährt, hast du auf einmal unendlich viel Zeit. Du kannst auch immer noch den nächsten nehmen.«

Diese Worte gehen mir lange durch den Kopf. Und dieser Gedanke hilft mir, zu überleben. Sie hat recht, ich kann auch immer noch den nächsten Zug nehmen, es kommt auf die eine Minute dann nicht mehr an, auch nicht auf die eine Stunde. Ich kann jederzeit gehen.

Dieser Gedanke macht mich ruhiger, gelassener.

Ich telefoniere mit Herrn Roth, wie abgesprochen.

»Frau Wille, wenn Sie sich wirklich umbringen wollen, dann werde auch ich Sie nicht davon abhalten können.« Stimmt, in diesem Fall hat er recht. Ich weiß das, und er weiß das auch.

»Aber wenn es noch eine Möglichkeit gibt, dann sollten Sie diese doch noch in Erwägung ziehen. Gehen können Sie dann immer noch.« Es dauert jetzt immer sehr lange, bis ich Informationen verstehe, und so entsteht eine längere Pause. Er fügt an: »Wir könnten uns doch in einem persönlichen Gespräch viel besser unterhalten.«

Das sehe ich völlig anders. »Ich finde die fünfhundert Kilometer zwischen uns ausgesprochen beruhigend.«

»Ich schaue die Menschen gern an, wenn ich mit ihnen rede«, erwidert Herr Roth.

Das mag ja sein, aber ich will nicht. Ich will die beiden Beamten hier nicht sehen. Ich kann sie nicht einschätzen. In der jetzigen Situation darf ich kein unkalkulierbares Risiko eingehen.

Andrea und Herr Roth glauben, dass es irgendwo Hilfe für mich gibt. Ich bemühe mich, im Internet entsprechende Adressen zu finden. Aber es ist Weihnachten, jeder ist im Urlaub, niemand ist zu erreichen. Inzwischen geht es mir derart schlecht, dass mir ohnehin alles egal ist. Das ist genau der Zustand, vor dem ich am meisten Angst hatte. Ich wusste, ich würde irgendwann so fertig sein, dass ich die Energie für den Zug nicht mehr finden würde.

Inzwischen telefoniere ich täglich mit Herrn Roth.

Die Gespräche wechseln nun zwischen Du und Sie. Wenn ich mit Andrea über die beiden rede, sind sie eh Daniel und Werner, das rutscht mir dann im Telefonat auch so raus. Inzwischen ist er mir auch so nah, dass das »Sie« der Situation nicht mehr angemessen ist, er willigt in das »Du« ein.

Werner Roth nimmt mir die nächste Zusage ab: »Hältst du noch bis Silvester durch?« Oh Gott, bis Silvester. Jeder Tag ist eine Qual. »Wir werden dir helfen, wir lassen dich nicht hängen, wenn du es willst.« Ich habe nichts mehr zu verlieren, ich habe schon alles verloren. »Wir kümmern uns um alles. Sollen wir versuchen, professionelle Hilfe zu finden?« Unser Reizthema. Inzwischen bin ich aber viel zu kaputt, ich habe die Kraft nicht mehr, um mich zu wehren.

Ich sehe den Sinn einer Therapie zwar immer noch nicht, aber wenn er und Andrea meinen, dass es irgendwo Hilfe gibt, vergebe ich mir nichts, den Weg zu versuchen. »Ich verspreche dir, ich werde es ausprobieren, mehr nicht.« Ich sage aber auch zu, bis Silvester durchzuhalten.

»Hast du die Bilder vom Tsunami gesehen, Werner?« – »Guck dir das nicht an, Anja, tu dir das nicht an.« – »Warum nicht? Hast du den kleinen Jungen gesehen, den sie aus dem Wasser gezogen haben? So sehen also Kinder aus, die tot sind. Vielleicht gewöhne ich mich ja daran.« – »Schalt sofort weg, da gewöhnst du dich nie dran.«

Inzwischen bin ich ziemlich drastisch drauf. Ich bin ärgerlich auf mich, richtig wütend. Diplomatie darf keiner mehr erwarten.

Wieso Felix? Wieso ich? Ich kann das alles nicht begreifen. Was habe ich der Welt getan, dass mir mein Sohn genommen wurde? Ich habe mein Leben lang um alles kämpfen müssen. Ich habe es nie leicht gehabt, habe nie das Handtuch geworfen, habe immer an mich geglaubt. Wofür? Wenn man verloren hat, sollte man es akzeptieren und nicht dagegen ankämpfen.

Ich gebe auf.

Immer zum späten Nachmittag hin fährt sich mein Gedankenkarussell fest, fange ich wieder an zu schneiden. Die Schnitte haben keine Zeit, zu verheilen. Unruhig umkreise ich das Telefon, hadere mit mir, so fremd ist der Gedanke, nicht mehr allein zurechtzukommen. So schwer ist es, zuzugeben, dass ich es allein nicht schaffen werde. Oder doch: Ich könnte es allein hinkriegen, ich könnte den Zug nehmen, mir täte nur der Zugführer leid. Brücken sind aber ziemlich weit weg. Also doch der Zug. Silvester. Warum habe ich bloß Silvester zugesagt? Herr Roth hat versprochen, mich mitzutragen. Er hat es deutlich angeboten, und doch fällt es mir schwer, das anzunehmen. Nur im Notfall werde ich darauf zurückkommen, aber dies ist ein Notfall. Wie immer am späten Nachmittag werde ich zum Notfall, kann ich die Zeit bis 20 Uhr, bis Andrea erscheint, nicht allein aushalten.

Meine Sätze werden immer kürzer, die Pausen immer länger, wenn ich mit Herrn Roth telefoniere. Er redet mit mir, ich höre zu und schaue aus dem Fenster, sehe die Züge fahren. Du könntest es tun, es ist nicht weit, sagt mir eine innere Stimme. Herr Roth hält mich am Telefon.

»Schönes neues Jahr«

Es gibt keine guten Tage mehr, jeder neue Tag ist noch schlechter als der davor. »Schönes neues Jahr.« Die Menschen, die es mir sagen, können nicht wissen, wie zynisch sich das für mich anhört. Ich weiß, dass es kein gutes neues Jahr werden wird.

Ich hänge durch.

Am 6. Januar 2005 wollen mich Herr Vogt und Herr Roth abholen, sie wollen hier übernachten, am nächsten Tag werden wir dann zurückfahren. Ich sehe dem mit gemischten Gefühlen entgegen. Ich versuche, so gut ich kann, ihnen zuzuarbeiten. Ich weiß nicht, ob es ein Fehler ist. Ich weiß nur, so wie es jetzt ist, ist es unerträglich.

Ich sage den beiden Kripos, wo sie die Abrechnungsdateien finden, damit meine Mitarbeiterin meine Aufgaben übernehmen kann. Sie haben einen Schlüssel fürs Haus.

Meine Hosen passen nicht mehr, nicht eine einzige. Ich fahre los, um mir eine neue zu besorgen. Selbst Größe 34 ist noch zu weit. Ich finde eine in 32.

Ich muss meiner Kleinen einen Brief schreiben, muss ihr erklären, warum sie nach den Weihnachtsferien nicht in unser Haus zurückkommen kann. Muss ihr erklären, dass ich zu krank bin, dass es ihr beim Papa besser geht als bei mir.

Es ist eine unglaubliche Anstrengung, diesen Brief zu formulieren. Meine Trauer, meine Emotionen zerren an mir, zerreißen mich. Ich kann nicht mehr, ich kann einfach nicht mehr. Andrea liest Herrn Roth den Brief vor, ich vermag es nicht; sie bringt ihn auch zur Post.

Auf was habe ich mich bloß eingelassen? Es wäre um so vieles einfacher gewesen, wenn ich gegangen wäre. Für mich wäre es einfacher gewesen. Ich habe nicht darüber nachgedacht, was an weiterem Schmerz dazukommen, was das für mich bedeuten würde. Ich hätte gehen sollen, als die Zeit dazu war. Jeder hätte es verstanden. Jetzt fehlt mir die Kraft dazu.

Ein bisschen freue ich mich darauf, die beiden Beamten wiederzusehen, aber es macht mir auch Angst. Ich könnte immer noch gehen, bevor sie da sind. Ich versuche mich an dem Datum festzuhalten, in dem Glauben, dass es dann vielleicht besser wird.

Es kommt der 4. Januar, ein Dienstag. Andrea ist krank, sie ist zu Hause geblieben.

Herr Roth ruft an. »Anja, setz mal Kaffee auf, wir sind gleich da.«

»Ihr wolltet doch erst am 6. Januar hier sein? Auch egal, wann trefft ihr denn ein?«

»Wir brauchen wohl noch eine Stunde. Wir wollten nicht so früh anrufen, damit du ausschlafen konntest.«

Aha. Ich kann diese Informationen nicht mehr verarbeiten, bewerten. Ich bin am Ende. Ich habe auch nicht die Zeit dazu.

In weniger als einer Stunde biegen die beiden Männer in den Hof ein. Schauen sie mich anders an? Ich weiß es nicht. Aber ich betrachte sie anders, ich hatte eigentlich nicht gedacht, dass ich sie wiedersehen würde. Schon eigenartig, wenn Menschen vor einem stehen, von denen man sich bereits verabschiedet hat.

Ich blicke ihnen direkt in die Augen, als wenn ich dort lesen könnte, was sie denken. Immerhin können auch sie mir in die Augen schauen.

Wir trinken Kaffee, ich amüsiere mich etwas über Andrea, die nun endlich meine Kripos live erlebt. Das hatte sie so oft gesagt, sie wolle die beiden mal leibhaftig kennenlernen. Still beobachte ich das Treiben, bis Herr Vogt zum Aufbruch drängt. Sie wollen nun doch nicht in Bonn übernachten. Ich bekomme meine Antwort auch ohne Frage, die Einweisung in eine psychiatrische Klinik durch einen Arzt ist der Grund für die schnelle Abreise. Herr Vogt wird mich in meinem Auto zurückbringen, Herr Roth wird im Dienstwagen voranfahren. Ich packe meine Sachen und muss mich auf unbestimmte Zeit von meiner Freundin und Pedy verabschieden.

Herr Vogt fährt langsam. Das ist nicht mein Fahrstil, aber ich sitze ja auch nicht hinter dem Steuer. »Daniel, dieser BMW hätte uns normalerweise nicht überholt.«

»Ja, ich weiß, aber heute tut er es.«

»Daniel?«

»Ja?«

»Also, mit diesem Porsche neben uns, mit dem könnte man gut im Gespann fahren, das macht Spaß.«

»Ja, aber heute fahren wir nicht Gespann.«

Er ist nicht zu bewegen, schneller als 120 Stundenkilometer zu fahren. Was soll es, ich habe Zeit, unendlich viel Zeit. Mein Zug wird auf mich warten.

Ich mache es mir gemütlich, verstelle die Rückenlehne nach hinten. Dabei fällt mir sein unruhiger Blick auf, zu hektisch schaut er zu mir rüber, was ich denn da herumfummle. Glaubt er, ich springe jetzt aus dem Auto? Das lohnt sich doch gar nicht bei 120 Stundenkilometern. Offensichtlich fährt er deswegen so langsam.

»Anja, wieso hast du es nicht gemacht?« Der kann komische Fragen stellen. »Du bist ja ein Witzbold. Wegen euch und meiner Familie habe ich es nicht getan. Ich wollte keinem das Weihnachtsfest versauen.«

Ich frage lieber nicht, warum sie früher gekommen sind. *Stelle keine Fragen, mit deren Antwort du nicht leben kannst.*

»Wir haben Briefe auf deinem Rechner gefunden. Sollten wir die entdecken?«

Briefe, was für Briefe? Es ist alles so weit weg, scheint so lange her zu sein.

»Wir haben die Daten für deine Mitarbeiterin gesucht und dabei die Briefe gefunden.«

Ach so, diese Briefe meint er. »Nein«, sage ich, »die waren nicht für euch gedacht. Ich habe sie mitgenommen, auf CD-ROM, um sie jederzeit bei mir zu haben. Ich hätte sie löschen können, aber es war auch nicht mehr wichtig.«

»Deswegen sind wir früher angereist. Ich hatte das Gefühl, dass es eilt.«

Einweisung in die Psychiatrie

Herr Roth bringt mich in die ausgesuchte Klinik, Herr Vogt versorgt den Hund.

Schon bei der Einweisung ist irgendetwas schiefgelaufen, so komme ich nicht auf die eigentlich vorgesehene Station, sondern auf eine andere. Finde ich hier die Ruhe, die ich brauche? Und die Menschen hier, können sie mir helfen? Das Gebäude erschreckt. Ein Betonbunker aus den Sechzigerjahren. Aber ich bin ja nicht in einem Hotel. Der diensthabende Arzt nimmt mich auf, Herr Roth ist dabei.

»Nehmen Sie Medikamente? Welche und wie viel?«, fragt der Arzt.

Müde sage ich ihm: »Valium, neun Milligramm.« Er zieht die Augenbrauen hoch, sieht mich nachdenklich an. Herr Roth wirkt ein wenig erschrocken, ich hatte es ihm nie gesagt.

Als ich dem Arzt auf Nachfrage sage, dass ich ungefähr drei Liter Kaffee pro Tag trinke, ist er erschüttert. »Den Kaffeekonsum werden Sie mal deutlich reduzieren, auf einige wenige Tassen.«

Soll er das nur sagen, er kann es eh nicht kontrollieren. Ich brauche den Kaffee, um meinen Motor am Laufen zu halten. Aber ist das hier noch nötig? Eigentlich nicht.

Ich werde gefragt, was ich von der Klinik erwarte, wie die Ärzte und Therapeuten mir helfen können. Ich habe keine Erwartungen mehr, an Hilfe glaube ich nicht, wie soll ich das also beantworten?

Aber eines kann ich ihm sagen: »Ich möchte nur mal schlafen. Schlafen ohne Stimmen, ohne Bilder, ohne ein Rufen, ohne ein Weinen zu hören.« Ich wiederum will wissen, was sie mir geben können, was sie mir anbieten können.

»Überlegen Sie mal bis Freitag, wie wir Ihnen helfen können.«

Anscheinend wissen sie selbst nicht, was sie machen sollen. Ich weiß es erst recht nicht. Es war fatal, zu glauben, es könnte Hilfe geben.

Der Arzt nimmt mir die Zusage ab, dass ich in der Klinik keinen Suizidversuch unternehmen werde. Ich weiß, dass ich sie ihm zuverlässig geben muss. Alles andere würde eine geschlossene Station nach sich ziehen, und da will ich nun wirklich nicht hin, von dort käme ich so schnell nicht wieder weg. Nach wie vor ist es für mich wichtig, nicht die gesamte Kontrolle über mich abzugeben. Solange ich freiwillig eingewiesen bin, kann ich auch wieder gehen. Bei einer Zwangseinweisung ist das nicht möglich.

Somit bleibt mir immer eine Chance zur Flucht, wenn ich es nicht mehr aushalten kann.

»Sie werden die Station nur in Begleitung verlassen«, sagt mir der Arzt weiter. »Wenn Sie dagegen verstoßen, kommen Sie auf die Geschlossene.« Sie würden das sofort veranlassen, das weiß ich. Ich schätze, dass sie angesichts einer Verbotsübertretung diese Maßnahme eine Woche aufrechterhalten würden. Wenn ich in dieser Zeit lieb bleibe und kooperiere, überlege, könnte es zu einer Aufhebung dieser Maßnahme kommen. Bestimmt.

Ich glaube, Herrn Roth macht das alles hier mehr Angst als mir, ich sehe es ihm an. Er begleitet mich zur Station, auf der ich mich melden muss. »Es ist okay, Werner, ich wusste, worauf ich mich einlasse.«

Ich nehme ihn in den Arm. »Danke. Geh jetzt. Es ist alles in Ordnung.«

Ich weiß nicht, was ihn mehr überrascht, mein Gefühlsausbruch, so was kennt er nicht von mir, oder meine Worte. Doch er geht, um morgen wiederzukommen.

Ich bleibe zurück. Das Leben ist so unendlich weit weg, unerreichbar die Zukunft. Ich weiß, was das Jahr 2005 mir bringen wird.

Bevor ich meine Sachen in den Schrank räumen kann, kontrolliert eine Schwester mein Gepäck. Natürlich, alles, was irgendwie spitz ist, nehmen sie mit. Sie lassen mir aber meinen Gürtel, denn ohne den passt mir nicht eine Hose mehr.

Ich erhalte neue Medikamente, mit denen ich tatsächlich neun Stunden am Stück schlafe. Ich zittere mich durch den Tag, muss mich einfügen in den Stationsalltag. Mein Kreislauf macht nicht mehr mit.

Herr Roth bringt mir am nächsten Tag Bücher mit. Krimis kann ich nicht lesen, alles, was mit Mord und Totschlag zu tun hat, ist nicht die geeignete Lektüre, ausgerechnet ein solches Buch hatte ich mir von Andrea geliehen. Der Titel ließ nicht darauf schließen.

Wir gehen an der frischen Luft spazieren. Am Freitag, in zwei Tagen, will er mich erneut besuchen.

Die Schwestern in der Klinik bieten sich zum Gespräch an. Zu einer sage ich: »Kennen Sie den Film *Men in Black*? Dort haben die ein Blitzdings, womit man Erinnerungen löschen kann. So etwas würde ich mir wünschen. Ich möchte einfach nur noch alles vergessen, damit dieser Schmerz endlich aufhört.« Erschrocken antwortet sie: »Sie können doch Ihr Kind nicht vergessen.«

Sie hat recht, ich weiß es.

Diese Station ist eine sogenannte Akutstation. Die meisten Patienten sind weit über siebzig, sind hier wegen akuter Demenz, akuten Alkoholentzugs, Psychosen.

Es gibt nur einen Fernseher, das TV-Programm ist dem Alter angemessen. Für mein Bedürfnis gibt es nicht genug Kaffee, in die Cafeteria darf ich nicht allein. Wer von diesen verwirrten Menschen aber sollte mich begleiten? So muss ich auf der Station bleiben, allein mit meinen Gedanken, allein mit meinen Ängsten.

Ich fühle mich einsam. Dies Gefühl ist nicht sehr hilfreich bei der Überlegung, ob man dieses Leben noch will.

Nach wie vor kann ich nicht essen, mir wird übel. Es sind nur winzige Portionen, die ich runterkriege, manchmal auch gar nichts. Ich merke schnell, dass das Personal nicht in der Lage ist, zu kontrollieren, ob und wie viel ich esse.

Ich werde auf artig machen, eine Woche, dann werde ich mich sicher allein bewegen dürfen.

Da ich nach wie vor sehr unruhig bin, habe ich einen großen Bewegungsdrang, den ich nur auf der Station ausleben darf. Überraschend sehe ich auf einmal Herrn Roth auf dem Flur stehen. Ich versuche nachzudenken, welchen Tag wir heute haben. Ist es schon Freitag? Habe ich etwas durcheinandergebracht? Nein, es ist Donnerstag, nicht Freitag. Aber wieso ist Herr Roth auf dem Flur, und zwar mit einer großen Tüte?

Unsere Umarmungen sind inzwischen Ritual. Ich freue mich, dass er mich besucht, er hat mir einige Sachen zum Beschäftigen mitgebracht, auch will er mit der Stationsärztin sprechen. »Soll ich mit, oder gehst du allein?«, frage ich ihn. Er will erst mal allein gehen, später soll ich nachkommen.

Felix ist zurück

Nichts ahnend warte ich auf dem Flur, bis sie mich ins Zimmer bitten, ich setze mich.

Herr Roth sieht mich an. »Wir haben Felix gefunden«, sagt er. Ich reagiere nicht, schaue ihn nur an, versuche, das, was ich höre, aufzunehmen, den Worten einen Sinn zu geben.

»Wir haben erst einen Schuh gefunden, und dann Felix.« Der Mörder von Levke hat überraschend ausgepackt und das Versteck von Felix preisgegeben. Er hat ihn in einen kleinen Fluss, in die Geeste, geworfen. Sie sind gerade dabei, ihn zu bergen.

In mir war ohnehin schon alles zusammengebrochen, was sollte jetzt noch einstürzen. Nach meinem Gefühl dauert es ewig, bis ich verstehe, was Herr Roth mir gesagt hat.

»Sind Sie mit einer Sitzwache einverstanden?«, fragt die Stationsärztin. In meinem Kopf dreht sich noch alles, ich nicke, es ist mir egal.

In der Cafeteria warten Herr Roth und ich auf einen Anruf. Wir warten auf die Bestätigung, dass es wirklich Felix ist.

Irgendwann kommt er, der Anruf. Es ist Felix, sie bringen ihn zur Obduktion.

Der Gedanke, dass sie an meinem Sohn rumschnippeln, ihn aufmachen, macht mich wahnsinnig; er ist nicht zu ertragen. Ich schiebe ihn weg, will es nicht glauben. »Werner, ich möchte meinen Sohn sehen. Ich möchte mich verabschieden.«

Ich habe das Gefühl, dass es mir helfen könnte, zu begreifen, dass Felix wirklich tot ist.

Er will sehen, was sich machen lässt.

Sie setzen die Medikamente weiter hoch, ich war zunächst umgestellt auf drei Milligramm Tavor, jetzt sind es vier.

Auf der Station wartet meine Sitzwache, mein Schatten. Er begleitet mich auf Schritt und Tritt, ich bin keinen Moment allein. Die Wachen wechseln sich ab, sitzen auch nachts im Zimmer.

Unter falschem Namen bin ich hier. Meine Daten sind nicht registriert. Meine Ruhe ist zu sichern, denn wenn die Presse mich aufstöbern könnte, wäre es damit vorbei. Man weist mich darauf hin, dass die »Schatten« nur Aushilfskräfte sind, ich soll und darf ihnen nicht sagen, wer ich bin. So bleibe ich mit meinen Gedanken allein, wie immer. Ich bin aber nicht zur Ruhe zu bringen. Die Schatten müssen Kilometer mitgehen, wo ich bin, da sind auch sie.

Emotionen habe ich keine, an die mich erinnern kann. Es sind die Fakten, die ich irgendwo hinlege. Ich bin mit meinem Sohn gestorben.

»Werner, ich möchte meinen Sohn noch mal sehen.« Ich erinnere Herrn Roth an meinen Wunsch. »Anja, ich habe mit dem Bestatter gesprochen, ich kann es dir nicht empfehlen.« – »Warum nicht?« – »Felix hat so lange im Wasser gelegen. Eine Wasserleiche vergeht bei Kontakt mit Luft sehr schnell. Du würdest ihn nicht mehr erkennen.« Jedes einzelne Wort ist eine Katastrophe. Wasserleiche. Herr Roth lässt mir viel Zeit, um die Mitteilung zu verstehen, sofern das überhaupt möglich ist. »Er hat ihn erstickt. Das geht ganz schnell bei Kindern.« Lieb von ihm, es soll mich trösten. Soll mir sagen, dass der Todeskampf nicht lange ging. Müde sag ich: »Ich weiß, wie es ist, um Luft zu ringen. Es ist kein schöner Tod.« Erstaunt sieht mich mein Kripo an, ich sehe durch ihn durch. »Weißt du, es ist lang her, vielleicht fünfzehn Jahre. Ich bin damals angegriffen worden.« Die Bilder von diesem Überfall waren nie wirklich weg, nur weit weggeschoben. »Ich hab damals gedacht, der bringt mich um. Er hat aber rechtzeitig aufgehört, mich zu würgen. Ich weiß, wie es ist, ich weiß, was Todesangst ist, leider. Er hat sich damit begnügt, mich krankenhausreif zu prügeln.« Herr Roth ist entsetzt. »Das hast du nie erzählt.« Nein, habe ich nicht. Es ist eine alte Geschichte.

Ich kann nicht begreifen, dass Felix tot ist. Mein Kripo bietet mir schließlich die sogenannten Auffindefotos an. Die Bilder, die gemacht wurden, unmittelbar nachdem mein Sohn gefunden wurde.

Mehrfach fragt er nach, ob ich sie wirklich sehen möchte. Doch, ich möchte sie sehen. Ich habe die Hoffnung, verstehen zu können, was mir die Worte nicht mehr sagen. Er wird sie mitbringen.

Am Freitag, den 14. Januar, werde ich Felix beerdigen müssen. Ich kann mich um die Formalien nicht kümmern. Ich bin nicht in der Lage, etwas zu den Blumen zu sagen, außer blau und weiß. Blau-weiß, wie das BMW-Emblem, das Felix immer wieder gemalt hat. Matthias' Faible für BMWs hatte abgefärbt. Was soll auf der Schleife stehen? Ich kann nicht denken, mir fällt nur irgendetwas ganz Normales ein.

Ich bin unendlich müde. Ich mag nicht mehr reden, was gäbe es auch noch zu sagen? Felix wird nicht mehr nach Hause kommen, und dieser Gedanke ist für mich nicht zu ertragen. Wie soll es weitergehen? Was passiert nach Freitag?

Immer wieder stelle ich dem Personal diese Frage. Immer wieder antworten sie, nun machen Sie erst mal bis Freitag, dann werden wir sehen. Damit bin ich aber nicht zufrieden. Aber eine andere Antwort erhalte ich nicht.

Auch die Beerdigung ist vorzubereiten, selbst wenn ich nur wenig dabei mithelfen kann. Herr Roth und ich fahren zum Pastor. Alles in mir sträubt sich, in diese Gegend zurückzufahren. Ich will da nicht wieder hin, ich will meinen Sohn nicht beerdigen. Ich will nicht, aber ich muss. Ich kann dem Pastor nichts über Felix sagen. Wenn ich nur den Mund aufmachen würde, wären da nur Tränen, aber keine Worte. Es ist mir unmöglich, mich zu erinnern. Ich würde hier umfallen, wenn ich es täte. Sie zeigen mir den Platz auf dem Friedhof, den sie für Felix ausgesucht haben. Ich kann das alles nicht. Der ganze Tag ist furchtbar, ständig kämpfe ich um Haltung. Ich muss in mein Haus und die Trauerkleidung holen, muss an den Hausschuhen vorbei, die Felix nicht mehr anziehen wird. Ich muss an Felix' Schrank, um die Sachen rauszusuchen, mit denen er beerdigt werden soll. Es ist kalt, es ist Januar. Als wenn es eine Rolle spielen würde, nehme ich eine wattierte blaue Hose und einen Rollkragenpullover heraus, einen Slip und Socken. Ich beeile mich, ich will hier weg. Ganz schnell möchte ich von hier wieder weg.

Herr Roth kümmert sich um die Beerdigung, kümmert sich um mich. Er organisiert für Andrea ein Zimmer, sie wird zur Beerdigung kommen.

Felix' Fahrrad haben sie heute ebenfalls gefunden. Das Fahrrad, das wir wie eine Nadel im Heuhaufen gesucht haben. Das Fahrrad, um das sich meine Gedanken drehten, auf das ich so viel Hoffnung gesetzt hatte. Auch das hatte er versenkt, allerdings mehrere hundert Kilometer weiter, im Sauerland, in einem See.

Herr Roth und ich nehmen die vergangenen Wochen und Tage auseinander. Es ist mir wichtig. Ich will ihn verstehen, und er soll mich besser einschätzen können.

»Was habt ihr erwartet, wie ich mich verhalten würde?«

Erst jetzt erfahre ich, dass er Prognosen abgegeben hat, wann ich zusammenbrechen würde. Die erste bezog sich auf den Zeitraum, als der Pressesprecher den Verdacht auf ein Kapitalverbrechen äußerte.

Auch Matthias' Eskapaden, wenn man es so ausdrücken will, haben die gesamte SOKO geschockt. Sie waren sich einig, dass ich das nicht wegstecken würde. Dass ich dann doch weitergemacht habe, hat dazu geführt, dass Herr Roth sich entschieden hat, keine Voraussagen mehr abzugeben.

Das »Nasengespräch«. Warum ist es uns so lebhaft in Erinnerung geblieben, ihm und mir? Es ging nicht um den Inhalt, es war etwas anderes, das so wichtig war. Es stellte den Respekt voreinander her, machte klar, wo der andere seine Grenzen hat, die nicht zu übertreten sind. Dies hat den späteren Umgang geprägt.

Was kommt nach Freitag? Diese Frage bohrt in meinem Kopf.

Ich brauche doch eine Idee, eine Perspektive. Irgendetwas, das mich Weiteres aushalten lässt, eine vage Hoffnung. Aber ich finde sie nicht, ich bekomme sie nicht.

Dieser Freitag macht mir Angst. Ich will da nicht hin, ich will mein Kind nicht verscharren, beerdigen.

Nach meinem Gefühl ist Felix dann weg, es ist so endgültig. Sind alle anderen dann auch weg? Was wird bleiben? Was mich erwarten? Trauerarbeit und Löcher, hat man mir gesagt. Die Antwort erweckt in mir nicht den Wunsch, das erleben zu wollen.

Der »Fall Felix« ist mit dem Freitag geklärt. Sie werden die SOKO auflösen, Herr Roth und Herr Vogt in ihre alten Dienststellen versetzen. Andrea fährt wieder nach Bonn. Jeder geht wieder in sein Leben, und wo ist meines? Ich werde in den Trümmern zurückbleiben, allein.

Hat denn dieser ständige Schmerz nie ein Ende?

Einmal muss ich noch funktionieren, Freitag.

Das Ganze erscheint mir unsinnig, meine ganze Situation wie ein schlechter Film, der doch irgendwann einen Schluss haben muss.

»Deine Mutter kommt nicht zur Beerdigung«, sagt mir Herr Roth. Ich bin viel zu betäubt, als dass ich es irgendwie werten könnte. »Sie ist im Urlaub, auf den Malediven. Dein Vater kümmert sich jetzt um dein Haus.«

Es sind Informationen für mich, wie so viele andere auch.

Beerdigung

Die Polizei hat Hipstedt abgesperrt, ein Überflugverbot wurde erlassen. Aus Schutz für uns vor der Presse.

Wir sind deutlich früher da, damit ich in der Kirche ungestört und allein sein kann. Viele Kränze, Blumen und ein kleiner Sarg aus polierter Fichte stehen in der Kirche. Trauerschleifen sehe ich. »Felix, hab's gut im Himmel.«

Briefe habe ich geschrieben, einen für Felix. Ich erzähle ihm von unserer verzweifelten Suche nach ihm, von meiner Angst um ihn.

Ein weiterer Brief ist für meinen Vater, ihm habe ich nur mitgeteilt, dass ich im Krankenhaus bin, aber nicht, wo. Keiner weiß, wo ich bin, nur Andrea und die SOKO. Ich kann keinen Besuch, so lieb er auch ist, ertragen. Ein falsches Wort, unbeabsichtigt ausgesprochen, könnte fatale Folgen haben. Ich erkläre es ihm in dem Brief. Ich melde mich, wenn es mir besser geht, schreibe ich ihm.

Ich weiß, dass die Presse ganz erpicht darauf ist, ein Foto von mir zu bekommen. Heute ist die beste Gelegenheit dafür. Nicht ohne Grund wurden diese Sicherheitsvorkehrungen getroffen. Kurz vor Beginn der Trauerandacht betreten wir durch den Hintereingang die Kirche. Auch meine Familie, meine Brüder, meine Cousins, nehmen diesen Weg. Ich bin auf der Flucht vor der Presse, traue mich nicht, mein Gesicht zu zeigen.

Die Kirche ist voll, einzelne Gesichter erkenne ich nicht. Ungläubig starre ich auf den kleinen Sarg. Ich kann mir nicht vorstellen, dass mein Sohn darin liegen soll. Habe ich Felix gesehen? Nein. Der Sarg könnte auch leer sein.

Mir und auch den Lehrerinnen von Felix, die zur Andacht gekommen sind, fallen die Erinnerungen an diese Zeit unendlich schwer. Sie sind brüchig, zu sehr schmerzen sie.

Die Rektorin erinnert an Felix, wie er aus Steckwürfeln ein Fernrohr baute, um mit ihm in das Weltall zu schauen.

Eine andere erinnert an eine Pause, in der es heftig zu regnen anfing, und an einen Felix, der nicht in die Schule reingehen wollte. Er rief ihr nur zu: »Ich bin doch nicht aus Zucker.« Ja. Er hat es geliebt, im Regen zu spielen, sich unter der defekten Regenrinne zu duschen.

Seine Klassenlehrerin erinnert an seinen Wagemut, in die höchsten Spitzen der Bäume ist er geklettert, es konnte nicht hoch genug sein. Und bei den Übungen im Sportunterricht, bei denen Hilfestellung angeboten wurde, rief er immer beim Anlauf: »Aber ohne Festhalten!«

Seine Religionslehrerin hat Erinnerungen seiner Mitschüler zusammengetragen:

Ein Mädchen weiß noch, wie Felix geschaukelt hat, »gaaanz hoch und dabei hat er voll gelacht«.

Eine andere erinnert sich an Felix, als er auf dem Schaukelgerüst herumkletterte: »Der ist oben auf der Stange langgegangen«, und ein Mitschüler sagt: »Der hat sich fast dabei überschlagen.«

Die Lehrerin selbst weiß noch, wie Felix in der Religionsstunde etwas aus einem Blatt Papier ausgeschnitten hat, fein säuberlich, von innen heraus, und das übrig gebliebene Papier vorsichtig dem vor ihm sitzenden Kind lächelnd über den Kopf gleiten ließ, wie einen Kragen.

Mein innerlich aufgebauter Schutz bricht zusammen, mein Bruder leiht mir ein Taschentuch.

Ich starre auf den Sarg, auf die Schleifen, auf die Blumen. Nur bei den Worten »Felix« oder »Wille« erreicht mich die Predigt einen Moment.

Meine Augen suchen den letzten Gruß von Matthias. Aber es ist nichts da, nicht einmal eine einzelne Blume. Der letzte Gruß an Felix von Matthias, den er so sehr gemocht hat, fehlt.

Der mir lieb gewordene Pastor spricht die Predigt:

Furchtbare Tage, Wochen, ja Monate liegen hinter euch, hinter uns allen. Tage der Sorge und Angst, Stunden zwischen Wut und Klage, zwischen Hoffnung und Resignation, zwischen Weinen und Nicht-mehr-weinen-Können, Tage, die kein Mensch ertragen kann.

Ich kann mir nicht vorstellen, dass es auch nur einen Menschen gibt, der euren Schmerz, euren Kummer, eure Tränen, eure Wut, eure Fragen nach dem Warum nicht versteht.

Mir geht es ganz genauso wie euch. Auch ich frage: Warum? Ich kann das alles genauso wenig begreifen, geschweige denn verstehen. Denn da gibt es nichts zu begreifen, zu verstehen.

Hier in unserer Kirche, dem Haus Gottes, haben so viele Menschen Tag für Tag, Woche für Woche Lichter angezündet für Felix, Lichter in der Dunkelheit, haben für Felix gebetet und Gebete aufgeschrieben, haben geweint und gehofft in der langen Zeit des Wartens.

Wenn ich den kleinen Sarg sehe, die vielen Blumen und Schleifen, wenn ich daran denke, dass ein fröhlicher, aufgeweckter Junge, Felix, gerade acht Jahre alt, ermordet worden ist, dann frage ich mich, in was für einer Welt leben wir?

Wenn ich dann aber diese Kirche betrachte, in Ihre Gesichter sehe und den einen und die andere von den vielen erkenne, die in den letzten Monaten nach Felix suchten, mit Magdalena, Anja und seinem Vater gelitten, gebetet und gehofft haben und einander so viele Zeichen und Gesten der Solidarität schenkten, dann bin ich froh, in dieser Welt und an diesem Ort zu leben.

Jede Form von Gewalt nimmt den Menschen das Gesicht, nimmt den Menschen ihre Würde. Heute wollen wir Felix seine Würde geben. Er soll mit seinem munteren, unbekümmerten, fröhlichen Wesen in den Erinnerungen, die jeder von Ihnen hat, unter uns sein.

Ein Kind sagte an dem Tag, als er gefunden wurde: »Jetzt ist Felix im Himmel.« Das ist ein Glaube, den ich gern teile.

Das ist die Hoffnung, die wir Christen haben, weil wir glauben, dass das Böse, in welcher Gestalt auch immer es uns trifft, nicht triumphiert über das Leben eines Menschen. Denn Gott schenkt neues Leben, das Böse aber wird vergehen. Ja, wir müssen Felix begraben, müssen Abschied nehmen. Sie und wir alle sind jetzt Trauernde geworden. Jesus sagt den Trauernden: »Selig seid Ihr, die Ihr heute weint, denn Ihr sollt Euch wieder freuen.« ...

Als Felix am 30. Oktober des vergangenen Jahres von einem Moment auf den anderen verschwand, da legte sich ein bleierner, lähmender Schrecken auf unsere Dörfer wie eine dumpfe Glocke.

Jemand sagte damals: »Alles ist so still geworden hier, unheimlich still, selbst die Autos fahren leiser.« Kein Kind war mehr zu sehen, kein fröhliches Kinderlachen mehr zu hören. Die Erwachsenen standen zusammen und sprachen nur noch leise miteinander. Und wenn die Eltern ihre Kinder ansahen und wenn sie überlegten, was hier geschehen war, dann konnten sie nur noch weinen ...

Wir alle lieben unsere Kinder. Und es ist unsere Aufgabe, die Lebensbedingungen unserer Kinder sicher zu machen, ohne ihnen die Freiheit zu nehmen. Kinder sollen in einer Atmosphäre des Vertrauens aufwachsen dürfen. Sie dürfen den Glauben an ein Leben haben, das durch und durch gelingen und schön sein kann.

Die Welt ist aber auch böse. Ja. Wir wollen es in unserer Mitte nicht dulden. Machen wir unsere Kinder stark. Kinder dürfen nicht Opfer von Gewalt werden. Diese Welt muss die Welt der Kinder werden, muss eine Welt für unsere Kinder werden. Und da sind wir Erwachsene gefragt. Wir können diese Welt verändern, wenn die Liebe unser Leben verändert und wir sie wirklich

verändern wollen zum Guten, zum Himmel hin. Und wir ent-
decken doch auch immer wieder, dass es geht …

Ich denke an die vielen, die hier zu den Andachten für Felix
gekommen sind, und an die vielen, die auch heute, zum Teil von
weit her, gekommen sind, an diese liebevolle Solidarität in der
Trauer.

Vor euch und vor uns liegt ein langer Weg der Trauer. Das Ziel
des Weges heißt »getröstetes Leben«. Manchmal sagen wir den
Satz: »Der Weg ist das Ziel.« Ihr werdet diesen Weg gehen, und
ihr werdet auch am Ziel ankommen. Ja, es ist ein steiler, dorniger
Weg, auf dem ihr nur langsam vorankommt. Manches Mal wer-
det ihr auf diesem Weg stürzen oder wegrutschen. Und dann wer-
det ihr manchmal denken: »Ich schaffe das alles nicht!« …

Ihr werdet ganz oft an Felix denken, werdet ihn ganz lebendig
vor Augen haben, werdet erzählen, wie er gelacht und geweint
hat, wie er euch angesehen hat und was er für Streiche gespielt
hat, wie er euer Leben bereichert hat …

In einer Geschichte über Felix, die eine unserer Lehrerinnen in
den letzten Wochen geschrieben hat, wird das deutlich. Es ist eine
Fabel, die im Tierreich spielt, bei den Kaninchen, Maulwürfen
und den vielen anderen Tieren. Sie nimmt das furchtbare Ge-
schehen des 30. Oktober auf und erzählt es nach. Die Hauptper-
son, die plötzlich verschwindet und einfach nicht mehr da ist, ist
ein Kaninchen mit Namen Kevin Kanin. Gemeinsam hören wir
den Schluss der Geschichte:

»Gott, was sagst du dazu? Die Antwort war Liebe: Gott will
das alles nicht! Aber seine Liebe ist eure Liebe. Sie ist euer Schutz.
Mit ihr kann die Welt neu beginnen.

Das Böse soll nicht siegen, darum fürchtet euch nicht!

Es soll wieder hell werden um euch! Spürt ihr es schon?`

Sie brauchten einander nicht anzusehen. Es war warm ge-
worden.

Ein Aufatmen war zu hören, und die Tränen begannen zu
trocknen.

Jemand hatte von Liebe gesprochen, hatte gesagt, habt keine Angst, hatte versprochen, das Dunkle siegt nicht ...

Einer stimmte leise ein Lied der Zuversicht an. Bis zur Freude war es noch ein langer Weg. Aber Kevin Kanin schien den einen am Ohr zu kitzeln, den anderen in die Seite zu knuffen und zu sagen: ›Hey du, lach mal!‹

Von Herrn Roth gelotst, mache ich automatisch weiter. Wir fahren zum Friedhof. Meine Kapuze tief ins Gesicht gezogen, gehen wir mit Felix seinen letzten Weg.

Ich gebe Felix seinen Brief, als mich ein fester Ruck, ein fester Griff zurückzieht. Es ist Herr Roth, der mich vom Grab zurückzieht, der befürchtet, dass ich umfalle. Er und Andrea bringen mich zum Auto.

Erst im Auto sehe ich meine Familie, meinen Vater. Mein Gott, mein Vater sieht schlecht aus. Der nächste Gedanke: Wie sehe ich bloß aus?

Ich steige aus, Andrea mit mir. Ich umarme meine Familie, bedanke mich, dass sie da sind. Für einige wenige Freunde bleibt mir noch Zeit, bevor meine Freundin mich, von meiner Gesichtsfarbe alarmiert, in den Wagen zurückdrängt.

Wir fahren in ein entfernt gelegenes Café. Gebucht von der SOKO, weit genug von der Presse entfernt. Im Café sehe ich sie noch einmal, einige Mitarbeiter der SOKO, die, die mit mir gelitten, gesucht haben. Auch unser Pastor kommt später dazu.

Anschließend geht es zurück in die Klinik. Andrea und Herr Roth bringen mich. Ich starre aus dem Fenster, verabschiede mich von meinem Zuhause. Die Bäume, sie sind schief von den Stürmen. Die Gespräche im Auto ziehen an mir vorbei. Nichts ist mehr wichtig.

Im Krankenhaus setzen sie die Medikamente weiter hoch. 4,5 Milligramm Tavor sind es jetzt.

Meine Freundin und Herr Roth holen mich am nächsten Tag aus der »Verwahranstalt« ab. Sie gehen mit mir bummeln,

Kaffee trinken und nehmen mich in die Mitte. Wieso remple ich immer einen von beiden an? Nach dem vierten Mal wird es langsam peinlich. »Das soll keine Anmache sein, besser geradeaus geht nicht.« Die beiden lachen. »Das ist okay«, sagt Andrea. Sie ist MTA und erklärt Herrn Roth in einer stillen Minute, dass man bei meiner Medikamentendosierung normalerweise gar nicht mehr aufsteht. Einige Male fällt mir auf, dass Herr Roth mich auf den Bürgersteig zurückzieht, ich hatte die Autos nicht gesehen oder die Distanz falsch eingeschätzt.

Gegen Mittag lässt er uns allein. Andrea und ich reden darüber, wie soll es weitergehen, wie kann es weitergehen? Wir öffnen Trauerkarten. Wir heulen gemeinsam. Wir schaffen höchstens zehn von über fünfzig Briefen.

Andrea ist weg, und die Tage ziehen sich unendlich, sinnlos dahin. Einzelne Sequenzen meiner vielen Gespräche mit dem Personal in der Hoffnung, Hilfe zu finden, bleiben hängen.

Ein Pfleger sagt mir, dass sich Kinder nicht immer in die gewünschte Richtung entwickeln. Eine Bekannte habe ein autistisches Kind, ihre Vorstellung von einer Familie wäre auch eine andere gewesen. Ich sehe ihn nur verständnislos an, was ist das für ein Vergleich? Sie hat ihr Kind wenigstens noch, kann mit ihm kuscheln.

Immer wieder gibt man mir zu verstehen, dass alles irgendwann irgendwie besser werden, der Schmerz nachlassen würde. Dass irgendwann die positiven Erinnerungen überwiegen werden. Das hilft mir aber nicht im Jetzt.

Es gibt keine positiven Erinnerungen, jede Erinnerung ist schmerzhaft. Ich bin unendlich traurig.

Ich lebe nicht mehr, ich vegetiere von einem Tag zum nächsten. Lasse die Stunden verrinnen, als wenn es davon besser werden würde.

»Sie müssen essen«, sagen sie mir. Ich habe keinen Hunger, ich mag nicht essen, mein Sohn isst auch nicht mehr.

»Wenn Sie nicht bald anfangen zu essen, müssen wir Sie zwangsernähren.« – »So schnell verhungert es sich nicht«, antworte ich ihnen.

Herr Roth ist zu Besuch. Er hat die Bilder von Felix mit. »Willst du sie wirklich sehen?« Ja, ich will sie sehen. Ich hoffe, dass sie mir helfen zu verstehen, was im Oktober passiert ist. Prüfend sieht er mich an, »Bist du dir sicher?«

Er zeigt sie mir, Schwarz-Weiß-Fotos. Drei Stück. Bilder von dem kleinen Kindergesicht. Nach mehr als siebzig Tagen sehe ich meinen Sohn wieder. So sah Felix immer aus, wenn er schlief, wenn ich abends noch einmal in sein Zimmer ging, um ihn zuzudecken. Nur im Bett hatte er keine Blätter im Haar.

Warum musste das passieren? Ich fange an zu weinen, Herr Roth nimmt mir die Bilder weg. Er lässt mir Zeit, um mich wieder zu fangen. Nach mehr als siebzig Tagen weine ich nicht für mich allein.

Ich werde diese letzten Bilder nie mehr vergessen.

Er sieht so friedlich aus. Diese Bilder helfen mir nicht zu verstehen, was eigentlich passiert ist.

Weiter geht es

Endlich habe ich einen Termin mit dem Chefarzt. Auch er hat sich überlegt, wie es weitergehen soll, denn hier auf der Station, das ist klar geworden, ist nicht der richtige Platz für mich.

Ob ich noch an Suizid denke, will er wissen. Es ist eigenartig, dieser Gedanke lässt mich überleben, aber das sage ich ihm lieber nicht. Ich sage ihm, was er hören will. »Nein.«

Das Verrückte ist, dass diese Klinik eine spezialisierte Traumastation hat, direkt eine Etage tiefer, eine hausinterne Verlegung kriegen sie aber nicht hin. Eine Teilnahme an deren Angeboten will mein Oberarzt nicht. Mag sein, dass ich dazu auch gar nicht in der Lage bin.

Nur zu einem einzigen Termin, zur Ergotherapie, darf ich die Station verlassen. Die restliche Zeit verbringe ich mangels Beschäftigung mit Grübeln. Mühsam erarbeite ich mir mit Barbara, einer Mitpatientin, die Möglichkeit, schwimmen zu gehen. Mit mir allein, ohne Beschäftigung, werde ich wahnsinnig. Ich hasse Schwimmen, da mir aber nichts anderes bleibt, ist dies meine einzige Chance, mich körperlich auszulasten, mich abzureagieren, Spannung rauszunehmen.

Das Wasser hat 28 Grad Celsius, nach ein paar Bahnen bin ich fertig. Jeden Tag absolviere ich eine mehr, ich schaffe später achtzehn. Kopfschmerzen stellen sich ein, am nächsten Tag weiß ich, warum. Bei dieser Wassertemperatur muss mehr Chemie ins Wasser. Diese Zusätze lösen sich aber heraus und schweben als Chemienebel über der Wasseroberfläche in der Atemluft. Sehr gesund.

Wenn ich hier bleibe, werde ich noch verrückt. Ich werde immer aggressiver. Ich habe keine Ansprechpartner, keine psychologische Betreuung, keine Beschäftigung. Die einzige Abwechslung sind die Besuche von meinem Vater oder von der Pastorin, die mit mir mal nach draußen geht. Ich muss hier weg.

Ich bin umgeben von Menschen, die ständig ihre Reisegruppe suchen, Herrn Roth für einen Fotografen oder Taxifahrer halten, ihm Geld geben wollen, die im Vollsuff stürzten, aber eigentlich nie trinken, die von der Geschlossenen kommen, natürlich nur, weil diese überbelegt war. Natürlich.

Die Zustände auf der Station sind eine Katastrophe. Irgendwann ist es so schlimm, dass ich es wage, dem Personal zu sagen, es sei eine Unmöglichkeit, wenn alte, verwirrte Menschen im Speisesaal weinen, weil sie ihr Essen nicht finden oder es ihnen keiner ausgibt. Böse füge ich hinzu: »Mir könnte es ja egal sein, ob die Alten hier verhungern, ich finde mein Essen.« Und wer mich kennt, weiß, dass ich die Alten genauso mag wie die ganz Kleinen.

Da ist eine alte Dame, die sich immer ganz aufrecht hält, die langen grauen Haare zum Dutt gebunden, sehr gepflegt, immer will sie abtrocknen mit ihrer Kittelschürze, sie ist reizend, aber total verwirrt. Und ausgerechnet diese Dame bricht im Speisesaal in Tränen aus, jammert, sie habe kein Essen, niemand habe ihr welches gegeben, sie könne es sich doch nicht selbst nehmen. Auf den Tabletts, auf denen das Essen ausgegeben wird, liegen Zettel mit den Nachnamen der Patienten, diese Dame kennt aber nur noch ihren Vornamen. Die fitten Patienten sind es jetzt, die der Dame ihr Essen bringen, nicht die Klinikangestellten. Es macht mich ärgerlich, wie man mit diesen alten Menschen so umgehen kann.

Damit mache ich mich nicht zum Freund des Personals, aber das ist mir eigentlich auch egal.

Lange dauert es, bis sie mir sagen, dass eine Verlegung in eine andere Klinik möglich ist, sobald die Krankenkasse eine Kostenzusage schickt.

Ich bin privat versichert, und ein Anruf von der Kripo sorgt dafür, dass noch am selben Tag diese Bestätigung vorliegt. Ich will schon meine Sachen packen, als mir der Oberarzt erklärt, dass es erst zum 8. Februar ein freies Bett gibt.

Ich habe das Gefühl, als schlüge man mir mit der Bratpfanne, aber der gusseisernen, direkt vor den Kopf. »Das sind ja noch elf Tage«, stöhne ich. »Sie haben doch gesagt, es ginge sofort.« Für mich ist diese Nachricht entsetzlich.

»Betrachten Sie es einfach als Urlaub«, erwidert der Oberarzt. Ungläubig sehe ich ihn an, Urlaub? Wie verbringt der Mann seinen Urlaub? In der Psychiatrie? Das hier ist ein Albtraum, aber sicher kein Urlaub.

Mit meiner Tavor-Dosierung könne man mich eh nicht verlegen, fährt er fort. Ich müsste runter auf wenigstens zwei Milligramm. Alle zwei Tage könnte man 0,5 Milligramm reduzieren.

Ich glaube das alles nicht. Sie wissen, dass ich verlegt werden soll, da hätten sie ja mit der Dosisreduzierung schon lange mal anfangen können.

Herr Roth weiß auch nicht, was er dazu sagen soll, er schaut genauso ungläubig wie ich. Er zieht sich erst mal zurück ins Wochenende, wohl wissend, dass ich die elf Tage nicht hinnehmen werde. Irgendetwas wird bis Montag passieren, er weiß nur nicht, was.

Noch immer bin ich wütend. Urlaub auf der Psychiatrie? Nicht mit mir. Es war noch eine weitere Klinik im Gespräch, dort hätte man ja wenigstens mal anfragen können, was sie aber auf dieser Station nicht gemacht haben. Dann muss ich das jetzt eben tun. Mit Barbara verlasse ich die Station, suche den nächsten Münzfernsprecher, ein eigenes Handy habe ich nicht. Ich versuche meinen Vater zu erreichen, aber dieser öffentliche Apparat akzeptiert die Vorwahlnummer nicht, auch die für die Handynetze sind unerreichbar. Bei anderen Telefonen erlebe ich dasselbe. Einzig nach Bonn komme ich durch, und so regelt Andrea alles Weitere. Sie nimmt Kontakt zu meinem Vater auf, der mich anschließend anruft.

Wir entscheiden gemeinsam, dass alles besser ist, als in der Psychiatrie zu bleiben. Ich beantrage für den folgenden Montag meine Entlassung, und am Montagmorgen weiß ich auch schon, dass ich zum 4. Februar in die Klinik kommen kann, die als zweite im Gespräch war. Die Leitung hat bestätigt, dass sie Traumapatienten behandeln können.

Herr Roth ist nicht besonders überrascht, als ich ihm von den neuen Entwicklungen erzähle. Vier Wochen Psychiatrie waren genug.

II

Psychosomatische Fachklinik, irgendwo in Niedersachsen

Mein Vater bringt mich im Februar 2005 in die neue Klinik, Herr Roth trifft sich vor Ort mit uns. Ich bin erstaunt, als ich die Einrichtung sehe, sie gleicht eher einem Hotel. Ich werde persönlich begrüßt, anschließend zeigt man mir mein Zimmer, und wieder bin ich überrascht. Es ist ein Einzelzimmer mit einem normalen Bett, kein Krankenhausbett, ein Schreibtisch ist auch da. Acht Wochen soll ich erst einmal bleiben.

Etwas irritiert mich die Lage des Raumes, dritte Etage mit Balkon. Es beruhigt mich aber auch, mein Zug ist ja zurzeit ziemlich weit weg.

Dieser Gedanke begleitet mich immer noch jeden Tag. Das Wissen, dass es in meiner Hand liegt, wie lange ich dieses Leben noch ertrage, hilft mir, von Tag zu Tag weiterzuleben. Die Geschehnisse haben mir so deutlich gezeigt, dass ich eben keinen Einfluss darauf habe, welchen Weg das Leben geht. Nur noch eines kann ich selbst entscheiden – und das ist die Länge meines eigenen Lebens. Und ich bin nicht bereit, diese einzige, letzte Sicherheit aufzugeben.

Kurz nach der Einweisung habe ich einen Termin bei der Psychologin. Wir besprechen gemeinsam, welche der angebotenen Aktivitäten und Gruppen für mich infrage kommen könnten. Ich habe die Gewähr, dass ich sofort aufhören kann, wenn eine Gruppe nichts für mich sein sollte.

Zunächst fragt sie nach meinen persönlichen Lebensverhältnissen: »Wie viele Kinder haben Sie?« – »Ich habe zwei Kinder«, sage ich ihr. Sie schweigt einen Augenblick. »Aber, Frau Wiese, eines Ihrer Kinder ist verstorben.« – »Ja, und? Ist deswegen mein Sohn nicht mehr existent?« Verstorben, so kann man es auch ausdrücken, hört sich ja richtig niedlich an, die Wahrheit wäre, entführt, erstickt, im Wasser versenkt, als Wasserleiche entsorgt, weggeschmissen. Sie fragt, was passiert ist. Mir fällt zum ersten Mal auf, dass ich es nicht erinnern kann. Dass ich nur Bruchstücke vom Januar zur Verfügung habe. Ich kann mich mühen, wie ich will, der 7. Januar ist weg, nur einzelne Sequenzen kann ich erzählen.

Als sie mir erzählt, was sie weiß, bleibt mir schon wieder die Luft weg. Ich will das alles nicht mehr hören, ich kann selbst das nicht ertragen.

In dieser Klinik ist es üblich, dass Patienten, die schon länger da sind, den Neuen den Einstieg erleichtern, das sind die sogenannten Paten. So habe ich auch eine Patin, die mir alles zeigt, das Schwimmbad, die Ergoräume, den Speisesaal. Wie in der Psychiatrie gibt es in den Privaträumen keinen Fernseher, das soll verhindern, dass sich die Patienten nur noch auf ihre Zimmer zurückziehen. Dafür ist auf jeder Etage ein Fernsehraum eingerichtet. Im ersten Stockwerk läuft immer das ARD-Programm, im zweiten der ZDF-Kanal, und im dritten wird abgestimmt. Meine Patin erklärt mir die Regeln des Hauses: Ausgang bis 22.30 Uhr, die Zeiten des Weggangs und der Rückkehr müssen immer in einem Buch eingetragen werden. Ausgang bis 22.30 Uhr? Allein? Ich kann allein irgendwo hingehen? Das sind ganz neue Freiheiten.

Ich gehöre zu einem Team, so wird mir weiter erzählt. Jedes Team trifft sich täglich morgens um neun im Gruppenraum, dort sind dann auch alle Ärzte und Psychologen versammelt, um die anstehenden Termine zu vergeben.

Herr Roth ist immer noch da. Wir gehen runter in die Stadt, um einen Kaffee zu trinken. Ich kann es immer noch nicht fassen, dass das so einfach möglich ist, an diesem ersten Tag in der neuen Klinik. Er ist irritiert, als ich ihm sage, dass bestimmte Ereignisse weg sind, ich sie nicht spontan abrufen kann. Er kann sich das nicht vorstellen, hält es für eine Ausrede. Aber es ist eine Tatsache, es ist bestimmt irgendwo, nur verschüttet.

»Hast du eigentlich Rachegefühle?«, fragt er. Rachegefühle gegen wen? Ich lebe in einem Zustand, der mir sagt, dass das, was passiert ist, eigentlich gar nicht passieren kann. Dass ich eine Schauspielerin in einem ganz schlechten Film bin. Und da das alles gar nicht passiert sein kann, kann ich mich ja auch nicht rächen wollen, höchstens am Regisseur, wegen Überlänge.

Wir können das erste Mal wieder lachen.

»Hast du Angst vor dem Verfahren?« Nein, nicht vor dem Prozess, vor der Presse, erwidere ich. Ich kann mir vorstellen, was dann losgeht. Mein Kind wird mich von jedem Zeitungskiosk anlächeln, ich werde das nicht vermeiden können. Bis heute kann ich keine Bilder von Felix ansehen.

Ich kenne hier noch niemanden und will deshalb gleich nach der Rückkehr aus der Stadt auf mein Zimmer gehen. Einem Patienten fällt auf dem Flur auf, dass ich neu bin, er lädt mich auf einen Tee in die Cafeteria ein. Gern nehme ich das Angebot an. Er gehört auch in mein Team und plaudert ganz unbelastet mit mir. Das Gespräch tut mir gut, das ist normales Leben, mit normalen Schwierigkeiten, mit lösbaren Problemen, es sind keine Katastrophen. Er möchte natürlich wissen, warum ich da bin, ich beschränke mich auf die Aussage »Trauma«. Er fragt nicht weiter nach, aber er sagt mir, dass es in unserem Team noch einen weiteren Traumapatienten gibt. Das ist für mich interessant, vielleicht hat er Erfahrungen gemacht, von denen ich profitieren kann.

Hier gibt es keine langen Pausen, es geht sofort am ersten Tag los; und das ist auch gut so, untätiges Abwarten hatte ich schon über vier Wochen.

In der Teambesprechung am nächsten Tag sehe ich zum ersten Mal, wer alles dazugehört. Diese Mitpatienten treffe ich auch in den meisten Gruppen wieder, es sind ungefähr zwanzig, die Namen kann ich mir natürlich nicht alle merken.

Nach dem Ende der Teambesprechung stresse ich mich von einem Termin zum nächsten, unter anderem wurde bei mir entschieden: Entspannung sei ganz wichtig für mich. Und so bekomme ich dreimal in der Woche Entspannungsbäder, zweimal Massagen. Mit dem zusätzlichen Sporttermin im Schwimmbad habe ich nach einer Woche den Eindruck, dass ich bald auf Kiemenatmung umstellen kann. Meine Haut leidet enorm.

Problematisch sind diese Badetermine nicht nur, weil meine Haut davon kaputtgeht. Es sind sehr stille Momente. Stille zieht immer das Gedankenkarussell nach sich. Nach wie vor habe ich Schwierigkeiten, die Augen zu schließen, denn dann kommen zu den Gedanken auch noch die Bilder. Mit Entspannen hat das für mich jedenfalls nichts zu tun; diese Gedanken auszubremsen ist enorm anstrengend und verlangt viel Kontrolle von mir. Sobald ich zur Ruhe komme, kann ich diese Kontrolle jedoch nicht mehr ausüben, und die furchtbaren und schrecklichen Gefühle finden Platz, um sich auszubreiten.

Zwei Wochen mache ich das mit, dann erkläre ich der Therapeutin, dass ich meiner Haut zuliebe nicht mehr baden gehen möchte. Aber sie ist nicht davon abzubringen, sagt mir nochmals, dass es ganz wichtig sei, dass ich mich entspanne. Ich gehe einfach nicht mehr zu den Terminen hin.

Ich liege mit meinem Körpergewicht noch deutlich unter neunundvierzig Kilo. Ich kann immer noch nichts essen, ich erhalte Sonderkost, zweimal am Tag ein Extraessen. Das ist gut gemeint, aber wenn ich nichts runterkriege, liegt es nicht daran, dass nicht genug angeboten werden würde. Mir wird einfach noch schnell schlecht beim Essen.

Viermal am Tag soll ich mich bei der Bereitschaft einfinden. Dies ist als Gesprächsangebot zu verstehen, wenn die Leute hier fit sind, ist es für mich nur gut.

Außerdem sollen meine Medikamente umgestellt werden. Ich bin noch zu hoch auf Tavor dosiert, ein anderes Medikament soll es ablösen. Das bedeutet, dass ich während des Übergangs, bis ich vom Tavor weggekommen bin, mehr Tabletten einnehmen muss.

Ich gehe in die Stadt, ich brauche Sportklamotten. Aus Zeitmangel habe ich in meinem alten Leben oft aus dem Katalog bestellt, shoppen zu gehen war dadurch ein Luxus, der mir aber immer viel Spaß gemacht hat. Umso erstaunlicher, dass es mir diesmal keine Freude bereitet. Obwohl die Wege hier alle kurz sind, habe ich die Befürchtung, den Rückweg nicht mehr zu schaffen, gleich umzufallen. Ständig stehen mir die Tränen in den Augen, wenn ich Werbung von dem »kleinen Hasen Felix« sehe, Kinderbekleidung in den Auslagen.

Ich reagiere zunehmend empfindlicher. Ganz kleine Schritte führen zum Ziel, sagen sie mir später in der Klinik.

Ich igle mich ein, die allgemeine Heiterkeit der anderen Patienten kann ich nicht teilen. Ich habe mein Lachen verloren.

Zuversicht durch andere

Ich finde schließlich den anderen Traumapatienten in unserem Team. Es ist Mike, ein Polizist. Meine Welt scheint nur noch aus Polizisten zu bestehen.

Er geht an mir vorbei, ich rufe ihm nach: »Bist du der Traumapatient?« Er bleibt stehen, dreht sich um, sagt: »Ja, wieso?«

»Ich bin auch einer.« Ich frage weiter: »Was ist bei dir passiert?« – »Ich hab einen erschossen im Dienst. Und bei dir?« Traurig antworte ich ihm: »Mein Sohn wurde ermordet, aber sag es nicht weiter.«

»Oh, Scheiße.«

»Ja, Scheiße.«

»Komm mit, ich stell dich mal meinen Freunden vor.« Und so lerne ich sie kennen, Menschen, die sehr wichtig für mich werden.

Ich fühle mich nach wie vor gezwungen, meine Geschichte nicht zu erzählen. Ich habe Angst, dass mich die Presse hier aufstöbert und ich wieder nicht zur Ruhe kommen kann, wieder flüchten muss. Wer ist so loyal, dass er es nicht weiterträgt? Wer bleibt unbestechlich, hat keine Geldsorgen, dass er mich verkaufen würde?

Das ist einer der Gründe, dass ich auch hier unter falschem Namen aufgenommen wurde, hier bin ich für alle Frau Wiese. Der Professor dieser Klinik konnte es zunächst nicht verstehen, sagte, ich müsste doch zu meiner Geschichte stehen. Ich fragte ihn daraufhin, ob er seine Einrichtung in Zukunft hermetisch abriegeln möchte, ob er wüsste, wer von meinen Mitpatienten vielleicht Geld braucht und diese Info verkaufen würde. Das sind die Realitäten.

Der Professor warnt mich auch vor Mike, in einem weiteren Gespräch, nachdem er mitbekommen hat, dass ich viel mit dem Polizisten zusammen bin. Ich solle mich bloß nicht mit ihm unterhalten, es wäre nicht gut für mich, meinte er.

Mittags treffe ich Mike, er nimmt mich zur Seite. »Du, ich soll nicht mit dir reden«, sagt er zu mir. »Ach«, antworte ich, »das ist ja interessant, das hat der Professor auch zu mir gesagt. Da wollen wir doch mal sehen, warum wir nicht miteinander sprechen sollen.«

Mike tut mir gut, er hat ähnliche Schwierigkeiten wie ich. Am Abend, wenn es dunkel wird, wird er unruhig. Er tigert auf dem Flur herum. Ich kann es mir nicht verkneifen, »Na, Mike, wird es dunkel? Kommt die Nacht?« zu sagen.

Hilflos schaut er mich an. »Verflixt noch mal, ja«, höre ich ihn sagen.

Ich weiß. Ich kenne das. Ich kenne die Angst, wenn es dunkel wird. Die Angst vor der Nacht. Das Wissen, dass man jetzt irgendwann schlafen muss, dass das Bewusstsein, das einen am Tag schützt, in der Nacht dem Unterbewusstsein Platz macht, dass es nichts gibt, was einen vor diesen furchtbaren Träumen rettet. Und er wird zwanghaft kommen, der Schlaf, mit seinen Bildern, seinen Rufen und Schreien. Für uns ist der Schlaf keine Erholung, es ist der pure Stress. Er laugt den Körper und die Psyche immer mehr aus.

Ich erhalte inzwischen Tabletten, die eine traumlose Nacht garantieren. Mike will keine Medikamente, er will es ohne diese Pillen schaffen, will es wenigstens ein paar Wochen ausprobieren.

Er ist der Einzige in der ganzen Klinik mit einer Ausnahmegenehmigung, er darf länger auf dem Flur bleiben. Allein auf dem Zimmer, allein mit den Gedanken und Bildern, könnte er wahnsinnig werden.

Mike erzählt mir Dinge, die mir in dieser Dimension bislang erspart geblieben sind. Albträume, die in der Dunkelheit kommen, die einen nicht aufwachen lassen. Sekunden, die sich zu Ewigkeiten ausdehnen. Nächte, in denen man völlig durchgeschwitzt aufwacht. »Dann fahren die Züge«, sagt er.

Ich werde erst später selbst erleben, was er damit gemeint hat.

Irgendwann sagt er mir: »Weißt du, Anja, seit ich dich kenne, geht es mir besser.« – »Wie hab ich das denn gemacht?« Ich bin erstaunt. »Seit ich weiß, dass es jemanden gibt, dem es noch schlechter geht als mir, geht es mir besser.« Ach, bitte schön, immer zu Diensten.

Eine andere wichtige Mitpatientin ist Claudia, sie hat ihre Erinnerungen an unsere gemeinsame Zeit in einem Tagebuch festgehalten:

Wegen Depressionen und totaler Erschöpfung bin ich hier in der Klinik. Zwei Wochen nach meiner Ankunft lerne ich Mike kennen, und sieben Tage später stellt er mir Anja vor. Er sagt uns nur, dass sie wegen eines ähnlichen Traumas hier sei, mehr weiß ich nicht von ihr. Ich frage mich, was sie hier eigentlich macht. Sie ist so anders als die meisten hier, hat ein so resolutes Auftreten, sagt ihre Meinung, ohne zu nahe zu treten, und ist für mich mit einer beeindruckenden Rhetorik ausgerüstet. Mir fällt ihre Aggressi-

vität auf, und sie ist so dünn. Bestimmt ist sie in der falschen Gruppe, denke ich mir, eigentlich gehört sie doch zu den Magersüchtigen, von denen ja auch viele hier sind. Einige Gruppen habe ich mit ihr gemeinsam. Sie steht ständig unter Spannung, attackiert sofort, besonders wenn es in den Gruppen zu laut wird oder wenn Mitpatienten nervtötend unsere Gespräche stören. Sie sagt, was ihr nicht passt. Es beeindruckt mich, ich kann das nicht. Spekulationen über den Grund ihres Aufenthalts machen sich breit, und wir kommen zu dem Ergebnis, dass ein Familienmitglied während eines Polizeieinsatzes wohl erschossen worden sein muss. Anders kann ich mir den Zusammenhang zu Mike nicht erklären. Aber sie hört mir zu, nimmt mich ernst, akzeptiert mich mit meinem Übergewicht, mit meinen Schwierigkeiten. Erst wenige Wochen vor meiner Abreise sagt sie mir, was eigentlich passiert ist. Ich hatte mit vielem gerechnet, aber nicht damit, ich bin verunsichert, habe selbst Familie. Sie hat mich gebeten, sie weiterhin normal zu behandeln, aber wie soll ich das machen?

Ich bitte sie, mir zu sagen, wann ich ihr zu nahe trete, ich kann es ja nicht wissen, und ich will sie doch nicht verletzen. Ich bin auf ihre Rückmeldung angewiesen.

Eines Tages wird sie angeherrscht von einem Mitpatienten. »Du weißt doch gar nicht, was Verlust ist«, schnauzt er sie an. Mike und ich rechnen mit dem Schlimmsten, jetzt geht sie hoch wie eine Rakete, befürchten wir, aber wir können nicht eingreifen, ohne sie zu verraten. Sie bricht das Gespräch mit diesem Mann ab und nimmt es Stunden später wieder auf. Und auf einmal ist dieser Mitpatient, der nur Aggressionen vermittelte, zahmer, irgendwie ruhiger, offener. Es ist eigenartig, dieser Mann hat Angst in den Gruppen verbreitet, drastische Aussagen von ihm haben uns alle verschreckt. »Ich schlitze den Frauen die Bäuche auf«, hatte er gesagt. Er ist Chirurg. Für uns unbegreiflich, ist auf einmal diese Maske der Wut von ihm gefallen – und dahinter erscheint ein Mann, der andere trösten kann, sie ernst nimmt und ein wertvoller Mensch für viele Gruppenteilnehmer wird. Irgend-

wie hat sie seinen Schalter umgelegt, vermute ich, wie auch immer sie das gemacht hat.

Sie ist eine Kämpfernatur, das merke ich ihr an. Sie will dieses Leben nicht so, wie es ist, sie will es ändern.

Aber wehe man tritt sie, doppelt und dreifach bekommt derjenige es zurück. Sie verteidigt sich. Sie geht mit ihrer Geschichte nicht hausieren, will sie nicht erzählen, sie versucht, nicht nur sich, sondern auch andere zu schützen. Sie weiß ganz genau, dass viele hier ihre Geschichte nicht aushalten könnten. Irgendwie spricht sie sich dennoch herum. Sie merkt es nicht, aber wir bauen einen Schutzwall um sie, sprechen uns ab, wenn wir merken, sie braucht jetzt einen von uns. Wir lassen Termine ausfallen, um für sie da zu sein.

Einige haben Angst vor ihr. Es ist die Befürchtung, von ihr Dinge zu hören zu bekommen, die man lieber nicht klar sehen will. Sie hält einem den Spiegel vors Gesicht, ein Antlitz, das unbequem sein kann. Von Mike und Anja lerne ich viel während dieses Aufenthalts. Von ihnen profitiere ich mehr als von jedem Einzelgespräch, von denen ich pro Woche ohnehin nur eins habe. Sie geben mir die Freude am Leben wieder, wir können lachen, und in Relation zu ihren Problemen erscheinen mir meine Schwierigkeiten plötzlich überschaubar, lösbar. Wenn sie nicht aufgibt, wenn sie kämpft, dann kann ich das auch. Sie zieht mich mit. Glücklicherweise höre ich nicht auf meine Ärzte, die mir empfahlen, keinen engen Kontakt zu den beiden zu pflegen. Doch ein bisschen bin ich stolz, dass ich ein Teil dieser Geschichte werden durfte.

Sie geben mir die Zuversicht, dass ich vieles allein schaffen kann. Ich fühle mich als Mensch angenommen, ein Gefühl, das ich nicht mehr kannte. Ich lerne von ihr, Kritik als das zu nehmen, was es ist, sachlich auf eine Situation bezogen und nicht auf mich als ganzen Menschen. Wir vertrauen uns, und ich merke, wann sie mich braucht, und ich bin dann für sie da. Es ist ein Geben und Nehmen, und ich weiß, dass das, was hier entstehen konnte, auch für die Zukunft erhalten bleiben wird. Sie wird ein Teil meines Lebens, so wie ich ein Teil von ihrem.

Einer ihrer Leitsprüche begleitet mich bis heute: »Kann ich nicht, gibt es nicht. Und was ich nicht kann, kann ich lernen.«

Holger kommt einige Zeit später neu zu uns. Er bringt mich zum Lachen, er schafft es, dass ich für eine halbe Stunde lebe, mal nicht denke. Wenn man ihn sieht, versteht man eigentlich nicht, warum er da ist. Aber ich bin selbst ein Meister der Verstellung, ich lache, wenn ich weinen könnte. Er braucht mir sein Verhalten nicht zu erklären, ich weiß auch ohne Worte, was los ist. Man trifft nur sehr selten Menschen, die eine ähnliche Struktur haben. Ich habe hier dieses Glück, denn auch Holger versteht mich, ohne dass ich es verbalisieren muss. Er weiß, warum ich manchmal nicht reden möchte, warum ich allein sein möchte und dann wieder lieber nicht. Er ist ein Seelenverwandter.

Insgesamt wird hier ein ganz bestimmter Umgangston gepflegt, Mitleid hilft uns nicht weiter. Hier versteckt sich keiner, das, was unsere Umgebung sonst so sprachlos macht, können wir an diesem Ort thematisieren, formulieren, und wir bekommen Antworten. Das, was sonst den Menschen außerhalb der Klinik Angst macht, löst hier Solidarität aus. Man wird akzeptiert, trotz der Biografie, die man hat. Und es sind genügend Patienten hier, die ich um ihre Geschichte nicht beneide. Meine ist schon nicht schön, mit einigen anderen würde ich trotzdem nicht tauschen wollen. Ich sehe Opfer, die in der Kindheit missbraucht wurden, diese Übergriffe haben sie für ihr Leben geprägt, zum Teil auch zerstört. Vertrauensverlust, Essstörungen, Depressionen, Berührungsängste, belastete Partnerschaften sind die Folgen des Schweigens von den Erwachsenen, die sie hätten schützen müssen. Die nicht geglaubt haben, nicht glauben wollten, was die Kinder ihnen sagten.

Jeden Morgen bekomme ich eine Tageszeitung. Ich schlage sie auf und bin entsetzt: Eine ganze Seite ist voll mit Informationen über Verfahren gegen Pädophile. Unter anderem lese ich über einen Schuldirektor, der gerade verurteilt worden ist. Massenhaft kinderpornografische Bilder sind auf seinem Rechner sichergestellt worden. Mein Gott, diese Neigung scheint sich durch alle Gesellschaftsschichten zu ziehen. Der Rektor begründete die vorgefundenen Fotos vor Gericht mit der Aussage: Er habe ein Buch schreiben wollen, um die Jugend irgendwie zu schützen. Denen ist auch keine Ausrede zu abwegig, um ihr Tun zu rechtfertigen. Ich denke an Matthias, was hat er mir für fadenscheinige Begründungen angeboten. Eine Bemerkung der Richterin in ihrem Urteilsspruch bleibt bei mir hängen: »Um ein Buch über den Drogenhandel zu schreiben, brauchen Sie auch kein Dealer zu sein.« Recht hat sie, es gibt überhaupt keinen, nicht einen einzigen legitimen Grund, sich in diesem Milieu zu bewegen. Dieser Rektor ist jedenfalls seinen Job los und man hat ihn in Zukunft im Auge.

Jede Erinnerung an Felix löst einen intensiven physischen Schmerz aus. Einen Schmerz, der in seiner Stärke nicht zu ertragen ist. Er ist derart heftig, dass ich darunter in die Knie gehe. Oft genug sage ich mir, tu dir das nicht mehr länger an, nimm den nächsten Zug, dann hast du den Schmerz nur noch ein einziges Mal.

Ich verbiete mir das Erinnern, aber es ist anstrengend, sich ständig abzuschirmen, die Gedanken zu vermeiden. Und zugleich tut es auch weh, sich nicht erinnern zu dürfen.

Es gibt allerdings auch Situationen, in denen ich nicht verhindern kann, dass die Vergangenheit wieder lebendig wird, sie drängt sich dann schlagartig ins Bewusstsein. Ich weiß nie, wodurch es ausgelöst wird. Ich kann dann nur auf die Menschen in meiner Umgebung hoffen, dass sie mich in das Jetzt zurückholen.

Bei mir fahren die Züge eben auch am Tag, ein Wort, eine Situation, eine Begebenheit – und schon läuft der Film ab. Der Zug rollt los, mit mir als Passagier, und ich kann nicht aussteigen. Ich erlebe alles aufs Neue: die Hoffnung und die Angst, die Verzweiflung und die Wut – und diesen unerträglichen Schmerz. Ich erlebe Teile der Vergangenheit noch einmal und immer wieder.

Eindrücke aus der Realität erreichen mich dann nicht mehr, an mich gerichtete Worte nehme ich nicht wahr. Meine Freunde merken es an meiner Abwesenheit. Inzwischen wissen sie, dass das nicht normal ist und man mich am besten schüttelt und deutlich, laut und kurz anspricht.

Im Auto erwischt es mich, als Mike, Holger und ich über eine Brücke fahren. Ich sehe das nach den vielen Regenfällen trübe Wasser fließen, sehe das grüne Geländer, und ich bin wieder weg. Ich bin bei Felix, ich bin im Wasser, sehe sein Kindergesicht in der trüben Brühe, seine Arme, die sich nach mir ausstrecken, seine weit aufgerissenen Augen. Die Haare, die sich in der Strömung bewegen, sein Mund, der Worte formt und die ich nicht verstehe.

Ich werde angebrüllt von Mike: »Na, wo sind wir denn schon wieder?«

Alles klar, ich bin im Weserbergland, auf dem Weg in ein vitaminfreies Restaurant, Hamburger essen. Endlich mal nicht die gängige Wurst-Käse-Platte, die uns allen inzwischen zu den Ohren rauskommt. Ich gehe zögernd in das Fast-Food-Lokal hinein, ein Kindergeburtstag ist im Gange. Ich schirme mich ab, konzentriere mich auf meine Hamburger-Bestellung und auf Mike und Holger.

Ich bin stolz auf mich, es funktioniert ganz gut. Bis ein Kind hinfällt und zu weinen anfängt. Mir bleiben die Pommes im Hals stecken. Ich kann dieses Weinen nicht ertragen, ich bin wieder weg, im Wald, bei Felix im Auto, höre sein Weinen, sehe ihn, wie er um sein Leben weint.

Holger schubst mich zurück in die Realität. Mir schmeckt das Essen nicht mehr, aber ich halte durch. Wir gehen bald.

Es gibt allerdings auch Tage, an denen mir die Abgrenzung gar nicht gelingt. Tage, an denen ich Felix ständig im Kopf habe, automatisch funktioniere, aber nie ganz bei der Sache bin. Tage, an denen ich extrem empfindlich bin. Ich bin unglaublich schreckhaft, alles lässt mich zusammenzucken.

Ich habe ein sehr dünnes Fell, breche leicht in Tränen aus, und weil ich mir die Tränen nicht gestatte, werde ich böse, zynisch.

Misstrauen

Werner Roth und Daniel Vogt kündigen ihren Besuch an. Ich finde es immer schön, wenn einer von den beiden erscheint, jetzt wollen sie sogar gemeinsam kommen. Der vergangene Dezember hat uns näher zusammenrücken lassen. Aber mich bedingungslos freuen, das kann ich nicht mehr. Ich bin misstrauisch gegen alles und jeden, hinterfrage ständig die geringste veränderte Kleinigkeit, will genau wissen, was vor sich geht, was mich erwartet. Für Überraschungen bin ich nicht mehr zu haben. Selbst ein Überraschungsei hat für mich schon zu viel Überraschungseffekt. Ich überlege hin und her, warum sie sich die Mühe machen, zu zweit aufzukreuzen, es ist ein weiter Weg, den sie da auf sich nehmen. Ich komme nicht auf die Idee, dass sie mich einfach nur besuchen wollen, ich suche den Haken.

Ich habe Angst, dass sie mir wieder irgendwelche Nachrichten bringen werden, die mit Sicherheit keine guten sein werden. Ich werde immer nervöser, aber ich traue mich auch nicht, während eines Telefonats mit Herrn Roth danach zu fragen, ich will ihn nicht in die Verlegenheit bringen, mich anlügen zu müssen. *Stelle keine Fragen, mit deren Antwort du nicht leben kannst.* Ich kann aber mit gar keiner Antwort mehr leben, ich weiß auch nicht, ob ich Herrn Roth glauben würde.

Die Spekulationen, die ich anstelle, machen mich immer unruhiger. Herr Roth ruft mich nicht wieder an, obwohl er es nach dem letzten Telefonat wollte. Erneut dieses Misstrauen. Warum hat er sich nicht gemeldet? Hat er das abgesprochene Telefonat einfach nur versäumt, oder will er mir nur vormachen, es sei so unwichtig, dass er es vergessen hat?

Dass es tatsächlich nicht so entscheidend war, darauf komme ich nicht, meine vorherigen Erfahrungen sind da andere. In dieser Nacht träume ich trotz der Medikamente wieder von Felix.

Mein Vater sendet mir meine Post nach, er sortiert sie vor und schickt mir nur die Briefe, die ich unterschreiben muss oder mit denen er nichts anfangen kann. Ich sehe die Umschläge in meinem Postfach. Ich kann sie nicht abholen, da sind wieder unangenehme Dinge drin, irgendetwas, was ich bearbeiten muss, auf das ich reagieren muss. Ich kann nicht. Ich kann mich um so was nicht kümmern.

Ich werde noch schreckhafter. Ich zittere das ganze Wochenende, bekomme nicht einmal die kleinen Dosenmilchtöpfchen mehr auf, sie fliegen über den ganzen Tisch. Ich muss eine Mitpatientin bitten, sie für mich zu öffnen. Die Post schaue ich mir gemeinsam mit der Psychologin an. Ein anonymer Brief ist dabei, mein Vater sagte es bereits, abgestempelt in Bremen, handschriftlich adressiert. Pures Entsetzen erfüllt mich, als ich ihn aufreiße. Es ist Werbung für Grabsteine. Felix' Tod – eine Chance für Geschäfte. Es ist zynisch, es macht mich bitter, lässt mich an dieser Gesellschaft verzweifeln. Über Felix kann ich gar nicht mehr sprechen. Meine Nerven liegen blank, ich bin körperlich fix und fertig.

Als wenn das nicht schon genügen würde, erfahre ich, dass meine Krankentagegeldversicherung die Zahlung bis zu meiner Entlassung aussetzt. Für mindestens acht Wochen werde ich kein Geld erhalten. Sie argumentieren damit, dass sie erst einmal prüfen müssten, ob ich nicht womöglich zu einer Kur bin, die ich vorher hätte anmelden müssen. Diese Prüfung könnten sie aber erst anhand des Entlassungsberichts vornehmen. Zu all meinen Schwierigkeiten kommt nun also auch noch eine wirtschaftliche Unsicherheit. Wieder fühle ich mich machtlos, dem Ganzen um mich herum ausgeliefert. Mir fehlt die Kraft, um mich zur Wehr zu setzen, und das wird ausgenutzt. »Sie müssen dort anrufen«, sagt meine Psychologin. Ich weiß, aber ich kann nicht. Es lässt mich wieder verzweifeln.

Andrea hilft mir weiter. Sie macht mir klar, dass ich das Erscheinen der Kripobeamten nicht überbewerten solle, dass es eine ganz normale Erklärung dafür geben werde. »Kannst du dir denn gar nicht vorstellen, dass die beiden dich einfach nur gern mal besuchen kommen? Also, fahr mal runter, und bei der Versicherung rufst du an, gleich am Montag.«

Es dauert einige Tage, bis ich genügend Energie habe, um die Versicherung anrufen zu können. Der Sachbearbeiter ist ausgesprochen unkooperativ. Auf meine Frage hin, ob er wüsste, warum ich hier sei, antwortet er mit einem »Ja«. Zahlen würden sie trotzdem nicht, sagt er weiter, die Klinik, in der ich sei, sei dreizügig, das heißt, sie habe Patienten, die dort zur Kur, zur Reha oder auch als Akutaufnahme aufgenommen werden. Mithin könne man nicht wissen, warum ich da wäre. Letztendlich kann ich nichts erreichen, die Zahlungen bleiben eingestellt. Hoffentlich macht meine Bank das mit. Was, wenn es dort jetzt auch noch Schwierigkeiten gibt? Es wächst mir alles über den Kopf. Die Lage scheint aussichtslos.

Ich jage weiter von einem Termin zum nächsten, ich hab keine Zeit zum Nachdenken. Anstandslos mache ich alle Gruppen mit, nehme daraus mit, was ich für mich verwenden kann.

Der Gebrauchswert etlicher Angebote ist aus meiner Perspektive allerdings ausgesprochen dürftig. Ich finde mich in der »Genussgruppe« wieder. Gespannt warte ich auf das, was da kommen wird. Es geht um die Wahrnehmung der Sinne. Möglich, dass es für andere hilfreich ist, aber was soll ich damit? »Was ist für Sie Genuss«, ist eine Frage des Gruppenleiters, die alle nacheinander beantworten müssen. Die Spitze der Absurdität ist für mich die Antwort einer Mitpatientin: »Genuss ist, wenn der Beluga-Kaviar unter dem Gaumen zerplatzt.« Was könnte den Unterschied unserer Welten deutlicher machen als diese Aussage? Ähnlich praktikabel ist das Angebot »TSF«, die Abkürzung für »Training sozialer Fertigkeiten«. Auch hier habe ich keine Ahnung, was mich erwartet. Ich finde mich also in einer Gruppe wieder, in der Telefonate oder persönliche Gespräche geübt werden. Situationen werden inszeniert, um Konfliktsituationen mit Angehörigen oder Vorgesetzten zu proben. Was ich hier sehe und höre, macht mich sprachlos. Erwachsene Menschen, die im Beruf ihren »Mann« oder ihre »Frau« stehen, proben, sich in alltäglichen Situationen zu bewähren. Der Gipfel ist erreicht, als alle Patienten versuchen sollen, in einer solchen Szene einen »mitreisenden Fahrgast« dazu zu bewegen, den reservierten Sitzplatz in einem Zug zu räumen. Aus den Stühlen wird ein Abteil gebaut, Mitpatienten mimen die Fahrgäste. Mir schießt nur durch den Kopf: Was mache ich hier eigentlich? An mangelnder Durchsetzungskraft leide ich gewiss nicht. Welchen persönlichen Nutzen hat diese Gruppe für mich? Keinen, gar keinen. Immerhin bleibt mir die »Schlafgruppe« erspart, Mike muss hin. Sie scheinen wirklich zu glauben, dass dieses Angebot etwas an den Albträumen ändern würde.

Da er ja schon ein wenig länger hier ist als ich, erfahre ich durch ihn, welche Maßnahmen wohl als Nächstes auch bei mir vorgeschlagen werden. Der neueste Knüller ist der »Grübelstuhl«. Als er mir das erzählt, bin ich fassungslos. Ausgerüstet mit zwei Decken, wurde ein weiterer normaler Stuhl in sein Zimmer gestellt. »Wenn Sie wieder mal nicht schlafen können, dann setzen Sie sich in diesen Stuhl. Das Bett ist nur zum Schlafen da, nicht zum Denken und nicht zum Grübeln. Das machen Sie jetzt nur noch an diesem Platz. Wenn Sie also bemerken, dass Sie nachts nachdenken, gleich aufstehen, reinsetzen, grübeln, und wenn Sie fertig sind, legen Sie sich wieder hin. Dann können Sie auch schlafen.«

Das Einzige, was mir wirklich hilft, das sind die Einzelgespräche mit der Psychologin. Einmal pro Woche habe ich auch das Vergnügen, mit dem Professor zu sprechen. Irgendeiner von den beiden sagt mir, dass ich den Kontakt zu meinen Kripobeamten abbrechen soll: »Die brauchen Sie nicht mehr, Sie haben ja jetzt uns. Je eher Sie sich von denen lösen, desto besser für Sie. Die zwei haben nur einen Job gemacht, der nun zu Ende ist. Sie werden ohnehin gehen.« Zum Glück ist das ja meine und deren Entscheidung. Das, was die beiden, und besonders Herr Roth, geleistet haben, werden die Psychologin und der Professor nicht ersetzen können. Ich finde ihre Forderung anmaßend, und ich bin der festen Überzeugung, dass ich mehr als nur ein Job für meine Kripos war. Sie haben mehr gemacht als nur ihre Arbeit. Ich werde die Initiative jedenfalls nicht ergreifen und den Kontakt beenden, wenn einer von den Beamten das möchte, ist das etwas anderes.

Meine Psychologin ist ansonsten nett, Herr Roth hatte sie grob vorinformiert. Sie müssen sich erst mal erholen und entspannen, sagt sie mir. Ich gebe ihr meine Tasche mit meinen Erinnerungen, mit den Zeitungsausschnitten, mit den Kondolenzbriefen. Die Psychologin rät mir, für die guten Erinnerungen eine Schachtel zu besorgen. Bei dem Wort »Schachtel« fällt mir sofort ein: Deckel drauf und weg, beerdigen. Sie werden keinen Deckel bekommen, beschließe ich. Was ich mir wünsche, will sie nun wissen. Ich möchte mich an meinen Sohn erinnern dürfen, sage ich, ohne dass es mir immer so wehtut. Sie erklärt mir, dass ich meine Emotionen Stück für Stück zulassen soll. Aber das kann ich nicht, ich habe Angst, dass sie mich überrollen, wenn ich dies tue.

Ich mache ihr gegenüber keinen Hehl aus meinem Suizidgedanken, erkläre ihr, dass dieser mich täglich begleitet. Sie schlägt mir einen sogenannten Antisuizidvertrag vor, in den ich einwillige. Das heißt: Ich verpflichte mich, wenn es mir schlecht geht, mich im Bereitschaftszimmer zu melden, und die Klinik wiederum garantiert mir ein Gespräch und Hilfe. Das ist gut, beide Seiten sind so abgesichert.

Ich rufe Herrn Roth an und bitte ihn, zum Besuch kein Gepäck mitzubringen. Er versichert mir, dass er keines dabeihaben wird. »Warum hast du immer Angst vor uns?«, fragt er mich.

Ich habe keine Angst vor ihnen, ich habe nur Angst vor den Mitbringseln, vor den Nachrichten, die sie bei sich haben könnten. Sie sind Boten aus dem »alten Leben«. Sie erinnern mich an das, was ich doch so gern vergessen möchte. Sie machen mir klar, dass dieser Film Realität ist.

Trotzdem kann ich diesen Besuch genießen. Wir ziehen von einem Café ins nächste, reden über alles Mögliche, bis Herr Vogt mir sagt, dass die Polizeiinspektion aufgeräumt werden müsse und sie nicht wüssten, wohin mit Felix' Rad. »Wo soll das hin? Mein Kollege wartet auf meinen Anruf.«

Felix' Rad, jagt es mir durch den Kopf. Das Fahrrad und Felix gehören zusammen. Es geht nicht, dass eines nach Hause kommt und das andere nicht. Es fehlt doch Felix. Mechanisch sage ich ihm: »Stellt es in die Scheune, da gehört es hin.«

Behandlung nach Schema F

Der Gedanke an Felix' Rad lässt mir keine Ruhe. Das Fahrrad ist wieder da, aber es kann nicht in der Scheune bleiben. Was soll damit passieren? Verschenken? Seine Sachen überallhin verteilen, bis nichts mehr übrig ist von Felix? Dieser Gedanke blockiert mich in alle Richtungen, ich kann ihn nicht ausschalten.

Ich möchte ihn mit meiner Psychologin besprechen, vielleicht hat sie eine Idee, wie ich ihn wieder loswerden kann. Ich will ihr gerade von dem Besuch der beiden Beamten erzählen, als sie das Thema wechselt und mich fragt, ob ich den stillen, sicheren Ort kenne?

Verdutzt sehe ich sie an. »Nein, den kenne ich nicht.« Sie erklärt mir, was das ist: »Ein innerer Fluchtpunkt, würde ich mal sagen, wohin man sich zurückzieht, wenn eine Situation zu belastend wird.«

Ich sehe sie nur an und frage mich, was das hier gerade wird. Ich habe andere Sorgen, als mich mit dem inneren »sicheren Ort« zu beschäftigen. Mein Kopf ist mit Überlegungen viel zu voll, als dass ich ihr folgen könnte. Sie erklärt weiter: »Es ist ein imaginärer Ort, an dem Sie in Sicherheit sind.« Aha, das hilft mir aktuell unheimlich weiter. Kann ich dahin auch das Fahrrad mitnehmen? Sie redet und redet, ihre Worte erreichen mich nicht, wie leises Bachplätschern ziehen sie an mir vorbei. Meine eigenen Gedanken sind dagegen eine Wildwasserfahrt. Was machen die hier eigentlich mit mir? Was wird das? Was hat sie eigentlich verstanden? Haben sie noch nicht begriffen, dass ich in ihre Schubladen nicht reinpasse? Hat sie immer noch nicht verstanden, dass es noch lange nicht zu Ende ist? Die »Geschichte« ist nicht abgeschlossen. Enttäuschung macht sich in mir breit. Habe ich mich so in ihr geirrt? Sie war immer sehr bemüht, ich habe ihr vertraut, aber jetzt dies?

Auf einmal stehe ich mindestens fünfzig Meter von dieser Frau weg, beobachte aus der Distanz fassungslos das Geschehen. Nun kommen von ihrer Seite Fragen. Ich glaube ihr nicht mehr, blocke ab, sehe aus dem Fenster. »Denken Sie mal laut!«, sagt sie. Laut denken – ich könnte gar nicht so schnell reden, wie Gedanken in meinem Kopf jagen.

»Was ist los, Frau Wiese?« Sie versteht nicht, was gerade passiert ist, die Sitzung ist gelaufen.

Später wird man mir im Abschlussbericht unterstellen, ich hätte das Erlernen traumapsychologischer Bewältigungstechniken verweigert.

Ich brauche zwei Tage, bis ich die Antwort darauf finde, was passiert ist.

Ich sage es der Psychologin: »Sie haben mich nicht individuell behandelt, das war Schema F, nach dem Motto: ›Traumatherapie sechste Sitzung, mal sehen, was ist heute dran, aha, stiller innerer

175

Ort.‹ Sie haben meine Bedürfnisse ignoriert. Das läuft mit mir nicht.« Sie ist entsetzt. »Das stimmt nicht. Aber habe ich eine Chance, das wieder in Ordnung zu bringen?« – »Sonst wäre ich nicht hier. Wenn Sie keine Chance mehr hätten, hätten Sie mich nicht mehr wiedergesehen.« Wie gesagt, ich bin ein sturer Bock.

Mit vielen anderen warte ich abends auf meinen Gesprächstermin mit dem Personal. Ich beobachte die Menschen, meine Gedanken verselbstständigen sich. Ich betrachte die Mutter, die mit ihrem Kind hier ist. Registriere den Jungen, schätze sein Alter auf sieben, schon öfter sind sie mir aufgefallen. Er ist ein Chaot, kennt keine Grenzen, die Mutter ist völlig überfordert. Deswegen wird sie wohl in dieser Klinik sein. Sie hat nicht mehr die Kraft, das Kind zu bändigen.

Warum musste mein Junge sterben und dieser hier darf leben?, schießt es mir durch den Kopf. Oh Gott, ich erschrecke über mich selbst. Das darf ich nicht denken, was bilde ich mir ein? Jeder hat ein Recht darauf, zu leben. Was hat dieser Mörder bloß angerichtet, dass ich solche Gedanken habe?

Behördenrealitäten

Felix ist noch keine vier Wochen beerdigt, als mich die erste Post einer Behörde erreicht. Es ist die Kindergeldstelle. In dem Schreiben heißt es sinngemäß: »Sie haben die Anzahl der bei Ihnen lebenden Kinder falsch angegeben. Sie sind daher aufgefordert, den Betrag von ... zu erstatten.«

Auch das Finanzamt wartet nicht lange: »Sie haben unberechtigterweise Eigenheimzulage erhalten. Wir weisen Sie darauf hin, dass Sie sich strafbar machen, wenn Sie falsche Angaben machen.«

Ich hatte für Felix eine Unfallversicherung abgeschlossen, diese besteht in einem Zusammenhang mit einem Erbschein, nur so kann die versicherte Todesfallsumme ausgezahlt werden. Auch eine Vollmacht hilft nicht, ich muss den Erbschein selbst beantragen. Mein Cousin, der hier wohnt, ist so lieb und begleitet mich zum Amtsgericht. Im Rahmen der Amtshilfe ist es möglich, dass ich nicht in meine Heimatgemeinde zurückmuss, um diesen Antrag zu stellen. Auf der Fahrt zum Gericht erreicht mich ein Anruf von Herrn Vogt. »Nur dass du nicht erschrickst, heute findet noch einmal eine Durchsuchung statt. Es wird durch die Presse gehen. Wir suchen in Bremerhaven nach einer Leiche.« – »Eine große oder eine kleine?«, frage ich. »Wir wissen es nicht«, sagt Daniel. »Felix' Mörder hat vor einem Zellengenossen damit geprahlt, noch mindestens sechs weitere Menschen ermordet zu haben, Erwachsene, Alte und Kinder.« Mehr muss ich nicht wissen. Ich kann mich darauf einstellen, dass mich morgen mein Sohn wieder von allen Zeitungsauslagen anlachen wird. Vermeiden werde ich es nicht können, aber ich kann mich innerlich vorbereiten, dann erwischt es mich nicht mit solcher Wucht. Einfältig, dieser Mensch, er hat sich an Kindern vergriffen, weil sie klein sind, sich nicht wehren können. Was will er damit sagen, dass er sich nun auch an Erwachsenen vergangen hat? Ich bin ein ehrbarer Killer, ich ermorde auch Ältere, habt Respekt vor mir? Die Knastkumpels werden ihm entsprechend Angst gemacht haben, dass er eine solche Story auftischen musste. Ich glaube nicht, dass sie etwas finden. Adelina traue ich ihm zu. Dennis? Ich weiß es nicht.

Ich gehe ins Gericht – und ich weiß, dass ich den Mitarbeitern diesen Montag versauen werde, allein aufgrund der Tatsache, dass ich Felix' Mutter bin und ich ihnen das, was sonst so weit weg ist, was man nur in der Zeitung liest, an ihren Schreibtisch bringe.

»Ich muss einen Erbschein beantragen«, sage ich der Beamtin.

»Wo wohnen Sie denn bitte?«

»Bei Bremervörde«, antworte ich.

»Da müssen Sie …«,

Ich falle ihr ins Wort: »Ich beantrage Amtshilfe.«

»Ach so, ja dann.« Sie öffnet auf ihrem Rechner das entsprechende Formular. Ich gebe ihr den Totenschein, die schreckliche Realität, da steht sie drauf. Sie fängt an, die Daten einzutippen, und fragt dabei:

»Wer ist denn verstorben?«

»Mein Sohn«, antworte ich. Ein Kloß sitzt mir im Hals.

»Wo ist Ihr Sohn verstorben?«

»Wenn Sie das den Mörder fragen würden, der weiß es, ich nicht.«

Still klappert sie weiter, plötzlich bricht sie ab, sieht mich an. »Ist es das, was man immer liest?« Traurig nicke ich. »Ich kann dieses Formular nicht richtig eingeben, es nimmt den Todestermin nicht an. Mein Programm ist nicht darauf ausgelegt.«

Schweigen breitet sich im Raum aus. Ich weiß, was sie meint. In Deutschland verstirbt man zu einem eindeutigen Termin, mit einer exakten Uhrzeit. Man stirbt nicht wie Felix, auf dem Totenschein steht unter Todeszeitpunkt »30. 10. 2004 bis 07. 01. 2005«, ohne Uhrzeit.

»Das kriege ich irgendwie hin.« Totenstille ist im Raum. »Ich habe mich schon gewundert über diesen Zeitraum, der da angegeben ist.«

Sie ist genauso traurig und betroffen, sie braucht nicht viel zu reden, diese lähmende Stille sagt alles. »Sie müssen jetzt zur Rechtspflegerin gehen, die bespricht alles Weitere mit Ihnen.« Ein »Danke« kriege ich noch raus, dann machen wir uns auf den Weg zur Rechtspflegerin.

Ich muss eine eidesstattliche Versicherung abgeben, wie üblich liest man mir den Text vor: »Ich versichere, dass der Erblasser in keiner eheähnlichen Gemeinschaft …!« Die Rechtspflegerin unterbricht sich selbst. »Das ist ja idiotisch bei einem Kind, das lasse ich weg.« Vieles lässt sie weg, auch unser Rechtssystem ist auf den Tod von Kindern nicht eingestellt, und schon gar nicht auf solch einen.

Alle auf dem Amt haben sich bemüht, es mir leicht zu machen, obwohl ich ihnen den Wochenanfang versaut habe. So wie ich jeden, der mir begegnet, der mit mir zu tun haben muss, in die Realität zwinge. Wer mit mir zu tun hat, kann nicht mehr sagen, es ist so weit weg. Ich bringe es in ihren Alltag. Die Zeitungsnachrichten bekommen ein Gesicht, meines. Ich bringe ihnen meinen toten Sohn in ihr Leben.

Wir fahren zurück, die ersten Nachrichten melden bereits die Durchsuchungsmaßnahmen. Ich weiß schon, was morgen in der Zeitung steht.

Und ich werde recht behalten, sie finden nichts.

Dem Tod näher als dem Leben

Immer wieder gibt es auch hier in der Klinik Tage, an denen ich dem Tod näher bin als dem Leben.

»Kommen Sie zu uns, wir helfen Ihnen.« Ich bin es nicht gewöhnt, um Hilfe zu bitten. Es kostet mich viel Überwindung, an einem solchen Tag den Versuch zu unternehmen. Ich melde mich im Bereitschaftszimmer, es ist ein Freitag. Hier bekomme ich dann Hilfe mit den Worten: »Vertagen Sie das doch bitte auf Montag.« Sicher, kein Problem, und wieder freue ich mich über mein Zimmer, dritte Etage mit Balkon. Ich habe diese Chance so direkt vor meiner Nase, ein Impuls würde reichen, aber die Höhe sagt mir nicht zu. Aber dieser kleine Glaspavillon, dessen Spitze in die erste Etage reicht – bei günstiger Sprungbahn, das reicht. Gibt nur eine Sauerei, aber das ist ja nicht mein Problem. Beherrschung, gute Miene zum bösen Spiel, aber der Pegel steigt. Unruhe. Ich kann wieder nicht still sitzen.

Einige Zeit später kommt wieder so ein Tag. Hilfe, ich soll mir Hilfe holen, zweiter Versuch, kein Freitag.

»Möchten Sie eine Tablette?« Nee, danke. Das ist also die Hilfe. Prima. Ich zwinge mich zur Räson, sage, du schaffst es allein. Ich trete mir in den Arsch, meckere mit mir rum. Du hast noch nie Hilfe gebraucht, und auf diese kannst du allemal verzichten, komm klar.

Sosehr der Wunsch da ist, aber genau das kann ich eben nicht. Und wie so oft sind es meine Freunde hier, die mir über solche Tage helfen.

Sie sind es, die mir ansehen oder anmerken, dass ich einen schlechten Tag habe, obwohl meine Fassade ausgezeichnet ist. Sie sind es, die mich ablenken, mitnehmen, mich in Gespräche verwickeln, mich zum Lachen bringen oder mich gnadenlos durch die Sporthalle scheuchen. Keine Ausrede lassen sie gelten. Sie klemmen mich quasi unter den Arm, im Befehlston: »Los, Kaffeetrinken in der Stadt.« Widerworte dulden sie nicht.

Nur diese Freunde kennen meine Geschichte. Andere sind zwar furchtbar neugierig und wollen unbedingt wissen, warum ich da bin. Trauma – das muss ja was Spannendes sein. Aber kein Wort kommt über die Lippen von Claudia, Mike oder Holger, sie sagen nur: »Frag sie doch selbst.« Das probieren auch einige, aber ich suche mir meine Leute selbst aus. Ich entscheide, wer ein Teil meiner Geschichte wird. Nur eine Frau kann es nicht lassen. Egal wo ich sitze oder stehe, sie kommt auf mich zugeschossen, nimmt mich jovial in den Arm und fragt anteilsvoll: »Und, alles in Ordnung, geht's dir gut?« Dieses Angetatsche ist mir unangenehm, jedes Mal schiebe ich sie weg: »Alles klar, Sabine.« Sie wäre die Allerletzte, der ich es erzählen würde. Aber sie gibt keine Ruhe, langsam reicht es mir. Ich will mit dem Fahrstuhl in den dritten Stock fahren, da sehe ich das Unheil in Gestalt von Sabine nahen. Die Türen sind fast geschlossen, Glück gehabt. Aber nein, im letzten Augenblick quetscht sie ihre Hand zwischen die Fahrstuhltüren, sie gehen wieder auf, und Sabine steigt ein. Ich ahne, was kommt, und es kommt. »Na, alles gut, alles in Ordnung mit dir?« – »Sabine, meinst du, der Fahrstuhl ist der richtige Ort für solch eine Frage? Auf hohle Phrasen habe ich keine Lust, es interessiert dich ja auch nicht wirklich. Frag mich bitte nie wieder.« Wir sind auf unserer Etage angelangt. Verdutzt lasse ich sie stehen. Ihr Gestammel, ihr »ich wollte und dachte« brauche ich nicht.

Die meisten Mitpatienten gehen »normal« mit mir um, das heißt, sie üben sich nicht in falscher Zurückhaltung. Und so führen sie ganz gewöhnliche Gespräche mit mir, reden über ihre Familien, über ihre Kinder. Und ich muss lernen, damit umzugehen. Es ist üblich, dass man über seine Familie spricht, auch wenn ich keine mehr habe. Ich erzähle ihnen nichts von der Familie, die ich einmal hatte, nichts von Felix und auch nicht von Magdalena. Ich habe Angst vor den Fragen, die dann kommen. Was sollte ich auf die Frage antworten, warum Magdalena jetzt bei ihrem Vater lebt?

Mike zwingt mich zum Essen, er verdonnert mich zu mindestens einem Brötchen zum Frühstück. Er nervt so lange, bis ich es gegessen habe. Und so nehme ich langsam wieder zu.

Die Klinik schafft es immerhin, mir eine Alltagsstruktur zurückzugeben, ob es ihr gelingt, mir eine »Idee vom Leben« zu geben, werden wir sehen.

Massive Konzentrationsprobleme machen mir zu schaffen. Auch meine Merkfähigkeit hat sehr gelitten. »Schreib es dir auf«, sagt mein Vater. Es sind aber nicht zukünftige Termine oder Angelegenheiten, die ich vergesse. Es sind die vergangenen Geschehnisse. Ich kann mich nicht erinnern, ob ein Gespräch gestern oder vorgestern stattfand, geschweige denn, dass ich den Inhalt wiedergeben könnte. Andrea schwört Stein und Bein, dass wir erst gestern miteinander telefoniert haben, ich streite das vehement ab. Erst als sie mir Dinge erzählt, die sie nicht wissen kann, glaube ich es ihr, und ich erschrecke über meine Erinnerungslücken. Meine geliebten Logikrätsel stellen mich vor unüberwindbare Hindernisse, mein analytisches Denken hat gelitten, massiv gelitten. Das lässt mich mit mir hadern, das kenne ich nicht von mir. Sie bieten mir ein Computerprogramm an, damit ich mein Erinnerungsvermögen wieder trainieren kann. Meine Werte sind erschreckend, deutlich unter Durchschnitt. Meine »Trainingszeiten« am Computer kann ich mir selbst einteilen, ich versuche es auch einige Male, komme aber zu der Erkenntnis, dass ich meine Merkfähigkeit sinnvoller trainieren kann. Und so sieht man mich jetzt italienische Vokabeln und Grammatik pauken, stures Auswendiglernen.

Selbst Kleinigkeiten lösen bei mir Stress aus, ich bin kaum noch belastbar. Und so kann ich mich um vieles nicht kümmern.

Ab und zu vergesse ich meine Meldetermine in der Klinik. Zweimal melde ich mich verspätet, es ist mir unangenehm. Sie sehen es mir nach. Für mich sind besonders die abendlichen Meldetermine gut, dort kann ich noch mal aktuelle Tagesbelastungen abbauen und so verhindern, dass ich sie mit in meine Träume nehme. Allergisch reagiere ich allerdings auf die Standardfrage »Wie geht es Ihnen?«. Es ist eine Frage, auf die es keine Antwort gibt. Es kann keine geben. Die Frage ist zu groß, zu allgemein. Immer wieder sage ich es dem Personal, und einige schaffen es, die Frage umzuändern. »Wie geht es Ihnen heute?« Ja, darauf kann ich antworten.

Mein Helfer stoppt den Zug

Spezielle Weiterbildungen sind für einen Psychologen notwendig, um traumatisierte Patienten wie mich auf ihrem Weg zu begleiten, um ihnen ein Assistent zu sein. Ein Trauma entsteht, wenn man einer Situation hilflos ausgeliefert war, ohnmächtig Ereignissen gegenüberstand, die nicht in die normale Erlebniswelt gehören. Es sind Situationen, in denen man Todesangst empfindet, in denen man wehrlos ist. Eine Überflutung mit unerträglichen Eindrücken und Wahrnehmungen, die nicht mehr verarbeitet werden können, ist die Folge. Der Speicherplatz für Erinnerungen ist dann schlagartig so voll, dass sie irgendwo hingepackt werden müssen. Darum können diese Erinnerungen nicht mehr gezielt abgerufen werden. Auf die neuen Speicherplätze hat man keinen bewussten Zugriff, und so regieren aus dem Unterbewusstsein heraus die Erinnerungen der Vergangenheit das Leben. Bestimmte Reize können eine solche Reise in die Vergangenheit auslösen, die sogenannten Flashbacks. Besonders in der Nacht, in der Stille und in der Dunkelheit sowie in den Träumen wird die Erinnerung zur Gegenwart.

Erinnerungen wiederum können nur verarbeitet werden, wenn sie formuliert werden, wenn man über sie sprechen, wenn man sie ausdrücken kann. Aber wie will man das tun, wenn man keinen bewussten Zugriff auf sie hat? Und da setzt die Kunst der Traumapsychologen ein, sie versuchen, dass dieser Zugriff wieder funktioniert. Aber bei aller Sicherheit, die sie anbieten, können auch sie es nicht verhindern, dass man von seinen Erinnerungen eingeholt wird. Dennoch gibt es Techniken, um diesen Situationen begegnen zu können. Dazu gehören der »sichere Ort«, »der Tresor« und auch der »innere Helfer«. Der »innere Helfer«, wurde mir erklärt, sei eine absolut positiv besetzte Person, die man rufen könne, die einen unterstützen kann.

Die Tabletten, die ich bekomme, haben Substanzen, die mir einen bewussten Zugriff auf meine Erinnerungen ermöglichen sollen, heute weiß ich das. Stabilisieren, darum geht es bei der Traumaarbeit am Anfang, eine Ebene, von der ich noch Meilen entfernt bin. Nach wie vor fahren die Emotionen mit mir Achterbahn. Sämtliche Tage bewegen sich auf der Ebene »schlecht«, einige sind ein bisschen besser als schlecht, andere sind noch schlechter als schlecht. Bislang ist das keine gute Ausgangsposition für mich. Erst wenn eine stabile Ebene gefunden ist, werde ich mich mit den Geschehnissen der letzten Monate auseinandersetzen können

Täglich hole ich meine Medikamente ab. Das Antidepressivum, das Tavor und meine K.-o.-Tablette, mit der man garantiert nach dreißig Minuten schläft.

Ich sehe in die Medikamentenschachtel, es werden nicht weniger. Ich will aber nicht ständig Tabletten schlucken.

»Wie lange muss ich die noch nehmen?«, frage ich den Arzt.

»Das Antidepressivum mindestens sechs Monate«, sagt er.

»So lange?«, frage ich entsetzt.

»Dieses Medikament hat kein Abhängigkeitspotenzial wie das Tavor, nehmen Sie es«, erwidert er.

Wenn es hilft, gut, dann werde ich es tun.

Ich weiß immer noch nicht, wie es weitergehen soll, was kommt nach dieser Klinik? Was kommt nach diesen acht Wochen? Wo soll ich hingehen? Zurück in mein Haus? Es ist viel zu groß für mich allein. Kann ich in und mit diesen Erinnerungen leben? Ich glaube es nicht. »Du gibst auch alle schönen Momente der Vergangenheit auf, wenn du nicht zurückkehrst«, gibt Mike zu bedenken. Da hat er recht.

Weitere zehn Tage denke ich darüber nach, was Mike gesagt hat, bis mein Entschluss feststeht: Ich gehe nicht zurück. Ich muss nicht alles ertragen. Ich darf nur nicht zu weit wegziehen, ich möchte meine Tochter an den Wochenenden auch mal zu mir holen können. Sie tut mir manchmal so leid, wie gerne würde ich mit ihr sprechen, aber ich kann nicht, ich kann einfach nicht.

Der Professor kommt zur Visite und sagt: »Überlegen Sie sich bis nächste Woche eine Zukunftsperspektive.« Das ist eine klare Ansage, ich sammle Ideen, irgendwie muss es ja weitergehen.

Vielleicht sollte ich etwas ganz anderes machen? Krankengymnastin, das geht nicht mehr. Ein Zurück in meinen ganz alten Beruf als Kindertherapeutin kann ich mir noch weniger vorstellen. Ich fühle mich nicht in der Lage, Verantwortung für meine Patienten zu übernehmen, Sicherheit zu garantieren. Ich weiß, dass es sie nicht gibt. Wie sollte ich auch wieder mit Kindern arbeiten können, wo ich doch ihren Anblick kaum ertragen kann? Ich könnte eine Umschulung machen. Aber zu was? Goldschmiedin? Ein Handwerk, das könnte mir Freude machen.

Ganz glücklich über dies bisschen Perspektive erscheine ich bei meiner Psychologin. »Sie müssen die Vergangenheit bewältigen, bearbeiten«, sagt sie.

Ich fühle mich zerrissen, unverstanden und überfordert. Ich kann dem nicht gerecht werden. Der eine sagt »hü«, der andere »hott«, nun weiß ich gar nicht mehr, was ich tun soll. Alles auf einmal geht nicht. Ich sitze in meinem Zimmer und bin verzweifelt, im Radio läuft der Song »Geile Zeit« von der Gruppe Juli: »Wird alles anders? ... Wo ist der Weg? ... Du siehst ja fast zu, wie die Zeiger sich drehen ... Es ist vorbei ... Es war 'ne geile Zeit, es ist vorbei ...«

Diese Textzeilen nehme ich besonders wahr, wie recht die Sängerin hat. Ich höre das Lied, es macht mir schmerzlich bewusst, was alles verloren ist.

Ich hänge meinen Gedanken nach, und es kommt Annett Louisan mit dem Titel »Das Spiel«: »Ich will doch nur spielen ... Ich tu doch nichts ... Ich will doch nur spielen.«

Ich fange an zu weinen, Felix wollte auch nur spielen, er hat auch niemandem was getan.

»Weil es dich erregt, wenn ich mich beweg ... Wie ich mich beweg ... Lass mal lieber sein ... Hab so viel Respekt vor deinen Gefühlen.«

Und wieder kann ich es nicht begreifen, nicht verstehen.

Irgendwann siegt mein Trotz über meine Trauer. Wenn einer »hü« sagt und ein anderer »hott«, dann gebe ich noch ein bisschen »hin und her« dazu, und das Chaos dürfte komplett sein. Ich setze die Tabletten ab. Mit angezogener Handbremse kann kein Motor maximale Beschleunigung entfalten, und das soll ich ja wohl.

Andrea bleibt die Luft weg. »Anja, das kannst du nicht machen. Die müssen langsam ausgeschlichen werden. Das ist kalter Entzug, das geht nicht.«

Ich weiß, dass sie recht hat, aber ich habe nicht nur meinen Trotz, ich kann auch sehr stur sein. Und jetzt bin ich stur. Es ist mir auch egal, was passiert, ich bin mir ja auch egal.

Die Konsequenzen trage allerdings ich – und nur ich. Es dauert keine zwei Tage, und mein Kreislauf kommt nicht mehr in Gang. Ich habe bohrende Kopfschmerzen, bin zittrig und habe das Gefühl, extrem verlangsamt zu sein. Ich schleiche regelrecht durch die Klinik. Meine Freunde sagen allerdings, ich wäre unruhig, hektisch. So kann der eigene Eindruck täuschen.

Nachts holen mich die Albträume wieder ein. Ich träume von Rasierklingen, meinen zerschnittenen Armen, einzelnen Mitpatienten, alles in einer Arena, wie beim Stierkampf. Es sind Träume, die ständig einen neuen Anfang finden. Jetzt weiß ich, was Mikes Züge sind, und dieser hier ist lang, richtig lang. Und auf einmal ist er da, in meinem Traum rufe ich ihn. Und tatsächlich gibt es einen »inneren Helfer«, der es schafft, diesen Zug zu stoppen. In meinem Fall ist es eine real existierende Person, die ich in meinem Traum um Hilfe rief. Irgendwie ist es mir gelungen, die Bilder des Traumes auf einen Zug zu packen. Jeder Waggon ist ein Bild, und mein Helfer hält diesen Zug an und stoppt damit die Bilder. Ich habe, ohne dass es mir einer gesagt hätte, einen Weg gefunden, die Träume aufzuhalten. Hätte es mir einer prophezeit, ich hätte ihm nicht geglaubt. Und ich tue noch eines im Traum: Ich ersetze die Bilder durch einen meiner Tagträume.

Morgens bin ich nass geschwitzt, eine Stunde habe ich geschlafen.

Du hast es so gewollt, sage ich mir. Sieh zu, wie du jetzt klarkommst, und heul nicht rum.

»Um Ihren Forderungen gerecht zu werden, habe ich die Tabletten abgesetzt«, erkläre ich meiner Psychologin. Die fällt fast vom Stuhl. »Wie lange nehmen Sie die denn schon nicht mehr?« Wenn ich ihr jetzt sage, drei Tage, fällt sie wirklich vom Stuhl. Ich lüge.

Am Nachmittag muss ich noch mal bei ihr antreten, diesmal ist der Arzt dabei. Mit Engelszungen reden sie auf mich ein, ich soll die Tabletten wieder nehmen. Es fällt mir nicht besonders schwer, darauf einzugehen, mir geht es wirklich schlecht, von wegen kein Abhängigkeitspotenzial. Wir diskutieren über die Dosis, um jede Tablette feilsche ich. Ich gebe nach, unter der Bedingung, dass sie sich in Zukunft auf eine Linie einigen sollten, weil sie mich sonst zerreißen würden. »Ich bin auf Ihre Hilfe angewiesen, Sie müssen mir eindeutig sagen, was zu tun ist.«

Ich komme mir vor wie ein Versuchskaninchen. Ich kann mich des Eindrucks nicht erwehren, dass sie eigentlich auch nicht so genau wissen, was sie mit mir anfangen sollen. Denn es ist jetzt das zweite Mal, dass der Professor sagt, ich solle weiterhin meine Emotionen kaltstellen, während meine Psychologin mir rät, sie zuzulassen.

Übers Wochenende habe ich Zeit, den Medikamentenspiegel wieder hochzufahren. Am Montag wollen sie ihn durch eine Blutentnahme feststellen. Keine dreißig Minuten vergehen nach Einnahme der ersten Tablette, und meine bohrenden Kopfschmerzen verschwinden. Auch das Gefühl, in meinem Kopf würde es summen, ist auf einmal fort. Wenn das nötig war, damit das Zerreißen aufhört, dann war es mir das wert.

Frau »Marilyn«

Meine Psychologin geht in Urlaub. Sie bietet mir als Vertretung den Arzt oder Frau Busch an, ihre Kollegin. Frau Busch ist für uns »Marilyn«, sie hat den Namen weg, weil sie optisch dieser Frau nacheifert: Vor lauter Haarspray im platinblonden Haar wagt es keine Strähne mehr, sich zu bewegen, sie droht ihnen jeden Morgen mit der Chemiekeule. Das Lächeln hat die Botox-Spritze im Gesicht eingefroren. Die ganze Frau ist nicht echt, alles wirkt aufgesetzt, dies gezierte Benehmen, sie stöckelt förmlich über den Flur. Das schreiende Rot ihrer Lippen und der Fingernägel springt mir ins Gesicht. Offensichtlich braucht sie eine solche Fassade, weil dahinter nichts anderes ist.

Ich möchte aber weder den Arzt noch »Marilyn«, sondern einen Psychologen, der mir positiv aufgefallen ist. Dieser arbeitet aber »auf« einem anderen Team, eine Formulierung, die ich als Patient sehr erniedrigend finde. Man kann ja mit mir arbeiten, aber doch nicht »auf« mir, ich bin doch keine Nutte.

»Wen möchten Sie nun, den Doc oder Frau Busch?« – »Oder Dr. Martin?«, ergänze ich. Meine Psychologin lacht. »Nein, den Doc oder Frau Busch« – »Oder Dr. Martin?« Einen Versuch ist es ja wert. »Den mögen Sie wohl?«, fragt sie. Na ja, unter »mögen« verstehe ich etwas anderes. Ich habe ihn bislang nur zweimal gesehen. Die eine Begegnung war bei einem meiner Meldetermine. Da hatte ich es besonders eilig, bin nur reingestürmt und habe gleich losgesprudelt: »'n Abend, Wiese, mir geht es gut, ich springe nicht vor den nächsten Zug, kann ich gehen?« Ich sehe den Psychologen noch vor mir, das waren zu viele Informationen auf einmal. Es entstand eine längere Pause. Dann sagte er: »Nein, das können Sie nicht. Jetzt noch mal alles ganz langsam, und setzen Sie sich.« Wie man es macht, macht man es falsch. Ich wiederholte also in ruhigem Ton das Gesagte und antwortete auf ein paar Fragen seinerseits. Als ich schon wieder am Gehen war, rief er mir nach: »Sie würden es mir eh nicht sagen, wenn es Ihnen schlecht geht, oder?« Ich war beeindruckt, dieser Mann hatte mich keine zwei Minuten gesehen und hat etwas von mir verstanden. Aber nein, den kriege ich nicht, ich bekomme Marilyn.

Als man mir meinen Wochenplan aushändigt, falle ich aus allen Wolken. Ich habe nur einen einzigen Termin bei Marilyn – und den erst am Donnerstag. Und das, was mir wirklich hilft, das sind diese Einzelgespräche. Zynisch sage ich zu der Person: »Macht ja nichts, ich bin es ja nur. Mir zerrinnt die Zeit zwischen den Händen, aber ein Einzeltermin in der Woche reicht. Wissen Sie was, streichen Sie den doch bitte auch. Ich will mich hier nicht vordrängeln.« Ich bin ein bisschen sauer, nein, eigentlich bin ich tierisch sauer, und das sollte man tunlichst vermeiden. Die Frau, die mir den Wochenplan übergeben hat, kann nichts dafür, sie weiß genauso gut wie ich: Wenn jemand in dieser Klinik eine Katastrophe erlebt hat, dann ich.

Marilyn schiebt mich mit einem Extratermin dazwischen. Immer noch geladen erscheine ich bei ihr, sage, dass ich eine Erklärung dafür haben möchte. »Wir können die Therapiezeit jetzt damit verschwenden, oder wir arbeiten«, gibt mir Marilyn zu verstehen. Gut, ich möchte ja was, ich lasse also das Thema fallen.

Ich erzähle ihr von meinen neuen Ideen für die Zukunft, als Animateurin, als Physiotherapeutin auf einem Kreuzfahrtschiff tätig zu sein oder etwas wirklich Neues auszuprobieren. Vielleicht raus aus Deutschland, nach Italien gehen. Skeptisch schaut sie mich an, meint, ich solle das mal realistisch betrachten. Nun bin ich irritiert, was soll daran unrealistisch sein? Wenn ich mir ein Ziel gesetzt habe, dann erreiche ich es auch, das scheint sie mir aber nicht zuzutrauen.

»Was ist denn mit Ihrer Tochter, wenn Sie ins Ausland gehen?« Die Frau begibt sich gerade in Gefahr, sie betritt verbotenes Terrain, was sie eigentlich wissen sollte. Herr Roth hatte es den Therapeuten mehr als deutlich gesagt, dass dieses Thema tabu sei.

»Meine Tochter lebt bei ihrem Vater. Ich werde sie dort nicht wegholen, es sei denn, sie wünscht das nachdrücklich.«

»Ja, aber Sie müssen doch Kontakt zu Ihrer Tochter halten.«

Das ist eine absolut verbotene Zone. Machen die denn hier keine Dienstübergaben?

»Meiner Tochter geht es gut, es gibt zurzeit keinen Handlungsbedarf.«

Sie reitet weiter auf diesem Thema herum.

»Ich finde es nur so traurig. Erst verlieren Sie Ihren Sohn und nun auch noch Ihre Tochter.«

Das war ein Fehler, ein böser Fehler. Es interessiert mich eigentlich nicht, was sie traurig findet und was nicht. Ich habe im Moment Probleme in anderen Dimensionen. Meine Energien reichen nicht aus, alles auf einmal zu bewältigen. Die Vorschusslorbeeren sind verspielt.

Sie plappert munter weiter. Ob sie weiß, was sie da eigentlich von sich gibt? Ich beobachte ihre durch Chemie gebändigten Haare. »Hören Sie«, sage ich, »es war die beste Entscheidung, die ich für meine Tochter treffen konnte. Dort hat sie Sicherheit, ein stabiles Umfeld, dort hat sie eine Chance, noch ein Stück Kindheit erleben zu können. Mein Leben ist im Moment zu unruhig, was kann ich ihr anbieten? Ich weiß ja nicht mal, wo ich bleiben werde. So, wie es jetzt ist, ist es gut.«

Dennoch eröffnet sie eine neue Baustelle, die meine Erinnerungen betrifft. Nun soll ich mich also um die Vergangenheit, um die Zukunft und um die Gegenwart kümmern. Ich kämpfe und quäle mich durch jeden Tag, überlebe irgendwie. Das sind denn doch zu viele Pakete für mich. Ich schalte wieder ab. Während sie redet, denke ich nach. Es wäre einfacher gewesen, zu gehen, ich bin dem nicht gewachsen. Wie blöd bin ich, dass ich glaube, man würde mir helfen können. Immer mehr Schwierigkeiten türmen sich vor mir auf. Ich sehe mein Leben in Schutt und Asche. Die Rauchwolken haben sich noch nicht verzogen, und die, die mir beim Löschen helfen sollten, zünden die nächsten Feuer an. Werner, denke ich, ich habe dir nur den Versuch versprochen.

Diese Therapeutin hat keine Chance mehr. Sie hat den nächsten Großbrand gelegt und wundert sich, dass sie ihn nicht mehr in den Griff bekommt.

Ich fühle mich wieder völlig überfordert, egal wie viele Gedanken ich mir mache, wie viel Mühe ich mir gebe. Es ist nie genug.

Frau Dr. Berger, die Oberärztin, macht dieses Gespräch bei ihrer nächsten Visite zum Thema und stellt lapidar fest: »Immerhin haben wir ja nun definitiv geklärt, dass es bei Ihrer Tochter zurzeit keinen Handlungsbedarf gibt.« Ach was! Sie haben das nun endlich mal verstanden, denke ich. Den Preis dafür zahle ich, es wirft mich um mindestens eine Woche zurück. Das bisschen Hoffnung, das ich hatte, haben sie kaputt getreten, absichtlich. Mein Glaube an die Therapeuten in dieser Klinik schwindet. Ich nehme es ihnen übel, sie sind Profis. Ihnen darf das nicht passieren.

Mein nächster Termin bei Marilyn steht an. Ich bin versucht, ihn abzusagen, gehe dann aber doch hin. Das war ein Fehler. Sie zaubert jetzt praktische Vorschläge aus dem Hut: »Denken Sie doch nur zu bestimmten Uhrzeiten an Ihren Sohn.« Ich bin sprachlos. Mein Sohn ist seit acht Wochen tot, gerade mal acht Wochen. Aber klar, ich denke jetzt immer so von fünf bis sechs Uhr an ihn. Immer in den Pausen, wo ich nicht damit beschäftigt bin, mir um meine Zukunft, meine Tochter und meine Vergangenheit Gedanken zu machen. Total praktikabel, gar kein Problem.

Sie setzt noch mal nach: »Sie könnten es auch auf bestimmte Tage begrenzen, wie den Geburtstag.«

Oh Gott, was für Halbprofis sind hier beschäftigt! Ich ergänze im Stillen: Verschwindetag, Auffindetag, Nikolaus, Weihnachten, Silvester, Beerdigung.

Die Frau ist bestimmt ganz stolz auf sich. So einfach ist das also, da wäre ich ja gar nicht draufgekommen.

Ich werde zunehmend aggressiver, registriere ihre Hilflosigkeit. Begreifen sie in dieser Klinik denn nicht, was es bedeutet, ein Kind unter diesen Umständen zu verlieren? Wissen sie nicht, was Schmerz ist, was Angst ist?

Die Oberärztin ist bei ihrer nächsten Visite wieder ähnlich hilfreich. »Suchen Sie sich einen ruhigen Job im öffentlichen Dienst, am besten halbtags. Finden Sie Ihr Glück in den kleinen Dingen des Alltags.« Da ist sie, ihre Zauberformel. Nichts begreifen sie hier, gar nichts. Klar, die im öffentlichen Dienst warten nur auf mich, es gibt ja auch momentan total viele Halbtagsjobs. Und ruhig im öffentlichen Dienst? Das war einmal. Das kleine Glück im

Alltag! Mag ja sein, dass die Oberärztin sich darin wiederfindet, dass sie auf diesem Level zufrieden ist. Aber mir fehlt doch deutlich die Farbe.

Ich bin eine Kindertherapeutin, nicht ohne Grund.

Beim abendlichen Meldetermin kommt meine Stimmungslage deutlich rüber. »Sie können sich doch auch gegen Ideen abgrenzen«, gibt man mir zu verstehen. Das ist natürlich die ultimative Aussage, um keine Verantwortung übernehmen zu müssen. Im Gegenteil, man schiebt sie mir zu.

Innerhalb von zwei Wochen werden sämtliche meiner neuen Freunde, die mir so oft geholfen haben, entlassen. Wir feiern jeden Abschied gebührend, Verabredungen für die Zukunft sind getroffen. Claudia lädt uns ein zum Brunch, eine schöne Abwechslung von der Einheitskost. Der treue Mike ist der Nächste, der geht. Oft genug haben wir gesagt, wir beide würden nur »unter einer völlig natürlichen Reaktion auf ein unnatürliches Ereignis« leiden, wie der Professor uns immer zu verstehen gab. Oft genug haben wir den Spruch raushängen lassen. Eine schöne Volleyball- und Badmintonrunde waren wir. Holger bleibt noch einige Tage länger. Mit ihm geht dann der Letzte, der meine Geschichte kennt. Meine Auffangtruppe ist entlassen, nun bin ich völlig auf die Klinik angewiesen, mehr aber noch auf mich.

Ein fataler Tag

Seit längerer Zeit geistert der Gedanke durch meinen Kopf, wie Felix seine letzten Stunden erlebt hat, was er hat ertragen müssen.

Immer wieder habe ich das Bild vor Augen, wie Felix strampelnd von seinem Mörder hochgehoben wird. Habe vor Augen, wie er mit seinen Händen Felix die Luft nimmt. Ich sehe die vor Angst geweiteten Augen, die Tränen, sehe, wie seine Beine immer mehr strampeln, seine kleinen Hände zu den großen greifen, um Luft ringend, um sein Leben kämpfend.

Ich soll ehrlich sein, also erzähle ich meiner Psychologin, die wieder aus dem Urlaub zurück ist, von diesen Bildern. Als ich sehe, dass Tränen in ihren Augen stehen, breche ich ab.

»Da dürfen Sie nicht drüber nachdenken, Frau Wiese, es führt zu nichts.« Ich weiß das, aber diese Bilder sind da, die Bilder wissen nicht, dass es zu nichts führt. In meinem Kopf sind noch mehr Bilder als die, die meiner Psychologin Tränen in die Augen treiben, ich muss mit ganz anderen Bildern leben.

Ich hämmere diese Bilder aus dem Kopf, wenn sie auftauchen, aber immer wenn Kinder weinen, sehe ich Felix strampeln, die Hände über Mund und Nase.

Diese Bilder bekomme ich nicht in den Griff.

Heute ist Holgers Abschied, und Herr Roth hat sich zu einem Besuch angemeldet. Der Tag könnte schön werden.

Wie üblich am Dienstag steht die PLG an. Die drei Buchstaben stehen für »Problemlösegruppe«, auf Neudeutsch könnte man auch »Brainstorming« sagen. Dies ist eine Pflichtveranstaltung, im Schnitt sind jedes Mal zehn Teilnehmer anwesend. Marilyn hat diese Stunde mit einem Patienten vorbereitet und wird sie auch leiten. Der Patient wird uns erzählen, warum er da ist, gemeinsam tragen wir anschließend Lösungsvorschläge zusammen. Vorrangig geht es um Trennungen, Paarprobleme, Depressionen, Burn-out, Mobbing.

Immer wieder werde ich von meiner Therapeutin gebeten, von mir zu berichten. Ich lehne das ab. Ich sehe mehr Nachteile als Vorteile darin. Erstens gibt es angesichts meiner Situation nichts zu lösen, und zweitens befinden sich Leute in der Gruppe, denen ich nicht vertraue. Es würde meine Anonymität, die mir so wichtig ist, beenden. Außerdem weiß ich, dass meine Teammitglieder mit meinem Bericht überfordert wären. Sie würden unter meiner Biografie zusammenbrechen, ich habe das oft genug erlebt.

Der Patient, ein Mitglied aus meinem Team, fängt an, er erzählt von seinem Sohn. Ein schwerbehindertes Kind, von dem er wusste, dass es sterben wird. Lange Jahre ist es her, dennoch stehen ihm die Tränen in den Augen, als er von seiner letzten Stunde mit seinem Sohn berichtet. Er berichtet von den Tränen, von der Qual, seinem Weinen, seinem Strampeln.

Es war zu erwarten, ein Flashback, der Film läuft. Ich sehe Felix im Auto weinen, jammern, nach mir rufen. Mir wird schlecht. Ich laufe aus dem Zimmer, melde mich ab und renne aus der Klinik. Es hämmert in meinem Kopf: »Lauf!!! Weg, bloß weg von diesem Ort. Weg von diesen Worten.« Ich kann dem Ort entfliehen, nicht aber dem Film. Er läuft weiter. Felix ... Hände ... Augen ... Strampeln.

Ziellos haste ich durch die Stadt, weiß nicht, wo ich mit mir hinsoll, weiß nicht, wie ich die Bilder aus dem Kopf hämmern soll. Es macht mich wahnsinnig. Nichts lässt den Film aufhören. Ein Auto, ein Zug würde ihn stoppen.

Irgendwie lande ich in einer Eisdiele. Ich bestelle zwei Russische Schokoladen, ohne ein Mittagessen in mir jagen sie den Promillespiegel so hoch, dass der Film aufhört.

Mein Verstand fragt mich, was war das denn jetzt? Machen die das mit Absicht? Es ist jetzt das dritte Mal, dass mich Marilyn an den Rand der Katastrophe treibt. Ist das ein Konzept? Mal sehen, was die alles ertragen kann? Begreifen kann ich das alles nicht.

Zur Oberarztvisite bin ich wieder in der Klinik. Vorsichtig bin ich zurückgegangen, als ob das Gebäude mir was antun könnte. Es ist nicht das Gebäude, es ist das, was sich darin abspielt.

Ich spreche Frau Dr. Berger darauf an, ich möchte verstehen können, warum so etwas gemacht wird. Ihre Antwort ist entsetzlich: »Gewöhnen Sie sich daran, dass Eltern vom Sterben ihrer Kinder erzählen.« Sie ist abweisend, reserviert, als ob das alles ein Nichts gewesen wäre. Die Visite ist zu Ende, bevor ich mich sortiert habe.

Herr Roth, der später erscheint, lenkt mich ab, aber vergessen kann ich das Vorgefallene nicht. Ich trinke Wein und Grappa, um über diese Inkompetenz der Therapeuten hinwegzukommen. Als ich mich von dem Beamten verabschiede, kocht meine Wut über diese Verantwortungslosigkeit hoch. Und es passiert genau das, womit keiner gerechnet hat.

Der Vulkan bricht aus, und zwar beim abendlichen Meldetermin bei der Schwester.

»Wie geht es Ihnen?« Diese Frage war ein Fehler, ein großer Fehler. Ehrlich soll ich sein, gut, dann bin ich ehrlich.

»Was glauben Sie, wie es mir gehen könnte?«, frage ich. Ich liege auf der Lauer, warte auf einen weiteren Fehler. Der Puma ist auf der Jagd, mein Opfer weiß es nur nicht.

»Ich weiß ja nicht, wie Ihr Tag war. Die Antwort können nur Sie mir geben.«

Sie hätte es wissen müssen. Die Falle ist zugeschnappt. Ich bin am Zug. »Ach, das wissen Sie nicht?« Ich sehe sie unschuldig mit meinen großen Augen an, lehne entspannt im Stuhl.

Ich beuge mich vor, verkürze die Distanz zu meinem Opfer, ein Grollen liegt in meiner Stimme, als ich nachsetze: »Das sollten Sie aber.«

Sie ist kein Vulkanexperte, das Grollen hätte sie zu mehr Vorsicht anhalten sollen. »Was hätte ich wissen sollen?« Ich wusste, dass diese Frage kommen würde. Das Spiel beginnt, die Trümpfe liegen in meiner Hand. Es ist so vorhersehbar, so kalkulierbar.

»Ach, machen Sie keine Dienstübergaben? Sie wissen also nicht, was heute in der PLG passiert ist?« Sie wird zähneknirschend zugeben müssen, dass sie es nicht weiß, und so trifft es auch ein.

Die Bahn ist frei, ich setze nach: »Wissen Sie, was Angst ist? Ich meine, nicht so ein bisschen Angst, sondern richtige, elementare Angst?« Sie schüttelt den Kopf.

»Haben Sie Kinder?«, frage ich weiter. Sie hat Kinder. »Gut, ich werde Ihnen jetzt mal vermitteln, was Angst ist, wenigstens ein kleines Stück von dem, was ich jeden Tag ertragen darf.«

Ich werde perfide und lege den Finger in die Wunde. »Wo sind denn Ihre Kinder jetzt?« – »Im Bett«, sagt sie.

Ich sehe Sie unverwandt an. »So? Glauben Sie das, oder wissen Sie das?« Auch diese Antwort ist klar, sie kann es nur glauben, denn sie hat Dienst.

Bevor sie antworten kann, sage ich: »Vielleicht rufen Sie doch mal lieber zu Hause an, damit jemand nachsieht. Wer weiß, ob die wirklich im Bett sind, vielleicht sind sie auch gar nicht mehr da. Rufen Sie schnell an!« Ich habe die Schwester im Auge, ich sehe in ihr den Impuls, zum Hörer zu greifen, sie ist unruhig, weiß nicht, was hier gerade geschieht. Bevor sie darüber nachdenken kann, stelle ich ihr die nächste Frage: »Was tragen Ihre Kinder denn heute?« Sie zögert. »Es ist wichtig«, flüstere ich ihr zu, »das Leben Ihres Kindes kann davon abhängen.« Zögernd sagt sie: »Weiße Schlafanzüge.«

»Und welche Größe? Denken Sie nach! Aus welchem Material sind die Schlafanzüge? Frottee oder Baumwolle? Wo haben Sie die gekauft und wann?«

Verstört schaut mich die Schwester an. »Denken Sie nach!«, sage ich nun laut. Sie zuckt zusammen.

»Ich hol mal die Ärztin«, gibt sie zur Antwort. Gut, Nummer eins ist fertig mit den Nerven.

»Was ist denn los?«, fragt die diensthabende Ärztin. Ich mag sie ganz gern, diese Frau, aber glühende Lava nimmt keine Rücksicht. »Sie haben mir gegenüber eine Verantwortung, die haben Sie grob fahrlässig verletzt«, erwidere ich. »Was ist, wenn mir etwas passiert? Ich denke, die Presse wird es brennend interessieren, wieso ich vom Balkon springen konnte. Die werden fragen, warum ich ein Zimmer auf der dritten Etage mit Balkon hatte.« Schweigen breitet sich im Raum aus. Was soll sie auch sagen? Aber ich bin noch nicht fertig. »Wissen Sie, wie es ist, das eigene Kind täglich sterben zu sehen? Und dann kommt so ein Amateur daher und rammt mir ein Messer in den Bauch, um es genüsslich umzudrehen.«

Ich bin in Fahrt, nicht mehr zu bremsen. Ich verbreite den blanken Horror, ein bisschen von dem Horror, den ich jeden Tag aushalten muss. Ich vermittle ihnen Angst und Hilflosigkeit, beschwöre ihre Urängste herauf.

»Wir haben einen Vertrag«, erinnert sie mich.

»Wissen Sie, was das Dumme an so einem Vertrag ist? Es gehören zwei Parteien dazu. Ich und diese Klinik. Denn auch Sie sind eine Verpflichtung eingegangen. Ich komme meiner gerade nach, ich sitze hier und sage Ihnen, dass es mir schlecht geht. Was werden Sie mir jetzt anbieten wollen?«

Ich sehe ihre hilflosen Blicke. Wo soll sie auch ansetzen?

Inzwischen ist es weit nach Mitternacht, die Ärztin ruft einen Oberarzt herbei. Ich beginne mein Spiel erneut, aber ich komme nicht recht zum Zug. Er fällt auf meine gemeinen Fragen nicht herein. Er denkt nicht einmal daran, auf nur eine meiner gemeinen Fragen einzugehen. Es kommt stattdessen eine Gegenfrage: »Was soll das, Frau Wiese? Sie haben getrunken.« Das ist glatt untertrieben, ich habe regelrecht gebechert.

»Pusten Sie mal.«

Ich puste und nehme befriedigt zur Kenntnis: ein Promille.

Zu viel für Medikamente, die ich sowieso nicht will. Ich feix mir einen und sehe ihn herausfordernd an. Ich wiederhole mich und sage ihm das Gleiche wie der Ärztin. Ich setze noch einen drauf, teile ihm mit, dass mich der Vertrag einen Scheiß interessiert, schon gar nicht, wenn ich tot bin. Und dass er ja wohl mehr der Klinikabsicherung dient als mir. So, nun bin ich fertig.

»Werden Sie sich heute Nacht was antun?«, fragt er. Ich denke nur, ihr armen Geschöpfe, ihr müsst noch viel lernen.

Deutlich ruhiger erkläre ich ihm, dass es erst gefährlich wird, wenn ich nicht mehr rede. Jetzt bin ich müde und will nur ins Bett. Es ist ein Uhr vorbei. Ich empfehle mich und hinterlasse eine verstörte Truppe. So haben sie mich noch nie erlebt – und ich mich auch nicht. Nach mehr als zweieinhalb Stunden kommt der Vulkan zur Ruhe.

Als ich am nächsten Morgen aufstehe und mir die Geschehnisse der Nacht wieder einfallen, erschrecke ich vor mir selbst. Ein solches Ausmaß an Aggression kenne ich nicht von mir. Ich habe meine Beherrschung verloren, habe meine Wut bei Menschen gelassen, die nichts dafür konnten, die sie nicht ausgelöst haben. Das ist mir zuwider. Nachdenklich gehe ich zum Teamtreff. Die Therapeuten erscheinen mit massiver Verspätung, und ich weiß, warum. Ich darf antreten. Meine Psychologin ist erschüttert, die Oberärztin bittet mich zum Termin am Nachmittag, diesmal mit Supervisor.

Ich möchte verstehen können, warum das passiert ist, ich erkenne mich ja selbst nicht mehr wieder. Sicher, ich hatte allen Grund dazu, aber dieses Ausmaß?

Im Internet suche ich nach Antworten, und ich finde sie auf der Homepage der »Verwaisten Eltern«. Dahinter steht ein Verein, in dem sich Eltern organisiert haben, die ein Kind verloren haben, auf welche Art auch immer. Es ist für mich unglaublich erleichternd, zu lesen, dass es noch mehr Menschen gibt, die meine Empfindungen teilen. Dass ein solcher Wutausbruch wie meiner normal ist und dass er schon lange überfällig war. Es ist dort genau das beschrieben, was ich erlebe: erhebliche Emotionsschwankungen, ein Gefühlschaos. Sie alle haben diesen Mix aus Wut, Aggressionen, Schuldgefühlen, Vorwürfen, Hilflosigkeit und diesen unerträglichen Schmerz erfahren, der einen an den Rand des Lebens treibt.

Die Seiten dieser Homepage machen mich ruhiger. Meine Therapeuten hätten die vielleicht mal anschauen sollen.

Und ich lerne auch, dass ich meine Tränen nicht nur haben darf, sondern haben muss.

Beim Weiterlesen verstehe ich, dass ich immer noch versuche, Felix im Leben zu halten, dass ich ihn nicht habe gehen lassen können. Ich halte Felix fest, obwohl er verloren ist. Deswegen kann ich nicht auf den Friedhof gehen, die Diskrepanz zwischen dem Soll- und dem Istzustand würde mir deutlich werden.

Wesentlich gelassener und ohne schlechtes Gewissen gehe ich zum Termin mit Oberärztin Berger und dem Supervisor.

Frau Dr. Berger beginnt das Gespräch, stellt den Supervisor vor, den ich nach acht Wochen das erste Mal sehe. Die Stimme der Oberärztin ist schneidend, ihre Körperhaltung verrät ihre Aufgebrachtheit.

Obrigkeitshörigkeit fehlt mir, ich hinterfrage alles, frage nach dem Warum. Berufskrankheit. Ich bin noch nie ein Lamm gewesen, das der Herde hinterhertrottet, und so erlaube ich mir zu sagen: »Frau Dr. Berger, Sie kommen irgendwie aggressiv rüber, habe ich Ihnen was getan?«

»Sie haben mit der Presse gedroht, da darf ich ja wohl aggressiv sein.«

Aha, daher weht der Wind. Wenn man keinen Fehler gemacht hat, braucht man auch keine Angst zu haben. Und diese Frau hat Angst, Angst vor mir.

»Ich habe nicht gedroht, das war eine Tatsachenmitteilung«, erwidere ich.

»Sie können sofort umziehen, in die erste Etage, wollen Sie das?« Ich frage mich, was ihr solche Angst macht. Umziehen will ich nicht, die dritte Etage ist sehr beruhigend für mich. »Nein, ich bleibe in dem Zimmer.«

»Alkohol hat eine stimmungsverstärkende Wirkung, Sie sollten darauf verzichten.«

Da gebe ich ihr recht: »Wenn Frau Busch nicht noch einmal entgleitet, wird es keinen Grund mehr dafür geben.« – »Das ist nicht möglich, wir haben Schweigepflicht.« Das halte ich für eine Ausrede, die Psychologin muss ja gar keine Details über den Inhalt der nächsten Gruppe preisgeben, die Aussage »Nächstes Mal kommen Sie besser nicht« würde ja reichen. Also, was soll das mit der Schweigepflicht zu tun haben? »Okay«, sage ich, »dann nehme ich an der Gruppe nicht mehr teil. Frau Busch hat sich schlichtweg keine Gedanken gemacht, welches Thema dran ist und wer in ihrer Gruppe sitzt. Sie hätte die Möglichkeit gehabt, mich vorzubereiten und auch aufzufangen. Beides hat sie unterlassen, und das ist verantwortungslos.«

»Sie sollten sich überlegen, ob Sie sich nicht entschuldigen sollten, sowohl bei Frau Busch als auch bei Ihrer Stammpsychologin.« Nun schaue ich entgeistert. »Ich habe meiner Stammpsychologin nie etwas getan.« Dass sich eigentlich Marilyn bei mir entschuldigen sollte, verkneife ich mir.

Nun droht Frau Dr. Berger mir, indem sie nicht droht. »Ich will ja nicht drohen, aber wenn ein solcher Ausbruch noch einmal vorkommt, stecke ich Sie in die Psychiatrie. Wir tragen die Verantwortung für Sie.«

Das fällt ihr ja früh ein. Ich sehe die Oberärztin an und sage: »Frau Dr. Berger, für Sie bin ich doch der personifizierte Albtraum. Sie haben selbst drei Kinder, nicht wahr. Und meine Geschichte macht Ihnen Angst, mein Gesicht erinnert Sie an Ihre eigene Angst.«

»Es war ja wohl eher die Aggression gegen den Mörder als gegen uns«, feuert sie zurück. Da macht sie es sich jetzt aber ganz schön leicht, denke ich, ihre Mitarbeiterin hat das zu vertreten, die hat Mist gemacht. Einen Sündenbock für eigenes Versagen zu suchen, das ist billig.

»Ich stecke Sie in die Psychiatrie, wenn ein solcher Ausbruch noch einmal vorkommt« – dieser Satz geht mir nicht aus dem Kopf. Da kriegen mich keine zehn Pferde mehr hin. Als Oberärztin hätte sie aber die Macht, mich zwangseinweisen zu lassen.

Ich rufe Claudia an. Sie merkt sofort, dass etwas nicht stimmt, und besucht mich noch am selben Tag. Als sie hört, was vorgefallen ist, sagt sie: »Du musst hier weg.« Ich sehe das ähnlich, aber mein kleines Häuschen, das ich inzwischen in der Nähe der Klinik angemietet habe, ist erst in zwei Wochen frei. Ich frage später Andrea, ob ich vorübergehend bei ihr in Bonn bleiben kann, sie stimmt zu.

Bei meiner nächsten Sitzung teile ich meiner Psychologin meinen Entschluss mit. Sie versteht es nicht, fragt mich, warum ich die Klinik verlassen will.

»Unsere gemeinschaftliche Arbeitsebene wurde zerstört. Ich wäre ab heute gezwungen, Sie anzulügen. Mit Halbwahrheiten ist eine konstruktive Arbeit nicht mehr möglich. Dieser tröstende Gedanke hat mich überleben lassen. Er ist meine Krücke, die ich zum Laufen brauche, Sie können sie mir nicht ersatzlos nehmen.«

»Aber es ist doch in den vergangenen neun Wochen nichts passiert, neun Wochen konnten Sie mir vertrauen und ich Ihnen«, sagt sie. »Ja, das stimmt, und ich habe mein Wort gehalten, so wie Sie. Aber jetzt mischt sich eine dritte Person dazwischen, eine dritte Person, die Ihre Vorgesetzte ist. Und wenn sie beschließt, mich einweisen zu lassen, dann wird sie das tun. Sie werden keinen Einfluss auf diese Entscheidung haben.«

Meine Therapeutin lässt mich gehen, mit Bauchschmerzen. Eine Woche später werde ich entlassen.

Ich ziehe schließlich doch nicht zu Andrea, sondern zu meiner Cousine und meinem Cousin, die hier in der Nähe wohnen. Der Umzug muss organisiert werden.

Begegnungen mit der Presse

Einen Tag nach meiner Entlassung ruft mich Herr Roth an. »Anja, der Prozess wird vorgezogen, unbestätigt beginnt er am 9. Mai.«

Nun weiß ich, warum es richtig war, der Klinik den Rücken zu kehren.

Das sind nur noch drei Wochen. »Was wirst du tun, während des Prozesses?«, fragt er. Das wird alles ganz schön eng. »Ich bin entlassen und wohne jetzt bei meiner Cousine. Ich muss meinen Umzug in mein Häuschen vorbereiten. Ich werde, wie geplant, für die Dauer des Prozesses ins Ausland fahren.« – »Du bist entlassen? Warum? Du hättest doch bis zum 1. Mai bleiben können.«

Manchmal überstürzen sich eben die Ereignisse, Herr Roth hat sich inzwischen daran gewöhnt. Ich glaube, ihn wundert gar nichts mehr. Vor Monaten hatte ich ihm gesagt: »Vergiss alles, was du gelernt hast, es passt nicht auf mich.«

Ich erkläre ihm, was am Abend seines letzten Besuchs geschehen ist, erzähle ihm von der Drohung der Oberärztin. Er kann es nicht fassen.

Der Prozess geht mir durch den Kopf. Was wird passieren, wenn ich nicht da bin?

Über das Thema Nebenklage habe ich mit Herrn Roth schon gesprochen, ich konnte darin keine Vorteile für mich sehen. Ich dürfte dann in den Gerichtssaal, aber da will ich gar nicht hin. Ich gehe nicht in die Nebenklage. Aber was wird passieren? Ich überlege hin und her. Die Presse wird berichten müssen, und zwar über das, was sie bekommen, was ihnen zugetragen wird.

Levkes Eltern sind in der Nebenklage, das hat Herr Roth mir gesagt. Aber es sind keine Gespräche mit der Presse geplant. Ich kann das gut verstehen, es sind Geschwister von Levke da, sie müssen geschützt werden – so wie ich meine Tochter schützen muss. Wenn ich mich aber entziehe, wird die Presse über den Täter berichten müssen.

Wenn ich nicht will, dass sich der Mörder mit dem Leid der Kinder und dem der Eltern zur Schau stellt, werde ich der Presse etwas Besseres anbieten müssen, etwas Besseres als der Mörder. Da bleibe wohl nur ich übrig. Ich werde die Einzige sein, die ihm diese Plattform entziehen kann. Es ist so bitter, wie es klingt.

Den Opfern gehört die Anteilnahme, die Aufmerksamkeit, das Andenken. Denen, die er zerstört hat, und denen, die zurückbleiben mussten.

Ich werde noch einmal in den Ring steigen und um Felix kämpfen, ich werde nicht zulassen, dass er in den Dreck gezogen wird. Ich weiß nicht, ob meine Kraft reichen wird, aber den Versuch bin ich meinem Jungen schuldig, und ich bin es den Menschen schuldig, die bei der Suche halfen. Bin es den Eltern schuldig, ihre Kinder in Zukunft vor dieser Gefahr zu schützen.

In meinem alten Leben hatte ich schon immer das Gefühl, ständig auf der Überholspur zu fahren. Jetzt auf einmal hat die Autobahn drei Spuren, und die linke ist momentan meine. Nach dem Prozess wird es wohl der Pannenstreifen sein. Aber ich brauche Herrn Roth hinter mir, allein schaffe ich das nicht. Ich verabrede mich mit ihm. Er weiß schon, dass wieder irgendetwas kommt, aber er weiß mal wieder nicht, was es ist.

Ich besuche ihn auf seiner Dienststelle. »Werner, ich werde nicht ins Ausland fahren, ich bleibe hier, ich gehe nach vorn, ganz nach vorn, aber nicht ohne dich.« Meine abrupten Richtungsänderungen kennt er ja schon. »Presse?«, fragt er. »Ja, Presse, aber das mache ich nur mit dir, und wenn es für Levkes Eltern richtig ist.« – »Schaffst du das?« – »Jupp, ich muss. Sprich du bitte mit den Kollegen, die für Levkes Eltern zuständig sind. Sie sollen in Erfahrung bringen, ob das für sie auch in Ordnung geht.«

Herr Roth kümmert sich um das Einverständnis von Levkes Eltern. Es ist mir wichtig, ich weiß, was es bedeutet, seinem toten Kind ins Gesicht zu sehen, wenn man die Zeitung aufschlägt. Levkes Eltern wird es da nicht viel anders gehen als mir. Ich möchte, dass sie vorbereitet sind, ich möchte ihr Einverständnis.

Anschließend gehen wir in ein Lokal, um eine Pizza zu essen. Wir reden über die Geschehnisse der letzten Wochen. Befriedigt nehme ich zur Kenntnis, dass Felix' Mörder laut Gutachten voll schuldfähig ist. Er wird nicht davonkommen wie so viele andere. Aber warum er ausgepackt hat, warum er ein Geständnis ablegte und seinem Anwalt sagte, wo Felix ist, kann sich auch Herr Roth nicht erklären. Er stand nicht unter Druck, er tat es ohne erkennbaren Grund. Ich beschäftige mich mit diesem Gedanken nicht länger, es wäre sinnlos, es ist nicht zu verstehen, so wie alles nicht zu verstehen ist. Gegen 20 Uhr verabschiede ich mich.

Ich registriere Sorge in meinem Umfeld.

Ich muss in mein altes Haus zurück, den Umzug vorbereiten. Zum Prozess brauche ich einen Ort, ein neues Zuhause, wo ich mich erholen kann, wo ich in Sicherheit bin. Ich trete in den Bannkreis ein, der in Bremen beginnt, es regnet in Strömen, auch der Himmel scheint zu weinen.

Da muss ich jetzt durch. Je schneller ich bin, desto schneller bin ich wieder weg.

Ich fahre durch Hipstedt, es hat aufgehört zu regnen, die Sonnenstrahlen kämpfen sich durch. So kenne ich diesen Ort, der Gemüsehändler am Straßenrand hält ein Schläfchen in der Sonne, ein Idyll. Und doch fehlt etwas, die Kinder fehlen. Nicht ein einziges ist auf der Straße zu sehen so wie früher. Kinder auf Fahrrädern, beim Fußballspielen, beim Seilspringen – sie sind nicht zu entdecken. Auch hier wurde viel zerstört.

Nach mehr als vier Monaten betrete ich mein Haus, widerwillig. Das ganze Haus scheint zu schlafen, es ist kein Leben mehr in ihm. Selbst die Uhren ticken nicht mehr. Felix' Hausschuhe stehen im Flur und warten darauf, dass seine Füße reinschlüpfen. Die Küche, die Zentrale der Suche, Felix' Stuhl am Tisch, leer. Das Fenster. Wie oft habe ich dort rausgesehen, habe gewartet, gehofft, dass er angeradelt kommt. Ich schirme mich ab, verbiete mir diese Gedanken und packe zusammen, so zügig ich kann. Überall finde ich Felix wieder, seine gemalten Bilder fallen mir in die Hände. Ich treibe mich zur Eile an, ich muss hier wieder weg. Mir wird schlecht, hundeelend ist mir. Diese Menge an Erinnerung droht mich von den Füßen zu holen. Endlich kann ich das Haus verlassen, ich fahre vorbei am Radweg, gelange zur »Hindenburgkurve«. Ich zögere und biege ab auf den Parkplatz, es zieht mich dahin. Ich halte an, und dort, wo wir den Schaukasten aufgestellt hatten, steht jetzt ein Holzkreuz. Eine kleine Brio-Bahn ist aufgeschraubt, ein Teddy sitzt am Boden. »Felix« steht auf dem Kreuz, und »*21. 09. 96* † 30. 10. 04«. Mit meiner Fassung ist es vorbei. Ich breche in Tränen aus, die Erinnerungen überrollen mich. Die Tränen laufen weiter über mein Gesicht, als ich schon wieder im Auto sitze.

So sinnlos war dieser Tod, so unnötig, so unbegreiflich.

Ich werde diesen Weg noch einige Male fahren müssen, bis ich mithilfe meines Vaters und meiner Brüder wohnlich eingerichtet bin. Nie wieder halte ich an diesem Parkplatz an.

Herr Roth ist wieder offiziell an meiner Seite. Levkes Eltern sind aus dem gleichen Grund in der Nebenklage weswegen ich Pressearbeit leisten werde. Sie werden die Kinder im Gerichtssaal würdigen, das ist mir nicht möglich; ich werde sie in der Öffentlichkeit vertreten, das ist ihnen nicht möglich. Es ergänzt sich also sehr gut.

Mein Wunschmedienpartner ist der *stern*, für mich vertreten sie einen vernünftigen Journalismus, und sie zeigen Interesse, wie auch *stern TV*. Wir stehen unter Zeitdruck, wenn der Bericht zum Prozessauftakt erscheinen soll. So muss ich meinen Umzug um die Pressearbeit herum organisieren. Stress. Alle wissen, dass ich auf Stress sehr empfindlich reagiere, und nehmen Rücksicht. Wenn ich sage »Pause«, dann ist Pause.

Im November haben mich die Medien benutzt, jetzt benutze ich sie, um Felix Gehör zu verschaffen, um an die Opfer zu erinnern. So kann ich ein wenig beeinflussen, wie und was in der Presse berichtet wird. Zu oft wird über die Täter geschrieben – und die Opfer werden darüber vergessen. Es mag aber auch daran liegen, dass die überlebenden Opfer zu sehr traumatisiert wurden, als dass sie reden könnten. Erinnern ist für Opfer unendlich schwer, sie sind angewiesen auf sensible Journalisten, die es nicht allzu häufig gibt. Aber im Unterschied zum November entscheide ich, mit wem ich rede. Entscheide ich, was ich erzählen möchte, ob ich etwas erzählen möchte.

Ich leihe Felix Worte und Stimme, ich werde versuchen, den Menschen zu berichten, wer Felix war. Felix ist mehr als das, was sie bislang kennen, ein Foto auf einem Fahndungsplakat.

Ich werde versuchen, sie emotional zu beteiligen, werde versuchen, ihnen zu erzählen, was ein solcher Verlust bedeutet, welch ungeheures Maß an unendlichem Leid eine solche Tat nach sich zieht. Mit welchen Schwierigkeiten die Überlebenden zu kämpfen haben.

Ich brauche drei Tage, um dem *stern*-Journalisten die Kernpunkte zu erzählen. Er ist der Einzige, der, nach langem Überlegen meinerseits, die ganze Wahrheit schreiben darf, schreiben soll. Ich darf das brisante Detail um Matthias' Rausschmiss nicht verheimlichen, ich kann nicht die Menschen zur Courage auffordern, sie auffordern, zu reden, statt zu schweigen, wenn ich es selbst tue. Mit meinem Stillhalten würde ich Matthias decken. Sicher ist es mir peinlich, auch schäme ich mich für das, was er getan hat, obwohl ich nichts davon wusste. Wenn ich den Mut habe, es vor Millionen Menschen auszubreiten, vielleicht haben sie dann ihrerseits den Mut, das, was sie wissen, wenigstens einem Menschen von der Kripo zu erzählen. Vielleicht gibt es ihnen die Kraft, sich nicht mehr als Tarnung missbrauchen zu lassen. Dennoch bleibt es für mich ein Vabanquespiel. Ich kann nicht wissen, ob sich die Öffentlichkeit mit mir solidarisieren wird oder eine Front gegen mich bildet. Ich muss es darauf ankommen lassen.

Zeitgleich arbeite ich mit *stern TV* zusammen, sie werden einen Beitrag machen, werden erzählen von Felix, einem ganz normalen Jungen. Ein bisschen Felix ist in jedem Kind. Vielleicht erinnert Felix die Menschen an den Neffen, das Patenkind, macht Ihnen bewusst, dass es jedes Kind hätte sein können an diesem Tag.

stern TV begleitet mich auch zum alten Haus, sie möchten den Umzug filmen. Es ist Freitag, zehn Tage vor Prozessbeginn.

Ich habe Post vom Landgericht Stade erhalten, sie überlegen, mich als Zeugin zu laden. Noch einmal wird die Frage nach der Nebenklage gestellt. Nachdenklich schaue ich auf das Schreiben. Ich darf jetzt keinen Fehler machen. Ich sichere meine Entscheidung lieber noch einmal ab, und wer wüsste es besser als der

»Weiße Ring«, eine gemeinnützige Organisation für Gewaltopfer. Die Mitarbeiterin des Weißen Rings, mit der ich rede, ist völlig entsetzt, als ich ihr erzähle, dass ich nicht in die Nebenklage will. Sie sagt mir: »Das geht nicht, Sie müssen in die Nebenklage gehen, Sie müssen doch anwaltlich vertreten sein.« – »Warum?« Ich will es ja wieder ganz genau wissen. »Ha«, sagt sie verzweifelt, »glauben Sie es mir einfach. Machen Sie es. Hoffentlich finden wir einen Anwalt, der das macht, der Prozess ist ja schon bald. Ich kümmere mich darum, wenn Sie möchten.« Die Mitarbeiterin macht eine Pause. »Frau Wille, was meinen Sie, wie das aussieht, wenn Ihr Sohn vor Gericht nicht vertreten wird?« Ich gebe ihr am Ende des Gesprächs mein Okay. Noch am selben Tag schließt sich Dr. Schmel unserem Team an. Alles muss jetzt schnell gehen, die Prozessvollmacht braucht er sofort unterschrieben zurück, und es rettet mich das Faxgerät im Pfarrbüro. Am Montag liegt dem Richter die Nebenklage direkt vor, und so erfährt vor dem ersten Prozesstag nicht einmal der Gerichtssprecher, dass Felix und ich anwaltlich vertreten sein werden.

Die Pressetermine strengen mich unheimlich an. Alles, was ich sorgsam vergraben habe, wird wieder vorgeholt. Ich brauche drei Tage, um mich von einem Termin zu erholen. Meine Essstörungen stellen sich wieder ein, ich träume verstärkt und weine im Schlaf.

Prozessauftakt

Zum Prozessauftakt ist *stern TV* mit einem Kamerateam wieder bei mir, Claudia, meine Freundin aus der Fachklinik, ist angereist, damit ich nicht allein bin.

Der Mörder lässt eine Erklärung verlesen, er gibt zu, Felix und Levke missbraucht und getötet zu haben. Er blicke »mit einigem Entsetzen« auf seine Taten. Er könne es sich nur damit erklären, dass er krank sei. Aus diesem Grund bittet er um jede Form medizinischer Hilfe.

Hilfe, die kann er auch von mir kriegen, denke ich, ich werde ihm schon »helfen«. Er meint, er könne jetzt auf »Macke« machen, nicht mit mir. Immer wieder taucht sein Name auf, ich weigere mich, ihm auch nur das Recht auf seinen Namen zuzugestehen. Monster haben keine Namen.

Ich weiß, dass er unter Sonderbewachung steht. Was viele aufregt, freut mich ganz besonders. Das heißt für mich, dass er Angst haben muss. Und dieses Gefühl, Angst hautnah zu erleben, das gönne ich ihm.

Nach der Untersuchungshaft wird er erst richtig Angst empfinden dürfen. Im Knast stehen Kindermörder ganz unten in der Hierarchie, und das weiß er auch, deswegen der Dreh mit der Macke.

Was mich allerdings irritiert, ist die Formulierung »gesteht den Missbrauch an den Kindern«. Hat er Felix auch missbraucht? Das wusste ich bislang nicht. Wenn das Drehteam weg ist, werde ich Herrn Roth danach fragen.

»Mit einigem Entsetzen« – eine hohle Phrase. Es steht ihm wohl kaum zu.

Das erste Mal sehe ich im Fernsehen diesen »Schwabbel«. Der ganze Typ ist abstoßend, fett, schleimig, ungepflegt, speckig, mit fettigen Haaren und einer weißen, schwabbeligen Haut.

Die Vorstellung, dieser Typ, mein Sohn. Es schüttelt mich vor lauter Ekel. Diese fleischigen, wulstigen Finger.

Wieder jagen Bilder durch meinen Kopf, wie er mit diesen Händen Felix erstickt. Ich sehe meinen kleinen blonden Jungen vor mir, sein Kindergesicht, die sonst so lebhaften Augen vor Angst geweitet, und wie sich diese fetten Finger daran machen, Felix zu ersticken.

Das Filmteam scheucht mich den ganzen Tag herum. Ich reiße mich zusammen, versuche, meine Aufgabe gut zu machen. Sie würden mich gern filmen, wie ich mir Bilder von Felix ansehe. Da haben wir jetzt ein Problem, ich kann mir keine Bilder von meinem Sohn ansehen. Aber sie können sie abfilmen.

Immer wieder ist die Filmemacherin darauf aus, mich in die emotionale Ecke zu drücken, will von mir hören, dass ich mich umbringen wollte. Sie muss noch viel über die Menschen lernen, denke ich. Ihre Chancen stehen nicht gut, zum Lernen gehört zuhören – und das kann sie nicht.

Irgendwann regt sie mich derartig auf, dass ich den Dreh am liebsten platzen lassen würde, wenn nicht Herr Jauch mit seinem guten Namen dahinterstünde und Herr Roth immer wieder vermittelt.

Mit Dr. Schmel haben wir ebenfalls einen offensiven Umgang mit der Presse besprochen, und er setzt das super um: Er ist in allen Sendern, wird in allen Zeitungen zitiert.

Als das Kamerateam weg ist, kann ich mit Werner telefonieren.

»Werner, wurde Felix auch missbraucht? Die Formulierung ist so eigenartig.«

»Nach dem Obduktionsbefund sind keine Missbrauchsspuren festgestellt worden«, sagt er.

Er ist über diese Formulierung genauso erstaunt wie ich, und er braucht es auch nicht weiter auszuführen. Wir beide haben genug Fantasie und wissen genau, dass es Missbrauchsformen gibt, die nicht nachweisbar sind.

Was hat mein Sohn in seinen letzten Stunden bloß alles ertragen müssen?

Von allen Seiten kommt die Frage »Wie geht es Ihnen?«, und wie vor Wochen schon kann ich sie nicht beantworten. Ich will auch gar nicht darüber nachdenken. Ich schiebe meine Emotionen weg, verbiete sie mir. Zurück bleiben Verzweiflung und Hoffnungslosigkeit und das Gefühl, dieses Jahr nicht überleben zu können. Von dieser tiefen Leere werde ich der Presse sicher nichts erzählen. In einem Zwei-Minuten-Bericht ist das nicht zu vermitteln.

Verzweifelt sind wir auf der Suche nach einem Psychologen mit traumapsychologischer Ausbildung für mich, bislang habe ich nur einen neuen Hausarzt und einen Termin bei ihm. Eigentlich müsste ich ihm erzählen, was passiert ist, das fällt mir aber schwer. Ich bringe ihm stattdessen einen Zeitungsausschnitt mit, der Mord an Felix ist in Niedersachsen inzwischen so bekannt, dass ich nur noch »Ich bin Felix' Mutter« hinzufügen muss. Inzwischen kenne ich die Reaktionen der Menschen, die unbedarft in meine Geschichte reingezogen werden, die nicht ahnen können, was auf sie zukommt, bis ich vor ihnen stehe. Meistens begegnet mir Hilflosigkeit, sie wissen nicht, wie sie sich verhalten, was sie sagen sollen, und so bekomme ich denn auch bei dem Arzt ein längeres Statement über die Vorteile der Todesstrafe zu hören. Ich will das nicht, ich habe das Gefühl, dass diese Diskussion von meinen Problemen ablenkt. Diese Debatte hat doch mit mir nichts zu tun. Ich erhalte schließlich meine Krankmeldung für die Versicherung und kann gehen.

Nach meiner Entlassung aus der Fachklinik zahlt die Krankentagegeldversicherung endlich, allerdings immer sehr schleppend. Wöchentlich muss eine neue Krankmeldung vorgelegt werden, und die von meinem neuen Hausarzt führt zu einem zynischen Brief. Sinngemäß schreibt die Versicherung mir: »So krank, wie Sie angeblich sind, ist es für uns unverständlich, dass Sie nicht in fachärztlicher Behandlung sind.« Ich schalte Dr. Schmel ein, ich kann diese Frechheiten und Unverschämtheiten nicht mehr ertragen. Auch nicht die ständige Unsicherheit, ob die Versicherung zahlt. Welchen Grund finden sie als Nächstes, um das Geld zurückzuhalten? Welche Vorwürfe muss ich mir noch gefallen lassen? Sie behandeln mich, als würde ich mir die Versicherungsleistung erschleichen wollen.

Der Brief von Dr. Schmel hilft. Mich erreicht ein eineinhalbseitiges Entschuldigungsschreiben, man habe um den Hintergrund nicht gewusst, es täte ihnen leid, solche Nachfragen an mich gerichtet zu haben, die Sache sähe nun natürlich völlig anders aus.

Nun kommen die Zahlungen regelmäßig und ohne weitere Nachfragen.

Ich brauche besonders jetzt, während des Prozesses, psychologische Unterstützung.

Vom Psychologenverband bekommt Herr Roth eine Liste mit mehr als fünfzig Namen von Psychologen. Ob diese traumapsychologisch ausgebildet sind, können wir ihr aber nicht entnehmen.

Ich versuche es über die »Verwaisten Eltern«. Mit drei Müttern telefoniere ich, alle verloren ihre Kinder durch Krankheit. Bei einer ist es zehn Jahre her, bei einer anderen vier. Die Kinder waren zwischen wenigen Wochen und fünfzehn Jahren alt. Aber egal welches Alter das Kind erreicht, für die Eltern bleibt es immer ihr Kind. Es gehört nicht zur normalen Lebensentwicklung, dass Kinder vor ihren Eltern sterben.

Traumapsychologen, so sagen mir die Mütter, gäbe es nur sehr wenige, die Wartezeiten seien deshalb lang, bis zu einem Jahr. Sie erzählen mir, dass sie diese Leere kennen, dass sie nicht wissen, wie sie das überleben sollen. Auch dieses Unverständnis im engsten Kreis kennen sie alle. Der beständige Versuch von außen, einen in die Normalität zu drängen, die es doch für sie gar nicht mehr gibt. Die beständige Ausgrenzung, die man erfährt, die Unsicherheit der Umgebung. Sie alle kennen hilflose, überforderte Therapeuten. So sieht die Realität aus, ich bin kein Einzelfall, wirklich nicht.

Diese Realität ist ernüchternd, erschüttert mich, immer mehr Schwierigkeiten sehe ich auf mich zukommen – und mir fehlt die Energie, sie zu bewältigen.

Die ersten beiden Prozesstage sind vorbei. Im Fernsehen sehe ich den Mörder schweigen, er sitzt da mit gesenktem Kopf, trägt seine fettigen Haare zur Schau und vergräbt sich hinter der Anklagebank. Er wirkt gelangweilt, desinteressiert, als ginge es ihn alles nichts an.

Das Gericht verzichtet auf meine Zeugenaussage, Herr Roth tritt als Zeuge auf. Ich werde den Gerichtssaal nicht betreten, das ertrage ich nicht, diesen Menschen real sehen zu müssen. Meine Träume haben schon genügend Gesichter.

Dem Forensiker sei Dank, durch ihn weiß ich bereits vieles, was mir hilft. Worte werden den Mörder jedenfalls nicht erreichen. Die Erwartung, so etwas wie Reue, Mitleid oder das Gefühl der Schuld durch die Konfrontation mit den Gesichtern der Eltern auslösen zu können, ist Unsinn. Aber es gibt noch einen weiteren Grund für mich, nicht in den Gerichtssaal zu gehen. Der Anblick der Eltern wird die Erinnerung in ihm wachrufen, wird seine Taten wieder in sein Bewusstsein holen, aber dadurch erhält er gleichzeitig die Gelegenheit, sich die überlebenden Opfer anzusehen. Vielleicht weidet er sich an dem zusätzlichen Leid, das er angerichtet hat. Ich traue ihm zu, dass er es genießt, noch einmal Macht auszuüben über die Opfer, die ihm dann gegenübersitzen. Ich will nicht hilflos dem Geschehen im Gerichtssaal ausgeliefert sein, unerträgliche Details über den Missbrauch und das Sterben der Kinder anhören müssen. Dieses Machtgefühl werde ich ihm nicht geben. Genug ist mit mir geschehen, als dass ich auch das noch zulassen würde. Ich übernehme lieber den aktiven Part, dort kann ich die Geschehnisse steuern und kontrollieren. Im Gerichtssaal kann ich das nicht.

Mit dem Artikel im *stern* gebe ich die Geschichte von Matthias bekannt. Der Redakteur hat ihn mir vorher zur Genehmigung gegeben, es ist die Wahrheit, zumindest ein Teil davon. Eine Wahrheit, die viele vielleicht lieber nicht gehört hätten, eine entsetzliche Wahrheit, mit der ich irgendwie leben soll.

In dem Artikel steht, dass Felix noch drei Tage in dem Kofferraum gelegen hat. Für mich ist diese Tatsache neu, mag sein, dass ich sie auch nur nicht mehr erinnern konnte.

Vielleicht hat man jetzt eine Idee davon, wie es mir geht.

Es ist ein Schlag, wer wüsste das nicht besser als ich. Ich hatte keine Vorwarnzeit, keine Chance, mich darauf vorzubereiten.

Entsetzt bin ich allerdings, als ich sehe, dass die *Bild*-Zeitung den Bericht eins zu eins nachgedruckt hat und dabei den Eindruck erweckt, ich hätte mich mit ihnen unterhalten. Ich gab das Interview dem *stern*, aus gutem Grund.

Mit Herrn Roth reise ich nach Köln, um bei *stern TV* aufzutreten. Dr. Schmel wird vom Prozess aus eingeflogen.

Die Redakteurin ist nervös, ausdrücklich hatten wir darauf bestanden, ihren Beitrag vor der Ausstrahlung abzunehmen. Jetzt weigert sie sich, es wäre nicht üblich. Wir erklären ihr, dass es uns nicht interessiert, was sonst üblich ist, mit uns läuft das so oder gar nicht. Herr Roth gibt ihr deutlich zu verstehen, dass ich ihnen die Sendung schmeiße, wenn irgendetwas ausgestrahlt wird, das nicht mit uns abgesprochen ist. »Das würde Frau Wille tun?«, fragt sie. Darüber hatte sie nicht nachgedacht. Sie senden live. »Ja«, sagt Herr Roth, »das würde Frau Wille tun.«

Sie wird noch nervöser, sie tuschelt mit dem Beamten. »Schafft sie das überhaupt?« Herr Roth grinst. »Frau Wille kann sich auf den Punkt konzentrieren.« Er guckt mich an und ergänzt: »Ein Phänomen.«

Wir bekommen das Tape zu sehen. Trotz aller Hektik und dem Chaos, das sie verbreitet hat, ist der Film wirklich gut geworden. Das ist Felix, der Bericht wird meinem Jungen gerecht. Noch einmal wird mein Sohn lebendig. Sie hat ihn getroffen, nun werden die Menschen wissen, wer Felix ist, dass er mehr als ein Fahndungsfoto ist. Dieser Beitrag wird die Menschen emotional beteiligen, ich bin mir sicher. Sie werden wissen, was ich verloren habe.

Einige Sequenzen sind für mich sehr belastend, ich fange still zu weinen an. Dr. Schmel gibt mir ein Taschentuch.

Günther Jauch ist so, wie ich ihn mir vorgestellt habe. Ein Profi mit Bodenhaftung, wir gehen seine Fragen durch. »Wenn es nicht mehr geht«, sagt er, »sitzen hinter Ihnen Herr Roth und Dr. Schmel. Ich führe das Gespräch dann dort weiter.« Das ist eine gute Lösung.

Andrea trifft ein, wir sehen uns das Studio an. Ich bereite mich vor, möchte keine Überraschungen erleben, die ich nicht mehr ertragen kann. Über ein Kabel möchte ich nicht so gern fallen. Aber vor mir kommt ein Werbeblock, ich werde also genug Zeit haben, mich in Ruhe zu setzen.

»Bist du gar nicht nervös?«, fragt Andrea. »Nein, warum sollte ich es sein?«

Ich bin konzentriert, ja, aber nervös? Nein, was soll mir denn noch passieren?

Günther Jauch kündigt mich an und beginnt mit meiner Tochter. Magdalena hat einen Brief an Felix' Mörder geschrieben, sie möchte, dass er vorgelesen wird. Dass meine Kleine das geschafft hat! Stolz bin ich auf meine Süße, sie schlägt sich ganz wacker.

Der Vorbericht läuft. Die belastenden Passagen kenne ich, ich blende sie aus, richte meine Aufmerksamkeit auf etwas anderes, das habe ich in den letzten Wochen perfektioniert.

Ich konzentriere mich auf Günther Jauch, ausschließlich, blende die gesamte Umgebung aus, bündle meine Gedanken, antworte auf seine Fragen. Ruhig, konzentriert. Eine schnelle Frage hat er noch an Dr. Schmel, dann kommt Werbung. Herr Jauch beugt sich vor und flüstert mir zu: »Das haben Sie gut gemacht.« Es tut gut, das von einem Profi zu hören.

Ich muss aber später auch Herrn Roth und Andrea fragen, ob ich wirklich gut war, ob ich gesagt habe, was ich sagen wollte. Selbst unmittelbar nach der Sendung kann ich mich nicht mehr an die Fragen und an meine Antworten erinnern.

Abends feiern wir unser Wiedersehen. In dieser Konstellation sehen wir drei uns schließlich seit Dezember das erste Mal wieder. Wir bleiben erst noch im Studio und wechseln anschließend in eine Kneipe in Köln. Andrea verabschiedet sich um drei, sie muss am nächsten Tag arbeiten. Herr Roth und ich kommen erst bei Tagesanbruch ins Hotel zurück. Für mich war es wichtig, mich in angenehmer Gesellschaft zu entspannen. Es ist eine Ruhepause, denn der Prozess beginnt erst.

Herr Roth und ich vertreiben uns am nächsten Tag die Zeit in Köln, warten darauf, dass Andrea Feierabend hat.

»Wenn ich eines gelernt habe«, sagt Herr Roth, »dann, dass die Ärzte allesamt hilflos und überfordert waren.«

Ich sehe ihn an. »Werner, wieso ist es so schwer, mit mir umzugehen? Es müsste doch eigentlich ganz einfach sein, ich bin immer ehrlich.«

»Ja«, sagt er, »aber diese offene Art, die Dinge deutlich beim Namen zu nennen, überfordert oftmals dein Gegenüber. Dadurch wirst du zum Exoten, unterscheidest dich von anderen. Es ist deine Art, den Horror klar zu formulieren. Das macht die Menschen sprachlos, hilflos. Vielleicht ist es auch die andere Herangehensweise, aktiv etwas anzupacken und nicht hilflos herumzustehen.«

Ich denke noch lange darüber nach. Nicht ich bin das Problem, die anderen haben Schwierigkeiten, sich auf mich einzustellen, ich entspreche eben nicht dem Bild des klassischen Opfers.

Wir fahren zu Andrea, um sie vom Dienst abzuholen. Im Autoradio werden die Nachrichten vorgelesen. Plötzlich kommt die Meldung: »Die sechsjährige Ayla aus Sachsen wurde heute tot aufgefunden.« Ich sehe Herrn Roth an und sage: »Matthias?«

Der Gedanke erschreckt mich selbst, aber er ist im Internet so weit gegangen, dass unserer Meinung nach Übergriffe in der Zukunft nicht ausgeschlossen werden können. Werner sieht mich irritiert an, der Nachrichtensprecher fährt fort: »... das in Zwickau lebende Mädchen ...« Ich ziehe die Luft scharf ein. »Werner, das sind nur hundert Kilometer von Matthias' Wohnort entfernt.« Die Nachrichten gehen weiter, der Täter ist gefasst, höre ich nun, es ist nicht Matthias. Nachdenklich sehe ich Herrn Roth an: »Jetzt weiß ich, warum es richtig war, das im *stern* abdrucken zu lassen.« Herr Roth schaut mich fragend an.

»Ich hätte nicht damit leben können, wenn Matthias irgendetwas damit zu tun gehabt hätte. Wenn mein Schweigen einem Kind das Leben gekostet hätte, hätte ich mich nicht mehr im

Spiegel ansehen können.« Herr Roth sagt weiterhin nichts, ich setze meinen Gedankengang fort: »Du glaubst doch nicht, dass er erzählt, warum er wirklich bei mir rausgeflogen ist. Auch ich habe Freunde, die dort in Sachsen leben und die Kinder haben. Sie hätten keine Chance gehabt, sie zu schützen. Jetzt haben sie eine.«

Wir drei verbringen noch einen weiteren Abend miteinander, diesmal muss Herr Roth als Erster gehen. Lange rede ich noch mit Andrea, vor allem über meine Schwierigkeiten, Kontakt zu meiner Tochter aufzunehmen. Der Wunsch von ihr wurde schon mehrfach an mich herangetragen, einige Briefe und wenige Päckchen waren mir möglich, mehr nicht.

Ich versuche, in Worte zu fassen, wo der »Hase im Pfeffer« liegt.

Mein Glaube, Sicherheit gewährleisten zu können, ist massiv erschüttert. Sicherheit gibt es nicht. Ich habe panische Angst, dass meiner Tochter in meinem Verantwortungsbereich etwas zustößt, dass ich wieder etwas nicht verhindern, nicht beeinflussen kann. Ein harmloser Besuch im Zoo. Was ist, wenn jemand meine Tochter ins Bärengehege wirft? Oder auf dem Weg dorthin vor die U-Bahn schubst? Ausgerechnet mir braucht man nicht zu sagen, dass so etwas doch gar nicht passiert.

Das Problem ist das Vorsätzliche. Ich weiß nur zu genau, dass irgendjemand meiner Tochter das Leben nehmen kann, wenn er es will. Und ich werde nichts, aber auch gar nichts dagegen unternehmen können.

Ich werde danebenstehen, hilflos, zum Zusehen verdammt. Das habe ich schon einmal erlebt. Ein Kind zu verlieren ist genug, ich bin nicht bereit, das Risiko noch einmal einzugehen.

Vielleicht ist das der Unterschied zwischen einem unbeeinflussbaren schicksalhaften Verlust und einem gezielten, von Menschen bewusst verursachten.

Für mein eigenes Leben kann ich Entscheidungen treffen. Sollte ein Bankräuber mich zur Geisel nehmen, es wäre meine Entscheidung, zu sagen, für meinen Widerstand würde ich auch sterben. Aber was passiert, wenn das Leben des Kindes gefährdet wird? Es würde die Hoffnung haben, dass ich ihm helfen könnte, eine Hoffnung, die sich vielleicht nie erfüllen wird?

»Haltet die Welt an«

Claudia hat ein Lied im Radio gehört und mich sofort angerufen: »Haltet die Welt an«, es ist von der Gruppe Glashaus. Das Lied ist mir wie auf den Leib geschrieben. Sie schaffen es, meine Emotionen in einen Drei-Minuten-Song zu verpacken.

»Haltet die Welt an, bei Gott, es fehlt ein Stück!«

Wie oft hätte ich es den Menschen zubrüllen können. Felix fehlt, wir müssen ihn erst finden, und dann können wir alle weitermachen. Aber die Welt war nicht anzuhalten, sie drehte sich weiter, ohne Felix.

Das Lied macht mich todtraurig, meine Gefühlswelt ist ohnehin sehr chaotisch. Der Verlust von allem, was mir je etwas bedeutet hat, steht vor meinem inneren Auge.

Wieso Felix? Wieso ich?

Was will der liebe Herrgott da oben von mir, dass es ihm so wichtig ist, mir meinen Sohn zu nehmen? Das hätte er mir doch auch anders sagen können, oder nicht?

Ich finde keine Antwort auf diese Frage.

Haltet die Welt an

Seitdem du weg bist, ist so manches »o. k.«. Dafür, dass es korrekt ist, tut es aber ganz schön weh. Ich bin wirklich gesegnet ...
hatte Glück und vieles ist super, wie es ist,
bis auf die Lücke, die nicht schließt.
Es ist ein perfekter Kreis von 280 Grad –

Der rettende Beweis, den ich leider grad nicht hab.
Es ist der Sinn des Lebens, den keiner mir verrät.
Man muss wirklich kein Genie sein, um zu merken, dass was fehlt.

Chorus
Bei Gott, es fehlt ein Stück, haltet die Welt an!
Es fehlt ein Stück, sie soll stehen!
Und die Welt dreht sich weiter, und dass sie sich weiterdreht,
ist für mich nicht zu begreifen, merkt sie nicht, dass einer fehlt?
Haltet die Welt an, es fehlt ein Stück!
Haltet die Welt an, sie soll stehen!

Es ist nicht zu beschreiben, wie kalt und leer es ist.
Ich versuche, nicht zu zeigen, wie sehr ich dich vermiss.
Meine Freunde tun ihr Bestes, aber das Beste ist nicht gut genug.
Für das, was du mir warst, hat diese Welt kein Substitut.
Dies ist ein Akt der Verzweiflung, ein stummer Schrei
eines Menschen voller Leid und seiner Wunde, die nicht heilt.

Es ist ein letzter Kampf gegen das, woran es liegt
wie ein Vogel mit nur einem Flügel, der bestimmt nicht fliegt.

Chorus
Es ist leicht zu erkennen und schwer zu ertragen.
Wie konnte man uns trennen? Mein Herz trägt deinen Namen!
Es ist die alte Geschichte, wenn jemand stirbt.
Es fehlt ein Stück vom Puzzle, das so niemals fertig wird.
Man sagt mir: »Halb so schlimm. Es geht weiter, wie du siehst!«
Um zu sehen, dass das nicht stimmt, braucht es keinen Detektiv.
Ich kann meinen Zweck nicht erfüllen, wie eine Kerze ohne Docht.
Dieses Schiff geht langsam unter, merkt ihr nicht, es hat ein Loch!

Die Hilfe einer Bekannten aus Hipstedt hat endlich dazu geführt, dass ich einen Traumapsychologen in der Nähe meines Häuschens gefunden habe.

Ich versuche, beim ersten Gesprächstermin umzuschalten, von Beherrschung und Kontrolle auf das, was ich wirklich denke, und vor allem, was ich wirklich fühle. Es ist schwierig – und doch wieder nicht. Ich will ihn nur nicht wieder mit zu viel Ehrlichkeit verschrecken, wie meine vorherige Psychologin, der Tränen in den Augen standen, wenn ich meine Gedanken formulierte.

Ich versuche es also mit … Ehrlichkeit. Ich erzähle ihm von dieser Erfahrung in der Fachklinik, beobachte ihn dabei aufmerksam, aber ich kann in seinem Gesicht nur Erstaunen erkennen, und dann erstaunt er mich.

»Die Klinik, in der Sie waren, ist gar nicht traumapsychologisch ausgebildet. Die hätten Sie gar nicht nehmen dürfen.« Ich bin sprachlos, mein Eindruck hat mich also nicht getäuscht. Ich berichte ihm von der »Psychiatrieandrohung«, er schüttelt nur den Kopf. »Die hätten sich lieber freuen sollen, dass ein Emotionsausbruch kommt, es ist deren Problem, damit umzugehen, und nicht Ihres. Und der Ausbruch ist völlig normal.« Ich brauche mich also nicht ständig zusammennehmen, ich darf wütend sein, darf traurig sein? Das ist neu für mich. »Eigentlich«, sagt er, »müsste ich Sie wieder in eine Fachklinik einweisen. Aber ich glaube, von diesen Einrichtungen haben Sie die Nase voll.« Damit hat er allerdings recht. Er fragt mich nach meinen Suizidgedanken. Sie sind mein treuer Begleiter, immer noch, mal mehr, mal weniger. Und nun darf und kann ich mit ihm darüber reden.

Ich erzähle ihm von meinen Schwierigkeiten, Kontakt zu meiner Tochter aufzunehmen. Erst kürzlich hatte Herr Roth wieder gedrängt und gemeint: »Wenn du dich nicht meldest, wird die Baustelle immer größer.« Mein Psychologe schließt sich seiner Meinung an. »Sie muss wissen, dass Sie da sind und nicht in einem schwarzen Loch verschwunden sind. Aber einen persönlichen, direkten Kontakt, den können Sie noch gar nicht leisten.«

Wenn das mal jemand meinem Umfeld erklären könnte. Demjenigen wäre ich wirklich dankbar.

Häufig werden Forderungen an mich herangetragen, denen ich mich nicht gewachsen fühle. Sie ziehen mir den Boden weg, lassen mich hadern mit meiner Unzulänglichkeit. Ich quäle und prügele mich durch jeden Tag, und nie ist es genug.

Nachts schrecke ich aus dem Schlaf hoch. Du hast nicht abgeschlossen, es ist jemand im Haus, sagen mir meine Gedanken. Der Puls jagt, ich höre mein Herz in meinen Ohren schlagen. Ich bin wach, hellwach. Jetzt, wo ich nicht mehr schlafe, habe ich wieder Kontrolle über mein Unterbewusstsein, das mir solche Streiche spielt.

»Pfeife, fahr runter«, sage ich zu mir in solchen Momenten. Ich konzentriere mich auf das Pochen in den Ohren. Reguliere den Puls, als Krankengymnastin hat man ja einiges gelernt. Damit es nicht noch einmal vorkommt, gehe ich zur Tür, um meinem Unterbewusstsein zu zeigen, dass sie wirklich zu ist.

Dennoch passiert es noch mehrfach. Was ist es, das mich nachts aufschrecken lässt? Ich grüble darüber nach. Nur wenn ich eine Antwort auf diese Frage finde, kann ich es abstellen.

Vielleicht hat mein Psychologe eine Idee, also erzähle ich ihm davon. »Kein Wunder, dass Sie ein erhöhtes Sicherheitsbedürfnis haben. Kontrollieren Sie abends alle Fenster und Türen, dann kommt es nicht mehr vor«, sagt er.

»Wissen Sie, es macht mir keine Angst, dass jemand einbricht«, sage ich. Er sieht mich fragend an. »Ich habe auch keine Angst, dass mich jemand umbringt«, fahre ich fort. Seine Aufmerksamkeit gilt nicht mehr den Notizen. »Sondern?« – »Ich habe Angst, dass mich jemand quält, bevor ich sterbe.« Er zieht die Augenbrauen hoch. »Das ist die unbefriedigende Antwort, die ich fand.«

Es gibt eine deutliche Diskrepanz zwischen innerem Schaden und Außenwirkung. Das Bild, das ich nach außen vermittle, steht im krassen Gegensatz zu meinem gesundheitlichen Zustand.

Mein Weinen wird nach außen zum Lachen.

Meine klaren, logischen Worte überdecken mein Gefühlschaos, und meine Selbstsicherheit die Angst vor den hässlichen Fratzen in dieser Gesellschaft.

Und dieses Auftreten lässt die Menschen meine Biografie manchmal vergessen.

Auch die Medienleute sind davon irritiert. Bevor Herr Roth und ich eine Anfrage vom Fernsehsender RTL positiv beantworten, treffen wir uns mit dem Journalisten, um abzuklären, ob die gegenseitigen Vorstellungen erfüllbar sind, auch um deutliche »Verbotszonen« abzusprechen. »Sie wirken nach außen so kontrolliert, fast gelassen, wie machen Sie das?«, fragt mich der Redakteur. »Und nun noch die Nebenklage.«

Wie soll ich das erklären? Herr Roth springt ein, mit einem Grinsen zu mir sagt er: »Eigentlich gehörst du ins Management, ich habe noch nie erlebt, dass jemand in diesem Stress so konzentriert sein kann.« Es tut mir gut, das zu hören, dass ich etwas gut mache und dass doch wenigstens einige mitbekommen, was ich alles mache und wie schwierig und auch ungewöhnlich es eigentlich ist.

Ich kann es mir nicht verkneifen, den Redakteur zu fragen, wann er eigentlich von der Nebenklage erfahren hat. Und tatsächlich hat auch er es erst am ersten Prozesstag am Aushang gelesen. Und so wie ich schon vermutet hatte, haben sich die Pressevertreter erhebliche Gedanken darüber gemacht, was sie bloß senden sollen, wenn keiner mit ihnen spricht. Levkes Eltern, das war bekannt, würden nicht mit der Presse reden, und ich war verschwunden. Der Redakteur sagt weiter: »Wir hätten über den Mörder berichten müssen, auch wenn wir es nicht gewollt hätten, uns wäre nichts anderes übrig geblieben. Sie glauben gar nicht, wie glücklich wir sind, dass Ihr Anwalt redet und dass Sie reden.«

Ich sehe Herrn Roth nur an und bemerke: »Genau das habe ich kommen sehen, und aus diesem Grund sitzen wir hier.« Mein Plan ist also aufgegangen, erst überraschen, dann verblüffen. Auch wenn es mir viel Disziplin abverlangt, es funktioniert so, wie ich es will.

Der Redakteur weiß Details aus dem Gutachten, die ich noch nicht kenne. Ganz unbefangen erzählt er sie mir. So soll der Täter dem Gutachter gesagt haben, dass er für die Morde drei Jahre in die Psychiatrie gehen würde und dann mit seiner Frau das nächste Kind plane. Was auch immer er mit »nächstes Kind« gemeint hat. Der Redakteur ist fassungslos.

Ich bleibe gelassen, dem Forensiker sei wieder gedankt. Mir war klar, dass so etwas kommen würde. Wo landen die meisten dieser Täter denn? In der Psychiatrie. Wie viele von ihnen haben den Freigang genutzt, um sich wieder Kinder zu holen? Das sind Geschichten, die wir alle kennen. Die folgende Aussage des Redakteurs bestätigt die Worte des Forensikers: »Die meisten dieser Täter werden oft überschätzt. Ihnen fehlen die elementarsten menschlichen Emotionen.«

Ich antworte: »Was wollen Sie von einem Menschen erwarten, der einen IQ hat, knapp über dem des deutschen Hausschweins? Es mag ja sein, dass er sich das mit der Psychiatrie so wünscht, aber als er sich Felix nahm, wusste er noch nicht, dass diese Mutter dazugehört. Und jetzt hat er ein Problem, nämlich mich.«

Der Redakteur erzählt noch, dass man die Presse verdonnert hätte, das Gesicht des Mörders nur verpixelt zu senden oder abzudrucken, um seine Persönlichkeitsrechte zu wahren.

Persönlichkeitsrechte, denke ich, wo waren die Rechte der Kinder gewahrt oder meine oder die meiner Freunde, meiner Familie? Ich musste Felix auch an die Öffentlichkeit abgeben, sein Gesicht auf Fahndungsplakaten zeigen. Abartig, er will für sich Rechte in Anspruch nehmen, die er selbst mit Füßen getreten hat, nun auf einmal will er davon etwas wissen. Er hatte aber die Rechnung ohne RTL gemacht. Der Sender entschloss sich, das wahre

Gesicht des Mörders der Öffentlichkeit zu präsentieren. Unabhängig von mir hatte sich dort die gleiche Meinung durchgesetzt.

Und so war am ersten Prozesstag in den 9-Uhr-Nachrichten noch sein reales Konterfei zu sehen, ab 12 Uhr musste es auf Anordnung des Gerichts verpixelt werden. Die Geschäftsführung von RTL diskutierte über diesen Punkt und nahm es dann auf ihre Kappe, um 15 Uhr wieder das unverstellte Gesicht zu zeigen. Die anderen Sender zogen nach, alle Welt sollte sehen, welches Gesicht zu dem Kindermörder gehört. Ich ziehe den Hut vor der Courage der Geschäftsführung.

Das gefällt mir, Rückgrat ist gefragt. Der Redakteur ist in Ordnung, direkte Worte, keine Gefühlsduselei, wir können drehen.

Insbesondere in unserer lokalen Presse werden die SOKOs mit Kritik überhäuft. Felix hätte nicht sterben müssen, wenn sie besser gearbeitet hätten. Wenn sie dem entscheidenden Hinweis früher nachgegangen wären, wenn die Gendatei früher angelegt worden wäre, wenn...

Was bilden die sich ein? Am allerwenigsten kann die Presse das Ausmaß an Arbeit beurteilen, die die beiden SOKOs, SOKO Levke und SOKO Felix, hier geleistet haben. Ich nutze die Öffentlichkeit, um klarzustellen, dass es nur einen gibt, der den Tod der Kinder zu verantworten hat, und das ist der Mörder, nicht irgendeine SOKO, nicht ich, auch niemand anders.

Wenn ich das schon höre, es gab mehr als 4000 Spuren – aber hinterher sind immer alle schlauer. Ich finde es unmöglich, das Vertrauen der Öffentlichkeit in unsere Polizei so zu untergraben. Dazu kommt auch noch, dass das Misstrauen sät. Es ist spekulativ, Felix ist tot. Es führt doch zu nichts. Gendatei. Es gab keinen vollständigen Abdruck, es hätte uns nichts gebracht, wir alle haben sämtliche Hebel in Bewegung gesetzt.

Diese Kritik trifft auch mich. Sicher, ich bin kein Polizist, aber ich habe mich als ein Teil der SOKO verstanden. Auch ich habe mitgewirkt, um meinen Sohn wiederzubekommen, und mein Einsatz war erheblich höher als der von SOKO-Beamten. Ich habe mein Leben eingesetzt, um meinen Sohn zu retten, doch ohne eine Chance.

Wenn man noch einen Schuldigen, einen Sündenbock sucht, dann sollte man eher mal die Verwandtschaft des Täters fragen, warum diese die Verhaltensänderungen nicht bemerkt, warum sie sich nicht gemeldet hat. Eine ehemalige Nachbarin hat etwas Derartiges festgestellt, sie sagt im Prozess aus. Es ist eine bodenständige Frau, und sie ist die einzige Person, die es schafft, dass der Mörder seine Stimme hören lässt.

Im Zuge des Prozesses wird immer öfter die Todesstrafe gefordert. Prozesszuschauer, die befragt werden, äußern sich dazu: »Ich wüsste, was ich täte, wenn das mein Kind wäre.« Ja, denke ich, was würdest du denn tun, wenn es so wäre? Und das, womit du jetzt in Gedanken spielst, das würdest du nicht in die Tat umsetzen. Es sind Äußerungen der Wut, des Hasses, der Hilflosigkeit, vielleicht auch des Zweifels an unserem Rechtssystem. Es sind Emotionen, die solche Bemerkungen auslösen, aber es ist der falsche Weg. Wir würden uns auf die gleiche Stufe stellen wie die Täter. Mit diesen aufgebrachten Bekundungen gibt man dem Täter eine Wichtigkeit, man räumt ihm einen Platz im eigenen Leben ein, der ihm nicht zusteht. Nutzt eure Emotionen lieber, so appelliere ich gegenüber der Presse, um Felix einen Platz in eurem Leben einzuräumen, habt ihn vor Augen, wenn einem Kind Leid zugefügt wird. Nutzt diese Wut, um die Kinder zu schützen!

»Da sind die Amerikaner uns voraus.« Und: »Die Frau Bachmeier, die hat es richtig gemacht.« Es ist mein Hausarzt, der mir dies sagt. »Ich will Sie da aber zu nichts drängen, ich meine ja nur.« Es ist die Hilflosigkeit, die Unfassbarkeit einer solchen Tat, die zu solchen Bemerkungen führt. Ich kann nur hoffen, dass alle diesen Typen am Leben lassen. Wir wollen noch was von ihm wissen. Was ist mit Adelina? Was mit Dennis? Tot nützt er uns nichts.

Und ich selbst? Ich möchte ihn leiden sehen, er soll eine Idee bekommen von der Angst, die er verursacht hat. Lange Jahre soll er sie spüren. Ich hoffe, sie passen im Knast gut auf ihn auf. Der Tod oder die Todesstrafe wären eine Erlösung für ihn. Ein angstfreier, schmerzfreier Tod wäre eine Gnade, die er nicht verdient, den hatten die Kinder auch nicht.

Vorwürfe

Der Vater von Felix hat genauso wie ich die Möglichkeit der Nebenklage. Auch er wurde vom Gericht angeschrieben, hatte sich aber dagegen entschieden.

Es ist der zweite Prozesstag, als mich ein Anruf von Herrn Vogt erreicht. Er teilt mir mit, dass mein Exmann sich sehr ärgert, weil der Kindesunterhalt für meine Tochter nicht pünktlich und zudem unvollständig eingehe, und dass das geregelt werden müsse.

Dieses Thema haben wir seit Februar. Ich erkläre dem Beamten wieder einmal, dass ein Dauerauftrag eingerichtet sei, der Unterhalt also pünktlich auf seinem Konto sein müsse.

»Aber es fehlen nach Meinung deines Exmannes 149 Euro«, sagt Herr Vogt. Ich sage, dass ein behördliches Schreiben vorliege, wonach ich diese 149 Euro an das Jugendamt zu zahlen habe, und wenn dieses Geld nicht eingegangen sein sollte, er das beim Jugendamt klären müsse, aber nicht bei mir, bei mir sei es abgebucht.

»Nein, du verstehst das nicht richtig, das sind zwei verschiedene Dinge«, sagt er.

Kindesunterhalt ist und bleibt aber Kindesunterhalt. Ich kann das doch nicht ständig neu erklären. Für einen derartigen Kram habe ich im Moment auch keine Nerven. Ich sage Herrn Vogt, dass mich Felix' Vater ja verklagen kann und dass ich ihn dazu beglückwünsche, wenn er zum jetzigen Zeitpunkt lediglich Sorgen hat, die sich im Bereich von 149 Euro bewegen. Und bei Gelegenheit könne er, Herr Vogt, meinen Exmann mal daran erinnern, dass der Mörder seines Sohnes zurzeit vor Gericht steht, falls er das vergessen haben sollte. Ich würde im Übrigen auch jede Aktivität im Prozess vermissen, man könnte denken, das Kind wäre Halbwaise, es scheint ihn ja wenig zu belasten, bemerke ich bitter.

Es würde ihn sehr belasten, sagt Herr Vogt, nur könne er da nicht hin, weil er dem Typen an die Gurgel gehen würde. Das wiederum kann ich sehr gut verstehen.

Mir platzt trotzdem der Kragen, ich rege mich derartig auf, dass ich Herrn Vogt frage, ob sich mein Exmann außer ums Geldkriegen auch mal Gedanken macht oder mal fragt, ob eigentlich alle Rechnungen beglichen wurden? Ich denke da an die Beerdigungskosten.

Die Antwort schlägt dem Fass den Boden aus. »Warum sollte er sich da zuständig fühlen, er hat doch die Beerdigung nicht beauftragt.«

Ich glaube das alles nicht.

Immer wieder reklamiert mein Exmann bei den Kripos, dass ich mich zu selten bei meiner Tochter melde. Er hat ja auch recht, aber ich kann nicht, ich kann es einfach nicht.

Irgendwann schaffe ich es schließlich, meiner Kleinen einen Brief zu schreiben.

Es dauert auch nicht lange, bis mir mein Vater berichtet, dass mein Ex ihn angerufen habe und sich mindestens eine halbe Stunde über meinen Brief aufgeregt hatte und überhaupt nicht mehr zu bremsen war. Mein Vater wusste gar nicht, was los war, und bat ihn schließlich, doch diese Passage mal vorzulesen, was er denn auch tat.

»Der Papa passt ja gut auf dich auf, aber das weißt du ja auch.« Wieder fing mein Exmann an, sich zu erregen. Mein Vater stoppte ihn schließlich und sagte: »Ich lese das, was du da reininterpretierst, nicht raus, und was geht dich das eigentlich an, der Brief ist doch wohl an Magdalena adressiert.« Ich könnte meinen Vater knutschen.

Damit ist erst einmal Ruhe. Nur traue ich mich jetzt nicht mehr, Briefe an meine Kleine schreiben. Ich begreife, verstehe das nicht. Der hat Probleme!

Es ist doch wunderbar so, wie es ist. Er kümmert sich gut um unsere Tochter und ich mich um den Prozess.

Es kränkt und verletzt mich. Mir wird zugetragen: »Die macht das nur wegen des Geldes.« Es ist unfair, Unterstützung könnte ich jetzt gebrauchen, aber nicht das.

Ich mache mir Gedanken, frage nach dem Warum.

Fühlt er sich zu wenig berücksichtigt, im Stich gelassen? Ist es seine Wut auf den Mörder, der unerreichbar ist für seine Emotionen, die ein Ventil brauchen und nun mich treffen? Ist es der Zorn gegen Matthias, die Angst, dass er sich an unseren Kindern vergriffen haben könnte?

Kann ich wirklich wissen, ob er das alles überhaupt gesagt hat? Wurde es ihm in den Mund gelegt? Ich kann mich jetzt nicht länger damit befassen, ich bin traurig und nicht in der Verfassung, das zu klären.

Der Prozess schreitet fort, wir müssen nun das Adhäsionsverfahren mit einleiten. Es wirkt sich verkürzend auf einen Zivilprozess aus, erfahre ich, macht ihn unter Umständen sogar überflüssig.

Der Typ kann ja wohl kaum glauben, dass er Kinder umbringen kann, ein unglaubliches Leid bei den Angehörigen anrichtet, ohne dass er dafür auch zivilrechtlich haftet. Ich stehe vor den Fragen: Was ist ein Kinderleben wert? Wie viel ein zerstörtes Leben? Ist Schmerz mit Geld zu bezahlen? Diese Schmerzensgeldansprüche müssen aber angemeldet werden, sie gehen nach drei Jahren unwiederbringlich verloren. Mein Anwalt und ich werden sie für meinen Sohn, für meine Tochter und für mich einfordern. Dazu brauche ich aber ärztliche Atteste, und so rufe ich den Kinderpsychologen an, sende ihm die Schweigepflichtsentbindung, bitte ihn, Magdalenas Behandlung zu dokumentieren.

Die Zeit drängt, ich bitte um einen Rückruf, den ich auch erhalte.

Ich soll mir gut überlegen, sagt er, ob es im Interesse meiner Tochter liegt. Sie bei ihm erneut vorzustellen könnte retraumatisierend wirken. Das möchte ich natürlich nicht. Wir werden dann eben die Ansprüche grundsätzlich anmelden, um ihr diese Option zu erhalten, denn wir wissen nicht, was ihr die Zukunft bringen wird.

Im Übrigen wisse er gar nicht, so der Psychologe weiter, warum ich das alles eigentlich mache. Das kann ich ihm erklären: Der Typ darf nie wieder rauskommen. Das würde mich ja wohl nichts mehr angehen, bekomme ich zu hören, wäre nun Aufgabe der Polizei und des Gerichts und nicht meine. »Sind Sie ein Weltverbesserer, oder wollen Sie sich als Papst bewerben?«

Was ich da zu Ohren kriege, kann ich kaum glauben. Der Kinderpsychologe ist aber noch nicht fertig.

Ich wisse ja selbst, dass ich eine sehr streitsüchtige Person sei, es wäre hilfreich, wenn ich nicht immer Zank suchen würde, meine Tochter wünsche sich nichts sehnlicher als Ruhe.

Nun weiß ich gar nicht mehr, wovon er eigentlich spricht. Ich will keinen Streit, ich lasse doch meinen Ex nun wirklich in Frieden.

»Wie kommen Sie darauf?«, frage ich.

Ich hätte ihm selbst erzählt, dass ich jeden verklagen würde.

Ich würde jeden verklagen? Das soll ich so gesagt haben? Das glaube ich nicht.

Ich solle mal meinen Blickwinkel ändern, meint nun Magdalenas Psychologe, die passive Position meines Exmannes würde sich dann anders darstellen. Außerdem solle ich mich besser um mich kümmern, das wäre ja wohl wichtiger.

Das würde ich auch gern tun, aber manchmal lassen die äußeren Umstände das nicht zu. Ich habe mir den Prozesstermin nicht ausgesucht. Und nun geht es um die Rechte der Kinder, da interessiert es nicht, ob ich persönlich jetzt etwas anderes will oder nicht.

»Ihr Sohn ist tot. Er ist ermordet worden. Das ist schrecklich, aber Sie werden das begreifen müssen. Gehen Sie doch mal wieder arbeiten«, knallt er mir an den Kopf.

Ich versuche es noch mal und sage ihm, dass es hier schließlich auch um den Respekt vor meinem Sohn geht, dass er eine Persönlichkeit war.

Es wäre ja wohl respektvoller, die Toten ruhen zu lassen. Ich würde dies für mich nur als Vorwand nehmen, um mit Felix ein Geschäft zu machen, darf ich mir nun anhören. »Geben Sie es doch zu, es geht Ihnen nur um die Kohle!«

Ich verstehe die Welt nicht mehr, ich bin entsetzt, sprachlos. Es ist eine absolute Frechheit, was er sich da erlaubt. Es ist kränkend und verletzend. Ich werde mit Vorwürfen überschüttet, die ich nicht verdient habe.

Wofür weitermachen?

Der Prozess, die vielen Pressetermine, das alles zerrt an meinen Nerven. Ich funktioniere, kontrolliere mich, mache meine Arbeit.

Sobald die Kamerateams weg sind, fordert der Stress seinen Tribut. Ich fühle mich wie zerschlagen, bin erschöpft und kann dennoch nicht schlafen. Eine ständige innere Unruhe zwingt mich, in Bewegung zu bleiben. Viele Kilometer lege ich im Wohnzimmer zurück. Ich kann nicht still sitzen, ich grüble über das, was Zukunft genannt wird.

Ich weiß genau, dass ich nie wieder wirklich leben werde. An was soll ich mich festhalten? Wofür weitermachen?

Im Internet stoße ich auf ein Buch, es heißt *Wenn ein Kind ermordet wird.* Es ist eine Langzeitstudie über Eltern, die ihre Kinder durch ein Gewaltverbrechen verloren haben. Und was ich dort lese, bestätigt meine dunkle Ahnung.

Selbst wenn dieses Verbrechen fünf Jahre zurückliegt, ist der Anteil der Eltern, die in ihrer Leistungsfähigkeit eingeschränkt sind, erschreckend hoch, so sind es bei den Müttern 53 Prozent. In der Studie heißt es: »Das Leben, vor allem der Eltern ermordeter Kinder, ist völlig zerstört ... Ob und inwieweit es ihnen gelingt, ein neues Leben aufzubauen, ein Leben, in dem Trauer, Schmerz, Zerstörung, aber auch Hoffnung und Freude ihren Platz finden, hängt wesentlich vom Umgang der Gesellschaft, des Staates mit den Opfern ab.«

Das mag stimmen, aber ich erlebe mein Umfeld in erster Linie als hilflos, auch als fordernd. Ich denke schon lange darüber nach, was für ein Mechanismus da funktioniert, der es offensichtlich so furchtbar schwer macht, mich und meine Probleme zu verstehen. Warum ich die Unterstützung, die ich mir so wünsche, nicht bekomme. Liegt es etwa an mir selbst?

Weiter heißt es in der Studie: »Hinzu kommt, dass Kinder, vor allem, wenn sie Opfer eines Sexualstraftäters wurden, nicht selten gefoltert wurden, der Todeskampf sich über längere Zeit erstreckte. Diese Nähe zum Täter vor allem während des Sterbens, die Ungewissheit über die Tatumstände, vor allem die Ungewissheit über das Ausmaß des Leidens, gibt diesen Morden etwas Grauenvolles, das sich schwer in Worte fassen lässt.« Ja, das sind Gedanken in meinem Kopf, die mich manchmal schier wahnsinnig werden lassen.

Ich lese auch, dass es kaum eine Möglichkeit gibt, diese unerträgliche und unverständliche Situation selbst zu beeinflussen. Typisch ist ebenfalls die Zerstörung des zentralen Lebensbereichs, womit die Familie gemeint ist. Davon ist ja in der Tat nichts mehr bei mir übrig geblieben. Es wartet noch auf mich die Orientierungslosigkeit, die ich schon spüre, und die Ohnmacht.

Und was ich dann erfahre, deprimiert mich. In zwei bis drei Jahren wird die Destruktion auf andere Lebensbereiche übergreifen. Krankheit, berufliche Schwierigkeiten, Verlust der Freunde und finanzielle Probleme werden mich erwarten.

Alles, was bislang Bedeutung hatte, wird durch eine solche Tat infrage gestellt. Stimmt, meine Prioritäten gibt es nicht mehr. Alle Erfahrungen, Bemühungen, Ziele, Pläne, sämtliche Zukunftsperspektiven sind verloren gegangen, gehen verloren.

Es ist niederschmetternd. Vielleicht wäre es besser gewesen, nicht zu wissen, was kommt. Aber das ist ja jetzt spekulativ, ich habe es gelesen, ich habe es vorher schon geahnt, und jetzt weiß ich es. Ich habe verloren.

Sechsundzwanzig Mörder sind in dieser Untersuchung zur Erfassung der Opfersituation betroffener Familien aufgeführt, einundzwanzig wurden wegen Mordes verurteilt, aber nur in einem Fall wurde zu lebenslänglich und auf besondere Schwere der Schuld erkannt. Nur in einem Fall! Obwohl zehn der Opfer unter vierzehn Jahre alt waren.

Wer mir sagt, irgendwann wird alles irgendwie besser, sollte dieses Buch vielleicht mal lesen, da kann man sehen, was man sich vormacht. Was für eine jahrelange Quälerei es ist. Mein Masochismus hält sich in Grenzen. Die Zukunftsaussichten sind nicht gerade einladend.

Ich telefoniere mit der Autorin dieser Studie. Gabriele Karl kennt die Probleme des Umfelds, die Isolierung, die Ausgrenzung. Sie weiß von Feierlichkeiten, von denen man ausgeschlossen wird, in dem Glauben, man würde das Fest ruinieren, da keiner dann lachen dürfe, wenn jemand da ist, der sein Kind verloren hat, jemand wie ich.

Sie erzählt mir auch, dass die meisten Familien umziehen, viele auf Jahre krank bleiben, ihren Beruf nicht mehr ausüben können. Sie sagt auch, dass sich vieles relativiert. Gabriele Karl weiß, wovon ich rede, und ich weiß, was sie meint. Auch sie hat ein Kind verloren. Wie oft habe ich in der letzten Zeit auf mein Leben zurückgesehen und mich gefragt, was als wertvoll davon angesehen werden kann. Wie wichtig sind aus der heutigen Perspektive noch meine früheren Monatsabschlüsse? Wie lächerlich und peinlich die Menschen, die sich um meine Kunden stritten wie die Geier um das Aas. Die Buchprüfung vom Finanzamt? Nicht so entscheidend, schon gar nicht so, dass sie mich unruhig machen könnte. Es sind dies alles keine Probleme, allenfalls Problemchen. Vieles erscheint mir heute zu banal, zu lächerlich, als dass ich dem jetzt auch nur Aufmerksamkeit schenken würde.

Meine kleine Familie – immer war es selbstverständlich, dass sie da ist. Heute weiß ich es besser. Heute trauere ich um jeden nicht gemachten Urlaub, weine um jedes Bild, das es nicht gibt.

Zu vieles macht mir Angst, die Menschen machen mir Angst, diese Gesellschaft, in der solche Monster aufwachsen können. Das Unvermögen vieler, nicht über ihren Tellerrand hinaussehen zu können. Es ist eine Gesellschaft, die mich maßlos erschreckt. Es mag ungerecht sein, viel Gutes haben Menschen mir zukommen lassen, sie taten, was ihre Möglichkeiten hergaben. Dennoch, es ist auch so viel Bosheit in ihnen. Wer kennt sie nicht, diese kleinen versteckten Seitenhiebe gegen einen anderen. Neidvoll wird auf den Nachbarn oder Fremden gesehen, nach Möglichkeiten gesucht, in das kleine Glück ein wenig Unglück zu bringen.

Wo rudert diese Gesellschaft bloß hin? Jedem sein kleiner Krieg, und die Front ist der Gartenzaun. Einige wenige Menschen habe ich kennengelernt, die eine unglaubliche Ruhe ausstrahlen, die ihre eigenen kleinen Schwächen mit einem Lächeln akzeptieren, mit sich selbst im Reinen sind. Sie ruhen in sich.

Heute wird der Gutachter als Zeuge aussagen. Dies ist der entscheidende Termin. Seine Aussage entscheidet über Höchststrafe oder »Ach, der Arme«.

Die Verteidigung beantragt den Ausschluss der Öffentlichkeit wegen der Persönlichkeitsrechte des Täters. Dr. Schmel legt Einspruch ein. Das Gericht berät – und gibt unserem Antrag nach. Die Menschen sollen wissen, was der Täter für ein Schwein ist. Bevor der Gutachter aussagen kann, stellt die Verteidigung einen Befangenheitsantrag gegen das Gericht. Die Sitzung wird geschlossen, über diesen Antrag wird eine andere Kammer entscheiden.

Was soll das denn nun schon wieder? Wie kann man als Anwalt einen Kindermörder überhaupt verteidigen? Wird dem Antrag stattgegeben, muss der Prozess von vorn beginnen. Ich bin mir aber sicher, dass der Prozess mit diesem Richter fortgesetzt wird. Er führt ihn gut, umsichtig, er hat kein Zeichen der Befangenheit gezeigt. Es kommt, wie ich es mir gedacht habe. Für einige Passagen wird die Öffentlichkeit ausgeschlossen, ansonsten findet die Aussage des Gutachters vor Publikum statt.

Es ist eindeutig. Der Mörder ist voll schuldfähig, das wusste ich ja schon. Er ist auch nicht pädophil; er hat sich Kinder genommen, weil sie sich nicht wehren können, weil sie die Schwächsten sind.

Etliche abgebrochene Vergewaltigungsversuche an Jugendlichen und Kindern im Vorfeld sind dabei, die meisten nicht aktenkundig. In seinem Heimatort verging er sich an einem Nachbarsjungen. Zwei Mädchen, zwischen sechs und acht Jahre alt, konnten schreiend entwischen, als er sie ins Auto ziehen wollte. Ein Anhalterpärchen trennte er, von dem Mädchen ließ er ab, als sie ihm sagte, sie sei Jungfrau. Eine siebzehnjährige, geistig behinderte Frau zeigte ihn schließlich an, das Verfahren wurde aber eingestellt aus Mangel an Beweisen – und weil das Mädchen behindert war?

Emotionslos habe der Mörder ihm die Taten berichtet, das sagt der Gutachter. So gefühllos, wie ich ihn im Verfahren erlebe. Der Mann teilte ihm auch mit, dass er dann eben drei Jahre in die Psychiatrie gehe und dann wieder zu seiner Frau.

Als ihm gesagt wurde, dass das nichts werden würde, weil der Gutachter ihn für voll schuldfähig halte, brach er das Gespräch mit der Bemerkung ab, dass es dann sinnlos sei, sich weiter mit ihm zu unterhalten.

Er ließ aber auch noch fallen, berichtet der Gutachter weiter, dass die Kinder sterben mussten, weil sie sich so passiv verhalten hätten. Sie hätten ihn ja abbringen können von seinen Gewaltfantasien.

In Anbetracht dieser Bemerkung macht sich Sprachlosigkeit breit, im Publikum, bei der Presse und bei mir.

»Was sagen Sie dazu?«, fragt der Journalist von RTL. Ja, was eigentlich? Mir geht nur ein Gedanke durch den Kopf, den ich auch äußere: »Der Typ ist eine tickende Zeitbombe, jeder, aber auch jeder menschliche Zug fehlt völlig.« Diese Äußerung steht für sich, Kommentar nicht notwendig.

Das Gutachten ist durch nichts zu erschüttern, das wirkt sich verkürzend auf den Prozess aus. Einige Prozesstage werden vollständig gestrichen.

Ich warte ständig darauf, dass die Verteidigung noch ein Kaninchen aus dem Hut zaubert. Bislang hat sie sich sehr ruhig verhalten, für meinen Geschmack zu ruhig. Aber was für ein Kaninchen wird es sein?

Dr. Schmel bringt die Aussagen der Zeugen auf den Punkt, hakt gezielt nach, punktet beim Richter. Ich kommentiere den Prozessverlauf in der Presse, versuche die Öffentlichkeit zu positionieren. Jeden Tag sind Levkes Eltern im Prozess präsent. Es ist eine unglaubliche Leistung, das zu ertragen.

Es geht jetzt noch um die besondere Schwere der Schuld. Nur wenn der Richter diese anerkennt, kommt der Mörder nach seiner Haft in Sicherungsverwahrung, nur dies kann eine mögliche

Entlassung nach fünfzehn Jahren verhindern. Damit dies geschieht, müssen die Tat, die Tatausführung oder das Tatmotiv besonders verwerflich sein, mehrere Opfer vorliegen oder mehrere Morde begangen worden sein. Davon können wir in diesem Fall ausgehen. Ich zweifle keine Minute daran, dass der Richter so urteilen muss.

Beide Kinder, Levke und Felix, lockte er unter einem Vorwand ins Auto, er sagte zu ihnen: »Deine Mutter hatte einen Unfall, und ich soll dich zu ihr bringen.« Vermutlich hat er auch noch eine Uniform vom Roten Kreuz getragen. Sogar Erwachsene wären dann eingestiegen.

Plädoyer für Felix

Der Prozess neigt sich dem Ende entgegen, die Plädoyers stehen an. »Wenn es Ihnen möglich ist, schreiben Sie mir etwas über Felix auf«, bittet mich Dr. Schmel. Ich weiß, dass es wichtig ist, dem Gericht zu sagen, wer mein Sohn eigentlich war, was ihn ausgemacht hat. Geht nicht, gibt es nicht.

Drei Tage und viele Tränen kostet es mich, meinem Sohn für das Gericht noch einmal Leben einzuhauchen:

Die Dimension des Leids, die der Angeklagte hier verursacht hat, ist kaum in Worte zu fassen!

Es ist auch müßig, Worte an den Angeklagten richten zu wollen, er mag Worte wie Schuld, Reue, Mitleid, Liebe, Gnade kennen, aber er ist nicht in der Lage, diese mit ehrlichen Gefühlen zu verbinden.

Ein Mensch, der solche Gefühle kennt und erlebt, kann die Taten, die der Angeklagte hier begangen hat, gar nicht ausführen.

Es ist hier nicht nur der Name Felix Wille ausgelöscht worden.

Felix war ein kleiner blonder Junge, mit seinen großen blauen Augen blickte er wissbegierig in die Welt.

Alles musste er ganz genau wissen. Seine häufigste Frage war: »Wie geht das, wie funktioniert das?«

Er liebte die Bastelstunden mit Matthias, hochkonzentriert wurde gelötet und geschraubt.

Er war ein mutiger und ehrgeiziger kleiner Junge. Kein Baum, keine Herausforderung war ihm hoch genug. Er liebte den Regen, oft genug kam er tropfnass und strahlend nach Hause, mit sich und der Welt zufrieden.

Beim Spielen mit seinen Autos und seinen Zügen versank er in seiner Welt.

Er liebte die Scherzereien mit seiner Schwester, glucksend vor Lachen, die kleinen Hände vor dem Mund, um nicht loszuprusten. Seine Lachanfälle, wenn er sich auf dem Boden rollte und gar nicht mehr aufhören konnte, waren berüchtigt.

Ein Flicken über dem anderen war auf seinen Butjer-Hosen, die beim Spielen immer neu zerrissen. Nie kam er sauber nach Hause, der Hosenboden dreckig, die Knie zerschrammt und aufgeschlagen, aber glücklich, mit roten Wangen und übersprudelnd beim Erzählen seiner Abenteuer.

Er liebte selbst gestrickte Socken, weil sie so gemütlich und warm waren.

Er war gut in der Schule, besonders in Mathe, Autorennfahrer wollte er werden.

Alles Technische musste er wissen; mit Matthias über die offene Motorhaube gebeugt, wurde gefachsimpelt.

Er war vorwitzig und selbstbewusst, manchmal auch vorlaut. Oft genug musste er in der Schule auf dem Flur sitzen, weil das Erzählen seiner Abenteuer keine Zeit bis zur Pause hatte.

Und am Abend wurde aus dem mutigen kleinen Jungen ein schmusebedürftiger kleiner Junge. Mit mir im Bett liegend, mit ausholenden Gesten, erzählte er mir von seinem Tag. Erzählte mir seine Geheimnisse. Wie sehr er Milena mag, war sein größtes

Geheimnis. Beim Einschlafen den Rücken oder den Kopf kraulen, das hat er genossen.

Sein ganzer Stolz waren auch seine Guppys. Er strahlte, wenn wieder Babys im Becken waren. Stundenlang konnte er den bunten Fischen zusehen. Das Aquarium war eines seiner sehnlichsten Wünsche, sein ganzer Stolz. Zu Weihnachten wünschte er sich einen Außenfilter für seine Fische.

Er hörte auch gern Musik, die Puhdys. Die hatten Texte, die er verstehen konnte, die er vor sich her sang.

Probleme kannte Felix nicht, das Leben war ein großes Abenteuer für ihn, alles wollte entdeckt werden.

Das alles und noch viel mehr war Felix.

Seine großen blauen Augen sahen als Letztes den blanken Albtraum.

Der sonst so mutige Junge war erstarrt vor Angst.

Er hat sein Weihnachtsgeschenk nicht mehr ausgepackt, das Leuchten in seinen Augen ist erloschen.

Nach diesem Tag bin ich fix und fertig. Bohrende Kopfschmerzen gesellen sich zur Erschöpfung. Ich bin physisch und psychisch fertig.

Voll schuldfähig

Ich habe mich entschlossen, zur Urteilsverkündung nach Stade zu fahren. Im Anschluss wird es eine Pressekonferenz geben. Ich habe bis jetzt viel mit der Presse gemacht, dann werde ich das auch noch können. Es ist wichtig. Wie ein Stein liegt mir die Reise nach Stade im Magen. Es ist nicht der Pressetermin, es ist auch nicht das Urteil, es ist die Fahrt. Die Fahrt zurück, ich muss den Bannkreis, der bei Bremen beginnt, wieder einmal überschreiten. Ich muss in die Vergangenheit, in die Erinnerung zurück. Um den

Stress niedrig zu halten, werde ich einen Tag früher anreisen. Möglichst auch nicht mit dem Auto, ich weiß, dass ich meine Gedanken überall hätte, nur nicht beim Fahren.

Letztendlich werde ich von einigen Presseleuten aus Hamburg begleitet. So bin ich beschäftigt, abgelenkt, nicht allein.

Am Abend erreichen wir Stade, das Hotel liegt direkt an dem kleinen Hafen. Heimat, das ist Heimat, das war Heimat. Es ist die leichte Brise, die von der See kommt, das Salz in der Luft, das typisch graue Wasser, die Schiffe im Hafen. Ich war immer ein Kind der Küste, das ist das, was ich mag, was ich kenne. Der weite Blick über das Wasser. Im Sturm am Deich, nichts Schöneres gab es für mich. Der Wind, der einen durchpustet, den Kopf frei macht. Der Wind, der Bestandteil des Lebens hier ist, der so viel Macht hat, der unbarmherzig Wassermassen auftürmen kann. Die Menschen sehen bei Sturm nach dem Stand des Wassers. Lässt der »blanke Hans«, so nennen wir die sturmgepeitschte Nordsee, das Wasser unter der Deichkrone stehen oder nicht? Zu diesem Bild gehören ebenso die Möwen, die Rufe der Küstenseeschwalben, ihre Flugkünste.

Das alles gibt es nicht mehr für mich. In dem Moment, wo ich auf dem Balkon des Hotels stehe, weiß ich, dass ich auch meine Heimat verloren habe.

Ich habe mich zum Essen verabredet, damit ich diesen Abend in Gesellschaft verbringen kann. Leider platzt der Termin. Nun bin ich also doch allein. Ich werde diese Nacht und den folgenden Tag nur mit Anstand über die Bühne bringen, wenn ich mit Medikamenten dem Schlaf auf die Sprünge helfe oder wenn ich in der nächsten Kneipe genügend Alkohol trinke.

Auf der Suche nach einem schönen Lokal, sehe ich ein Schild mit der Aufschrift: »Matjes nach Hausfrauenart«. Es hängt an einer gemütlichen Kneipe direkt am Hafen aus. Dieser Ort ist genau das, was ich gesucht habe. Prompt passiert das, worauf ich gehofft habe. Die Männer am Tresen möchten mich nicht gehen lassen und laden mich noch auf einen Drink ein. Und so wird es ein netter Abend, an dem ein neues Getränk bereits vor mir steht, bevor mein Glas leer ist. Die Menschen in dieser Kneipe sind so, wie ich es mag, ursprünglich und geradeaus. Ich freue mich über den leicht platten Dialekt, den auch ich gern wieder annehme, über Christian, der hier an der Küste »Chrischan« heißt. Ich freue mich über Timo, der unbedingt will, dass ich in einem Gästezimmer des Lokals übernachte, und über meine beiden Freunde, mit denen ich zum Essen verabredet war und die auch noch erscheinen, nachdem ich ihnen gesagt habe, in welcher Kneipe ich versackt bin.

Und so trinken Timo, Chrischan, meine Freunde und ich uns in trauter Einigkeit am Tresen fest. Die einen mit Bier, die anderen mit Selters. Etwas anderes konnte ich an diesem Abend vor dem Prozess nicht machen. Die Nacht ist entsprechend vom Schlaf gesegnet.

Ich brauche zwar eine längere Anlaufzeit, aber ich bin tatsächlich am nächsten Morgen katerfrei und fit. Das Frühstück nehme ich zusammen mit meinem Anwalt ein, leider sind wir ständig von der Presse begleitet.

Dass der Mörder in Revision gehen wird, das ist mir und Dr. Schmel klar. Sollte es zu der geforderten Höchststrafe kommen, hat der Täter nichts zu verlieren und durch eine Revision allenfalls etwas zu gewinnen.

Herr Roth gesellt sich zu uns. Gern hätte ich etwas Zeit mit ihm allein verbracht, aber das ist schier unmöglich. Ich bin keinen Moment ohne Presse. Ich hatte den Medienvertretern zugesagt, dass ich ihnen zur Verfügung stehe, und nun ist es nicht mehr zu ändern. Da muss ich jetzt durch.

Es bleibt ungesagt, wie schlecht es mir eigentlich geht. Der Prozess geht heute zu Ende. Ich habe mich auf ihn konzentriert, all meine Kraft hineingelegt, Felix Gehör zu verschaffen, meinem Sohn Worte und Stimme zu leihen. Ich habe für ihn gekämpft, und das wird heute zu Ende sein. Ein neues Ziel habe ich nicht, und ich weiß, dass ich wieder abstürzen werde. Deutlich habe ich es in den letzten Tagen gemerkt. Meine Konzentration, meine Anspannung gingen zurück, die ersten Löcher erwarteten mich bereits. Ich habe es nur geschafft, weil es diesen Termin noch gibt. Was kommt danach? Fragen, die in den Hintergrund getreten waren, drängen sich wieder auf. Es sind Fragen, auf die ich keine Antworten habe.

So gut kennt mich Herr Roth denn doch wieder nicht, dass er die zu langen Blicke meinerseits bemerken oder kommentieren würde.

Durch das Fernsehen im Hotel erfahre ich den Urteilsspruch: Voll schuldfähig, lebenslang mit anschließender Sicherungsverwahrung, die besondere Schwere der Schuld wird festgestellt.

Ich bin erleichtert. Das Urteil würdigt Felix und Levke. Gerechtigkeit kann es nicht geben, denn die Kinder werden nicht mehr zu uns zurückkehren. Aber dieses Urteil ist ein Maßstab für den Wert, den Felix und Levke gehabt haben, es setzt nach außen ein deutliches Zeichen.

Das ist die Höchststrafe!

Bis zu diesem Urteilstag habe ich bestimmt dreißig Pressetermine wahrgenommen, habe den Menschen von Felix erzählt. Ich glaube, ein anderes Urteil hätte einen öffentlichen Aufschrei ausgelöst. Es wurde höchste Zeit, allerhöchste Zeit, dass diese Gesellschaft und unsere Justiz ein klares Zeichen für unsere Kinder setzen, für die, die am meisten auf unseren Schutz angewiesen sind.

Ich komme nicht zum Nachdenken. Presse, Statements, Interviews. Ich bin unkonzentrierter als sonst. Die Spannung fällt von mir ab.

Ich habe meinen Job gemacht, und ich glaube, ich habe ihn gut gemacht. Ich halte mich an meinem Urlaub fest. In zwei Tagen werde ich diesem ganzen Trubel entfliehen, werde Zeit zum Nachdenken haben. Wenn mir im Urlaub keine neue Zukunftsperspektive einfällt, werde ich gehen. Diesmal unangekündigt. Es wird keine Vorwarnung mehr geben. An Hilfe glaube ich nicht mehr. Das Urteil ändert nichts an meinem jetzigen Leben, wenn man es denn überhaupt so nennen kann.

Ich habe es versucht, ernsthaft versucht. Ich musste feststellen, dass es keine Hilfe gibt. Ich hatte es geahnt, gewusst, und dennoch habe ich es versucht.

Ich habe es versucht für meine Familie, für meine Tochter, für Andrea, Herrn Roth und Herrn Vogt.

Ich gönne es dem Mörder, erleben zu dürfen, was es bedeutet, Angst haben zu müssen, und das täglich, immer.

Das ist aber auch alles. Er wird nie wieder Kinder gefährden. Vielleicht kann ein bisschen Ruhe einkehren im »nassen Dreieck«. Ich war es den Menschen und Felix schuldig, noch einmal alles zu geben. Und das habe ich getan.

Meine Aufgabe, die mich am Leben gehalten hat, ist erledigt.

Vielleicht hat es auch einen Ruck gegeben, vielleicht habe ich es erreichen können, den Menschen klarzumachen, dass jeder Einzelne es in der Hand hat, diese Gesellschaft wieder sicherer zu machen. Vielleicht.

Für mich ist es zu spät.

Felix wollte nur spielen. Nun ist er bei Peter Pan und den Kindern, die nie erwachsen werden. Er jagt Käpt'n Hook und hat hoffentlich viel Spaß dort. Nun kann ich ihn gehen lassen, und nun muss ich ihn gehen lassen. Und mit ihm geht auch ein Teil von mir.

Ich bin nicht mehr der Mensch, der ich einmal war, bin nicht mehr die Mutter, die ich war. Mit meinem Sohn bin auch ich gestorben, bis heute sind die Ereignisse für mich nicht zu begreifen, nicht zu verstehen.

Noch immer suche ich sein Fahrrad, obwohl es in der Scheune steht.

Der Mörder wird die nächsten dreißig Jahre im Knast verbringen, sein Leben wird einen klaren Rhythmus haben. Und ich? Was mache ich mit diesem kümmerlichen Rest Leben, der mir geblieben ist?

III

Der lange Weg zurück ins Leben

Wir haben einen wunderschönen Sommer, heiß ist es draußen.
Ich stehe am Check-in-Schalter im Flughafen. Ich bin sehr früh
dort, sodass ich zügig abgefertigt werden kann. Mein Handge-
päck wandert durch die Röntgenschleuse, ich werde durchsucht,
man winkt mich durch. Ich krame meine Tasche aus der Plastik-
schale, und da passiert genau das, was mich aus diesem Land
treibt, die Kehrseite meiner Medienpräsenz.

»Sie kenne ich doch«, sagt die Dame an der Röntgenschleuse.
Ich versuche mich rauszuwinden. »Möglich«, antworte ich ihr.
Ich hoffe, dass sie sich nicht erinnert.

»Doch, doch, ich habe Sie schon mal gesehen.« Inzwischen hat
sie auch die Aufmerksamkeit ihrer Kollegen erregt. Alle sehen
mich an. Ich möchte doch nur einchecken, in ein Flugzeug steigen, wie so viele andere Urlauber in diesem Sommer auch. Aber
ich bin eben nicht mehr ein Mensch wie die üblichen Touristen,
nicht Teil einer anonymen Masse, die täglich an diesem Flugha-
fenschalter abgefertigt wird. Durch den Prozess gegen den Mörder meines kleinen Sohnes und meine Medienpräsenz in dieser
Zeit bin ich zu »trauriger Berühmtheit« gelangt.

Die Geschichte, die so hässlich ist, hat viele Menschen erreicht,
auch diese Frau vom Flughafenpersonal.

»Sie waren doch in einer Talksendung«, sagt sie weiter, sich
mehr und mehr erinnernd. »Sie sind die Mutter von Felix.«

Ja, das bin ich, ich bin die Mutter von Felix, und ich bin auf
dem Weg in die Toskana, in den Urlaub, auf dem Weg in die Erholung, die ich so sehr brauche. Auf dem Weg in ein fremdes

Land in der Hoffnung, dass mich dort keiner erkennt, dass ich mich unbemerkt von anderen Menschen bewegen kann, mich keiner durch sein Ansprechen in eine Erinnerung zwingt, die so schmerzhaft ist.

Ich brauche diesen Urlaub dringend, brauche Zeit und Ruhe, um meinem Leben eine neue Perspektive zu geben, ein neues Ziel zu finden, den Anfang eines Weges.

Ganz unvermutet kam diese Einladung nach Italien, in das Land, das schon immer einen großen Reiz auf mich ausgeübt hat. Es war ein dahingesagtes »Komm doch mit«, ausgesprochen von einem Mitspieler, den ich vom Volleyball kannte und von dem ich bis zu diesem Zeitpunkt nur den Vornamen wusste. Auch eine Urlaubsanschrift hatte ich nicht. Ich hatte einen Vornamen, eine Handynummer, mein Flugticket, eine Hotelbuchung für eine Übernachtung in Pisa und, gelinde gesagt, rudimentäre italienische Sprachkenntnisse.

Zielort ist Elba, der Hafen Porto Azzuro.

Unter normalen Bedingungen wäre ein solch unsicherer Urlaub nicht in Betracht gekommen. Aber für mich ist nichts mehr normal. Nachdem mir bereits alles Schreckliche passiert ist, ich alles verloren habe, was sollte jetzt noch geschehen? Schlimmer geht es doch gar nicht mehr, und deswegen fahre ich weg.

Als ich die Flughalle in Pisa verlasse, steigt mir sofort der Duft Italiens in die Nase. Dieser typische Geruch des Zweitaktgemisches der Vespas hängt in der Luft. Ich fühle mich wie befreit, es ist warm, ich höre eine andere Sprache, mich empfangen andere Schlagzeilen in der Zeitung.

Die Taxifahrt ist unkompliziert, mein Hotel eher spartanisch, was man vom Preis des Zimmers nicht gerade sagen kann. Meine Sinne scheinen überscharf zu sein, nach der Spannung, unter der ich stand, ist das auch kein Wunder. Und so registrieren sie alles, was für mich Italien ausmacht. Der blühende Oleander an den Straßen, er ist so üppig, dass die Eigentümer sein weiteres Wachstum wohl mit einer Heckenschere begrenzen müssen. Die Fassaden der Häuser, überall die Holzjalousien und die kleinen Balkonbrüstungen. Diese andere Lebensart der Italiener, das Geplapper, die Cafés, die Lebensfreude, das spüre ich überall.

Ich schlendere am Abend noch durch Pisa, erkunde den Bahnhof, sehe mir die Abfahrtszeiten Richtung Piombino an, auf diese Weise will ich einen möglichen Stress am nächsten Morgen im Vorfeld vermeiden. Ich werde den ersten Zug nehmen, um der brütenden Mittagshitze zu entgehen.

Und so sitze ich als einzige deutsche Touristin morgens um sechs Uhr im Zug. Die Reisezeit bis Piombino beträgt ungefähr zwei Stunden, hier ist auch der zentrale Fährhafen für alle Verbindungen von und zur Insel Elba.

Die Ankunftszeit ist fast erreicht, der Zug ruckelt ein paarmal, um schließlich ganz stehen zu bleiben. Ich werde ein wenig unruhig, muss ich hier aussteigen? Ich bin offensichtlich von deutschen Bahnhöfen etwas verwöhnt, denn ein Schild mit dem Namen der Station, an der wir halten, kann ich nicht entdecken. Von meinen Mitfahrern steigt aber keiner aus. Da hilft nur ein Fragen, und das möglichst einfach. So beschränke ich mich also auf »Piombino?«. Ich lasse das Fragezeichen deutlich in der Luft hängen, meine Mitreisenden schütteln den Kopf. Etliche Minuten später setzt sich der Zug wieder in Gang, und beim nächsten Halt geben mir die mitfahrenden Gäste zu verstehen: »Piombino!« Diesmal lassen sie das Ausrufezeichen in der Luft hängen. Ich steige aus.

Das Fährticket zu erstehen gestaltet sich ein wenig schwieriger, die Dame am Schalter spricht ausschließlich Italienisch. Schließlich verstehe ich, dass sie keine Tickets für meinen Zielhafen verkauft.

Die wirkliche Hiobsbotschaft kommt erst am richtigen Schalter, dort wird mir gesagt, dass die Abfahrt meiner Fähre erst um 14 Uhr ist, und dabei ist es jetzt schon mächtig warm. So richtig Freude kommt auch nicht auf mit dem Wissen, dass ich am zentralen Umschlagplatz für Elba noch etliche Stunden zu verbringen habe. In der Luft hängt der Gestank von Benzin, lange Autoschlangen bilden sich zu den drei verschiedenen Fährrouten.

Ich grübele hin und her, so groß kann die Insel doch nicht sein, ich könnte mir ein Taxi nehmen, um von dem anderen Hafen auf Elba, den eine der Fähren anläuft, nach Porto Azzuro zu gelangen. Diese Fähre pendelt wesentlich häufiger. Die Dame an der Information ist sehr freundlich, mit viel gutem Willen und einem sprachlichen Gewirr aus Englisch und Italienisch werde ich bestückt mit Orts- und Busfahrplänen der Insel.

Ohne Angst, erkannt zu werden, lasse ich mich nun übersetzen, nehme mir dort, wie ich es vorhatte, ein Taxi und hoffe, in Porto Azzurro Jochen zu treffen, der keine Ahnung hat, wer ich bin, der von mir genauso viel weiß wie ich von ihm. Die Hinweise, die ich über die von ihm gemietete Ferienwohnung habe, sind dürftig. »An der Hauptstraße, der Eingang neben der Tauchschule«, hat er gesagt. Dummerweise gibt es in dieser Straße drei Tauchschulen, und ich habe auch noch den Namen vergessen, der auf dem Klingelschild stehen soll. In der Hoffnung, dass er mir wieder einfällt, wenn ich ihn lese, studiere ich die Schilder. Aber kein Name ruft bei mir etwas hervor, diese Vergesslichkeit ist sehr nervig. Zum Glück hat Jochen sein Handy an, er kommt mir entgegen. Die Ferienwohnung, die er mir zeigt, ist ein Traum: große Zimmer, eine schöne Küche und ein riesiger Balkon mit Blick aufs Meer.

»Wir haben auch deutsches Fernsehen«, sagt Jochen. Ich hoffe inständig, dass ihm etwas Besseres einfällt, als das Gerät einzuschalten.

Es ist gut so, wie es ist. Ich will über den Prozess nicht reden, ich möchte über die Geschichte, die mich begleitet, nicht sprechen. Ich möchte meine Gedanken sortieren können, zur Ruhe kommen.

Dass das Wort »Ruhe« in Jochens Sprachschatz nicht vorhanden ist, konnte ich allerdings nicht wissen. Wir fahren kurz nach meiner Ankunft mit dem Fahrrad zum Strand. Wer jetzt, so wie ich, glaubt, man fährt nur an einer Promenade entlang, also eine ebene Strecke, der hat sich geirrt. Jochen hat es sich zur Aufgabe gemacht, mir die schönsten Strände von Elba zu zeigen. Verbunden ist damit aber automatisch eine Tour durch die Berge der Insel. Sich als Radfahrer in den italienischen Verkehr zu integrieren ist allerdings ausgesprochen schwierig. Irgendwie scheinen wir den Verkehrsfluss auf den Serpentinen zu behindern. Es fällt mir besonders bei den Lastern auf, die doch reichlich knapp an uns vorbeiziehen. Ich keuche also die Kurven hinauf und muss in mich hineingrinsen, als ich mir die Frage stelle: »Woran erkennt man deutsche Touristen?« Nur Deutsche fahren in dieser Hitze mit dem Fahrrad auf Straßen, die für solche Verkehrsteilnehmer, wie wir sie darstellen, nicht gedacht sind.

Als Belohnung winken wirklich schöne Strände. Um uns herum sind nur Italiener, keine ausländischen Touristen, und schon gar keine Deutschen. Es ist so warm, dass ich die Hitze, ausgestreckt auf dem Badelaken, kaum ertragen kann. Ich bedaure schon, dass mein Handtuch blau ist, es heizt sich in der Sonne auf. Den Weg zum Meer kann ich nur im Laufschritt zurücklegen, der Sand ist so heiß, dass es mir sonst die Fußsohlen versengt.

Die Brandung rauscht, das Meer ist warm, kleine Fischerboote tuckern in der Bucht, aber so schön, wie es auch ist, das Erlebte lässt mich nicht los. Der Prozess hat mich alle Energie gekostet, die ich hatte. Ich stehe vor den Trümmern meines Lebens.

In all die Schönheit hier mischt sich der bittere Beigeschmack des Verlusts, er überdeckt alles, lässt mich die Freude über einen herrlichen Tag nicht mehr empfinden. Wie viel Spaß hätte Felix in diesen Wellen gehabt! Dieser Ausblick von den Bergen auf das Meer, er ist wunderschön, aber mit meinen Kindern hätte ich das sicher nicht gesehen, hätte anderes wahrgenommen. Wie gern hätte ich auf diesen Ausblick verzichtet.

In Relation zum Verlust verliert alles seinen Glanz.

Aber eine Aufgabe habe ich noch zu erfüllen. Mit Kugelschreiber und Papier ausgestattet, sitze ich am Strand und schreibe meine Erinnerungen auf, versuche meine Welt zu erklären, in der ich seitdem lebe.

Wieder zurück in meinem kleinen Häuschen, tippe ich meine Aufzeichnungen ab, diese Aufgabe bindet meine Energien, lässt mich still sitzen. Aber als das fast erledigt ist, drängt sich erneut die Frage auf: Was kommt danach? Wie sieht meine Zukunft aus, wie kann sie aussehen, und habe ich überhaupt eine? Wo soll ich leben? Was soll ich tun? Was ist mit meiner Arbeit, meiner Firma, meinem Hof? Schmerzlich schiebt sich meine Tochter in diese Gedanken, was wird aus ihr?

Die Aufzeichnungen sind abgeschrieben, und eine zunehmende Unruhe treibt mich durch Deutschland, das Wohnzimmer reicht für meinen Bewegungsdrang nicht mehr aus. Ich besuche meine Freunde, die überall verstreut leben, aber an keinem Ort halte ich es länger als drei Tage aus, dann muss ich gehen. Viele von ihnen ziehen gerade um, ich helfe ihnen dabei, bin also beschäftigt, abgelenkt von meinem Berg an Problemen, der mir unüberwindlich erscheint. Ich bin in Paderborn, in Bonn, in Bad Eilsen, in Nienburg, dann kurz zu Hause, schließlich wieder weg. Mein Psychologe ist zunehmend besorgt über meine Rastlosigkeit, ich aber auch. Während der Phasen, in denen ich nicht unterwegs bin, werde ich von Grübeleien beherrscht, ich finde keine Lösung, sehe keine Zukunft für mich. Ich bin gefangen in einer Spirale, die nur den Weg nach unten kennt. Meist nachts, wenn es keine Ablenkung mehr gibt, wird dieses Gefühl, »übrig geblieben zu sein«, verlassen zu sein, keinen Trost zu finden, unerträglich. Dieser Schmerz nagt an mir, frisst mich auf, ständig ist er da. Etliche Male rufe ich die Telefonseelsorge an, brauche jemanden, der mir gerade nachts zuhört, der nichts fordert, der einfach da ist und mir das Gefühl nimmt, allein zu sein, einsam zu sein. Meine Freunde, die merken, wie schlecht es mir geht, sind natürlich ebenfalls da, aber irgendwann stoßen sie an die Grenzen ihrer Belastungsfähigkeit, werde ich zu anstrengend. Dabei möchte ich die wenigen Menschen, die mir geblieben sind, nicht auch noch verlieren. »Gib nicht auf«, sagen sie mir, »dann hätte der Mörder noch mal gewonnen.«

Ich weiß, was sie meinen, aber ich sehe das anders, er hat nicht gewonnen, mein kleiner achtjähriger Sohn hat seinen Mörder post mortem besiegt.

Vielleicht ist die Traumaklinik, überlege ich, von der mein Psychologe sprach, doch noch ein Weg, den ich gehen kann. Nach meinen Vorerfahrungen bin ich nicht unbedingt scharf darauf, aber so, wie es jetzt ist, geht es auch nicht. Dies hier ist kein Leben, es hat sich reduziert auf die Tatsache, dass nach Montag Dienstag kommt. Über die Notfallliste erhalte ich in dieser Klinik einen Termin im September.

Dritter Versuch

Einen Tag vor meinem Geburtstag treffe ich ein. Es ist eine kleine Klinik in Nordrhein-Westfalen, eine Trauma-Spezialklinik, sie liegt weit entfernt vom Hauptgebäude in einer parkähnlichen Landschaft.

Fünfundzwanzig stationäre und fünfundzwanzig teilstationäre Patienten können sie hier versorgen.

Zugang zu dieser Klinik bekommt man nur über eine Pforte, die in einen zentralen Wartebereich führt. Hier warte auch ich auf jemanden vom Personal, der mir mein Zimmer zeigen wird. »Planen Sie wenigstens sechs Wochen ein«, haben sie mir bei der Anmeldung gesagt. Dass die nicht genügen werden, erahne ich bereits, und mein Gepäck ist entsprechend umfangreich. Noch ist Sommer in Deutschland, aber ich werde auch den Herbst und einen Teil des Winters hier verbringen.

Während ich in der Halle sitze, schaue ich mich um, ein Schild hängt an der Glastür, die den Wartebereich von der Station trennt. »Zugang nur für Patienten« steht darauf. Ich bin nach wie vor sehr misstrauisch, was Ärzte und Kliniken angeht, zu schlecht sind meine Erfahrungen gewesen, zu präsent ist immer noch die Drohung der Oberärztin aus der zweiten Klinik.

Aber dieses Schild ist für mich der erste Hinweis, dass hier etwas anders ist. Es macht deutlich, dass der Bereich hinter der Glastür ein »sicherer Bereich« ist, er schützt die Patienten vor der Welt da draußen. Es gibt dort keinen Zugang für Menschen, die unsere Welt nicht teilen.

Einige Patienten durchqueren den Bereich, in dem ich warte, sie grüßen freundlich, um gleich wieder zu verschwinden. Die meisten halten sich eng an der Wand.

Mit meiner Einweisung in der Hand werde ich zum Aufnahmegespräch gebeten. »Vital phobische und depressive Symptomatik bei latenter Suizidalität, ambulante Führung aufgrund der Schwere der Symptomatik nicht mehr ausreichend; Indikation: dringlich« steht auf meinem Zettel.

Es ist nicht zu vermeiden, noch einmal muss ich erzählen. Muss ich erzählen von meinem kleinen Jungen, der mir auf so schreckliche Weise genommen wurde. Ich habe eine verständnisvolle Chefärztin vor mir. Sie ist mit einem groben Bericht zufrieden, es gibt zum Glück keine Detailnachfragen. Sie hört mir wirklich zu, sie sieht mich offen an und gibt mir das Gefühl, etwas von meiner Welt, in der ich seitdem lebe, zu verstehen. Verständnisvoll sagt sie mir: »Nach dem, was Sie erlebt haben, kann ich nachvollziehen, dass es Ihnen schlecht geht«, und sie gibt mir weiterhin das Gefühl, auch wirklich zu meinen, was sie sagt. Ich vertraue ihr, und ich kann ihr berichten von meinem »besten Freund«, dem Tod, dass er ein tröstender Gedanke geworden ist. Sie ist nicht erschreckt, sie scheint diese Gedanken zu kennen.

Ich darf mir aussuchen, ob ich einen männlichen oder einen weiblichen Therapeuten haben möchte. In Zukunft wird mich ein Oberarzt betreuen, und ich komme in die Gruppe »Grün«.

Ein Pfleger erscheint, ein freundliches Gespräch möchte er beginnen, aber es scheitert schon im Ansatz. »Wo sind Sie denn her?«, fragt er mich. »Aus der Nähe von Bremerhaven«, antworte ich. »Na, da haben Sie es aber weit nach Hause.«

»Nach Hause? Ich habe kein Zuhause mehr.«

Hätte ich zuvorkommender sein sollen? Der Pfleger meint es eigentlich nur gut, aber in meiner jetzigen Verfassung ist kein Platz mehr für Verbindlichkeiten. Ich habe mein Zuhause, meine Heimat, mein Leben verloren.

Der Mann zeigt mir die Station. Es gibt einen Aufenthaltsraum für die Patienten, er ist der zentrale Treffpunkt. Eine Pinnwand ist Kommunikationsmittel zwischen Klinik und Patienten. Hier hängen Ankündigungen, Bitten um Terminabsprachen, die Essenszeiten. Ein runder Tisch bietet Platz zum Basteln, ein großes Puzzle auf einem anderen Tisch wartet auf seine Fertigstellung. In der Ecke steht ein großer Schrank mit Spielen, auch eine gemütliche Couchgarnitur fehlt nicht. Neben diesem Raum gibt es noch einen weiteren zum Fernsehen, in ihm ist ebenfalls die Bücherei untergebracht. Am Abend, wenn die Gruppenräume nicht mehr benötigt werden, können diese mitbenutzt werden. Auch hier stehen TV-Geräte herum, sodass es keinen Streit um das Programm geben kann.

Der Pfleger zeigt mir die Teeküche, die jederzeit benutzt werden kann, schließlich führt uns der Rundgang ins Foyer, ein riesiger Raum mit Parkettboden und Sofas. Durch die Fenster sieht man in einen Wald. Ein wunderschönes Bild hängt an der Wand, es ist groß, ein farbenprächtiger Pfau, der ein Rad schlägt. Das Gebäude ist ein wenig verwinkelt, es gibt weiterhin noch Gruppenräume für die Gestalttherapie im Keller, ebenso zwei weitere Patientenzimmer. Die Klinik leidet an Platzmangel, alles muss irgendwie untergebracht werden. Leider gibt es deshalb keine Sportangebote.

Ich werde zu meinem Zimmer geführt, diesmal liegt es im Erdgeschoss. Mit einer Frau namens Paula werde ich es mir teilen, es ist klein, aber es hat eine Terrasse, davor wächst viel Grün. Dass es keine Einzelzimmer gibt, darauf hatte man mich bereits hingewiesen. Es stört mich nicht. Ich brauche Hilfe, die fachliche Qualifizierung ist mir wichtiger, wenn ich Hotelstandard möchte, muss ich in den Urlaub fahren. Aber deswegen bin ich ja nicht hier. Ich würde ein Einzelzimmer auch gar nicht wollen, ich bin nicht gern allein.

Es gibt klare Spielregeln in dieser Klinik, unter anderem darf über das traumatische Erlebnis nicht mit den Mitpatienten gesprochen werden. Das kommt mir sehr entgegen. Es schützt zum einem mich, aber auch die anderen. Für einen selbst kann das Schicksal der Mitpatienten zur Belastung werden.

Erste Kontakte

Der Speisesaal ist nur durch die Grünanlage zu erreichen. Der Weg führt vorbei an einem Kräutergarten, an Therapeutenzimmern. Ein Sichtschutzzaun grenzt das Gelände ab. Es erzeugt aber nicht den Eindruck, hier eingesperrt zu sein, sondern vermittelt mir das Gegenteil: »Ihr da draußen seid ausgesperrt.« Ich fühle mich sicher vor einer Welt, die mich immer noch maßlos erschreckt, in der ich mich nicht mehr zurechtfinde.

Abends setze ich mich zum Essen allein an einen Tisch, beobachte meine Umgebung, die anderen Patienten. Meist bleibe ich nicht lange isoliert, um mich herum entspinnen sich Gespräche, hauptsächlich über die Familien. Es werden Diskussionen geführt über die schönsten Vornamen, über die schulischen Leistungen der Kinder. Diese Alltagsgespräche sind für mich kaum zu ertragen. Ich könnte ihnen sagen, sie möchten doch bitte das Thema wechseln, hier darf ich das, ich muss es nicht aushalten, das haben die vom Personal mir gesagt. So schwierig es ist, aber ich will lernen, diese Unterhaltungen als das zu begreifen, was sie sind, nämlich als normale Gegebenheiten. Wenn ich in meinem Umfeld bin, kann ich es meinen Mitmenschen ja auch nicht verbieten.

Es ist noch angenehm warm am Abend, ich nutze unsere Terrasse, um mich dort hinzusetzen. Wieder einmal bin ich mit Grübeln beschäftigt, mit der Frage, ob man mir hier helfen wird oder noch eine weitere furchtbare Erfahrung auf mich wartet. Ich höre Stimmen, Lachen, Gesprächsfetzen von der Nachbarterrasse. Dort ist immer Trubel, die Patienten, die in Zimmern ohne eine Terrasse untergebracht sind, kommen bei diesem guten Wetter gern hierher zu Besuch. Und so sitzt auch an diesem Abend eine größere Runde beisammen, und irgendwann lugt ein Kopf um die Ecke und lädt mich ein: »Komm rüber, setz dich zu uns.« Ich nehme die Einladung dankend an. Ich bleibe zurückhaltend, versuche aus den Gesprächen ein bisschen mehr über diese Klinik zu erfahren, über das Geschehen hinter den Kulissen. Ich beschränke mich auf die Rolle des Zuhörers, bis mich Inge anspricht: »Dich hab ich doch schon mal gesehen, ist es dein zweites Mal?« Ich weiß, woher sie mich kennt, aber sie weiß es nicht mehr. »Nein«, antworte ich, »ich bin das erste Mal hier, und du?«

»Ach, ich bin jetzt das fünfte Mal hier.« Ich reagiere mit einer Bemerkung, die ich als Scherz gemeint habe: »Aha, also ein Wiederholungstäter.« Schlagartig ist es still in der Runde, schließlich erfahre ich: »Das sagt man hier nicht, das triggert!«

Das triggert? Was ist das denn?

Ein Trigger ist etwas, das eine traumatische Erinnerung auslösen kann, erklären sie mir. Das können Gerüche oder Situationen sein, auch Worte wie eben »Wiederholungstäter«. Im Stillen frage ich mich, was man dann überhaupt noch sagen darf, alles könnte ein Trigger sein. Und da wir die Geschichten der Einzelnen nicht kennen, ist es nahezu unmöglich, das zu vermeiden, es sei denn, man beschränkt sich auf das Wetter. Ich sage also für den Rest des Abends möglichst gar nichts mehr.

Es sind mehr Frauen als Männer hier, von den fünfzig Patienten sind vier, manchmal sechs männlichen Geschlechts. Das Alter variiert von achtzehn bis siebzig Jahren. Die Männer haben einen schweren Stand, denn die meisten Patientinnen haben es wohl ihnen zu verdanken, dass sie hier sein müssen, und manchmal übertragen einige von ihnen ihre gemachten Erfahrungen auf alle hier anwesenden männlichen Personen. Obwohl diese Männer selbst zum Opfer wurden, müssen sie hin und wieder einiges aushalten. Die Patienten hier sind Hausfrauen, Lehrer, Ärzte, Rechtsanwälte, Rentner, Musiker und Studenten. So unterschiedlich sie ansonsten sind, eines ist ihnen (ich eingeschlossen) gemein: Sie alle sind traumatisiert, sind Opfer von Überfällen, Geiselnahmen und Vergewaltigungen geworden. Den größten Teil bilden die »Opfer des Schweigens«, wie ich sie nenne. Sie wurden als Kinder missbraucht.

Hier ist das kompakte Leid anzutreffen, furchtbare, entsetzliche Lebensgeschichten treffen aufeinander. Hier sind die Gesichter zu den Geschichten, die in der Zeitung stehen, bis wir uns so an sie gewöhnt haben, dass sie keine Nachricht mehr wert sind.

Ja, eine seltsame Truppe sind wir. Viele Frauen sind als solche kaum zu erkennen. Sie hüllen sich in weite Gewänder, die Haare sind ganz kurz geschnitten, das Gesicht ist kaum zu sehen, da sie sich unter ihren Käppis verstecken. Diese Frauen vermeiden jeden Blickkontakt, manchmal, wenn man Glück hat, schielen sie verschämt hoch. Sie wirken fast unterwürfig, so viel Angst strahlen sie aus. Es ist erschütternd, wie geprügelte Hunde wirken sie auf mich. Was hat das Leben, was haben die Menschen mit diesen Frauen gemacht? Wie will ich noch glauben, dass ich eine Ausnahme bin?

Andere haben eine beeindruckende Körperfülle, sind imposante, vielleicht sogar erschreckende Erscheinungen. Mit einem festen Schritt hört man sie kommen. Andere wieder sind ganz zart, fast unsichtbar, sie huschen, man nimmt sie kaum wahr. Jede von ihnen hat ihre guten Gründe für die gewählte Erscheinung, es dauert einige Zeit, bis ich das begreife. Das Äußere schützt sie vor einem erneuten Übergriff. »Wenn ich mich unattraktiv, unweiblich mache oder Angst einflößend wirke, fasst mich keiner mehr an«, erklärt mir eine Betroffene.

Ich bin manchmal etwas durcheinander, und so erscheine ich einmal zu früh zur Essensausgabe.

»Was machen Sie denn schon hier, sind Sie Frühesser?«

Ich bin ein bitte was? Ein Frühesser?

»Was ist das denn?«

»Das sind Patienten, die vor den anderen essen wollen.«

Ja, aber warum?

»Sie können die Anwesenheit anderer Menschen beim Essen nicht ertragen und würden dann eher auf die Mahlzeiten verzichten, als dass sie diese in Gemeinschaft zu sich nehmen.«

Ich kann das nur zu gut nachvollziehen. Wir alle hier haben keine Zeit, keine Energie für Nebenkriegsschauplätze, die vermeidbar sind.

Ich will!

Als ich hier ankomme, geht es mir sehr schlecht. Eine tiefe innere Leere hat von mir Besitz ergriffen, ich bin ausgesprochen unruhig. Immer wieder suchen meine Gedanken einen Ausweg, ein neues Ziel, und finden nur den Tod. Ich habe das Gefühl, von innen aufgefressen zu werden und nichts dagegen unternehmen zu können. Es ist ein unerträglicher Zustand. Ich bin sehr ungeduldig, nicht nur mit mir, auch mit den Menschen um mich herum. Ich will wieder so sein wie früher. Ich hadere mit meiner Unfähigkeit, diesen Zustand nicht zu erreichen, bin ärgerlich auf mich und erwarte, dass nun andere das für mich schaffen. Es macht mich wütend, dass nicht das passiert, was ich will. Ich versuche mit Gewalt meine Symptome niederzuringen, was natürlich nicht geht. Mein Zorn darüber richtet sich gegen mich, das Personal spürt diese Aggression. Nichts geht mir schnell genug, die Termine sind mir zu wenig. Ich will mein Leben zurück, so wie es war, und das möglichst sofort. Alles, was dem im Weg steht, ist meinem Zynismus ausgesetzt. Ich will ganz oder gar nicht leben, mit etwas dazwischen bin ich nicht zufrieden.

Jede Kleinigkeit, die mir zeigt, dass meine Leistungsfähigkeit nicht mehr so ist wie einst, stürzt mich in tiefste Mutlosigkeit. So reißt eine SMS meiner Geschäftsführerin mich wieder in ein tiefes schwarzes Loch. Für sich genommen ist die Mitteilung ganz harmlos, sie möchte sich nur rückversichern, ob eine teure Reparatur am Firmenfahrzeug ausgeführt werden soll oder nicht. Eine einfache Sache, eigentlich, aber für mich zu viel. Und wieder führt mich der Ärger über meine Unfähigkeit in den Bereich der Verzweiflung, der mir keine Luft zum Atmen lässt. Ich bin den simpelsten Anforderungen nicht mehr gewachsen, bin zum Spielball des Lebens geworden, unfähig, mich zu wehren. Und eines weiß ich ganz genau, so wie es jetzt ist, das ist für mich kein Zustand, das will ich nicht. Bevor es so bleibt, ist der Tod für mich würdevoller. Deshalb führt mich das simpelste Alltagsgeschehen an den Rand des Lebens. Ich habe das Gefühl, alle zerren an mir, ständig wird etwas gefordert, das ich nicht mehr erfüllen kann, das ich einfach nicht leisten kann. Es liegt aber auch daran, dass Menschen wie meine Geschäftsführerin sich meine Schwierigkeiten nicht vorstellen können; die Welt, in die ich geworfen wurde, kennen sie nicht. Wie sollten sie mein Verhalten also verstehen können?

Ich stelle mein Handy aus.

In der ersten Woche habe ich täglich Termine bei meinem Oberarzt. Die Drohungen der Oberärztin aus der vorherigen Klinik haben ein tiefes Misstrauen bei mir hinterlassen. Es behindert eine neue gemeinsame Arbeit enorm, macht sie streckenweise unmöglich. Und so ist unsere erste Woche beherrscht von einer Diskussion über meine Autonomie. Zu tief sitzt in mir die Angst, dass auch der Oberarzt sich meiner entledigen könnte, weil ich ihm zu schwierig werde oder nicht konform gehe. Dass auch er mich in die Psychiatrie entsorgen könnte. Seine Mitteilung, dass das in fünfzehn Jahren nur zweimal vorgekommen sei und auch dort nur im Einverständnis mit der Patientin erfolgte, beruhigt mich nur wenig. »Wenn Sie eine Gefahr für sich selber darstellen und Sie hier nicht absprachefähig sind, dann muss ich Sie einweisen. Der Gesetzgeber verpflichtet mich dazu, aber alles andere wäre grob fahrlässig«, erklärt er mir. »Ich bin betroffen über die Stärke Ihrer Gedanken, Sie machen so einen fitten Eindruck«, fügt er noch hinzu.

Ich weiß, es ist meine Fassade, die ausgezeichnet ist, die mich schützt. Ich möchte nicht, dass irgendjemand wegen mir Probleme bekommt, aber meine Entscheidungsfreiheit möchte ich mir auch nicht nehmen lassen. Es ist mein allerletzter Rückzugsbereich. »Sie können mir vertrauen«, sagt mir der Oberarzt. Vertrauen – es ist für mich ein hohes Wort geworden, zu viele haben mein Vertrauen missbraucht. Sicher, wenn er mich auffordert, ihm zu vertrauen, kann ich die gleiche Forderung an ihn stellen. Und so gibt es einen Vertrag: Vertrauen gegen Vertrauen.

Noch eines versuche ich sofort zu klären, ich sage, dass ich eine Nacht Ende September außerhalb der Klinik verbringen müsste. Ich sei wegen einer Geschichte in Hamburg vertraglich verpflichtet. Mehr erkläre ich nicht. Ich habe eine Einladung zur Sendung von Johannes B. Kerner. Dieser Termin ist mir wichtig. Trotz aller Pressetermine, die ich abgewickelt habe, habe ich nie über mich gesprochen, dafür war bislang kein Raum. Jetzt ist die Zeit dafür, nur einmal möchte ich laut sagen können, wie es ist, wenn einem so etwas Schreckliches widerfährt. Nur einmal möchte ich versuchen, den Menschen meine Welt zu erklären.

Nur einmal ... Ende September.

Auch bei der Sozialarbeiterin der Klinik habe ich einen Termin, ich weiß zwar nicht, was ich da soll, aber ich gehe dorthin. Ich bin ja ohnehin der Meinung, dass es für mich keine Hilfe gibt, dass mir keiner helfen kann. Ich bin ausgesprochen skeptisch. Jede Erfahrung, die das bestätigt, bestärkt mich in meinem Glauben.

Unser Start ist schlecht. Ich muss auf sie warten, und das mehr als eine halbe Stunde. Wieder fühle ich mich vergessen, im Stich gelassen. Ein bisschen Hoffnung trägt mich ja doch, wenn ich zu einem solchen Termin gehe, aber sie ist auch genauso schnell wieder zerstört. Abgehetzt kommt eine kleine, resolut wirkende Frau auf mich zu. Ihre grauen Haare sind ganz kurz, es ist eher ein Männerhaarschnitt. Insgesamt macht sie einen sehr herben Eindruck. Auf dem Weg in ihr Zimmer sagt sie: »Sie kommen mir so bekannt vor, waren Sie schon mal hier?« – »Nein«, sage ich ihr. »Ich vergesse eigentlich kein Gesicht, vielleicht haben Sie ja eine Doppelgängerin«, erwidert sie, und damit ist das Thema erledigt.

Sie bittet mich in ihr Zimmer, um mir gleich zu erklären, dass eine Schulpraktikantin beim Termin anwesend sei, diese aber auch der Schweigepflicht unterliege. Aber kann ich wissen, ob sie nicht doch etwas sagt, denn belastende Gedanken, das weiß ich, muss man loswerden. Und wo sie das dann möglicherweise tut? Für mich ist der Termin schon gelaufen, bevor er begonnen hat. Ich antworte nur auf die Fragen der Sozialarbeiterin, und die sind schon schwer genug für mich.

»Fühlen Sie sich integriert in das Leben?« Leben? Was denn für ein Leben?

»Fühlen Sie sich wohl?« Wohlfühlen? Was ist das denn?

»Wohin gehen Sie nach der Klinik?« Wenn ich das nur wüsste, ich fühle mich entwurzelt, nirgends zu Hause.

»Ist dort auch Ihre Familie?« Familie? Das war einmal, die gibt es doch gar nicht mehr.

»Werden Sie alleine wohnen?« Stimmt, ich bin ja zum Single geworden.

Während sie mich all das fragt, gehen mir lange Antworten durch den Kopf, nur ich teile ihr diese nicht mit. Sie bekommt nur ein knappes Ja oder Nein zu hören.

Ein Bild konnte sie sich auf diese Weise von mir natürlich nicht machen.

Es gibt keinen weiteren Handlungsbedarf, das stellen wir abschließend fest.

Traumreisen

Für die Gruppe, der ich zugeteilt bin, gibt es Pflichtfächer und Angebote, bei denen die Teilnahme freigestellt ist. Das Programm deckt den Tag von 8.30 bis 17 Uhr ab. Das ist mein Grundgerüst, mein Stundenplan, dazu kommen meine Einzeltermine.

Zweimal die Woche habe ich »Gesprächsgruppe«, ein Pflichttermin. Ich gehe mit einer Mischung aus Angst und Neugier dorthin, vielleicht ist ja doch etwas für mich dabei. Wir sind fünf Patienten, nur Frauen, und es beruhigt mich, dass eine deutliche Ansage von der Psychologin kommt, die mir die Spielregeln erklärt: Aggressionen, auch verbaler Art, hätten hier nichts verloren, man würde von allen einen respektvollen Umgang verlangen. Jeder der Teilnehmer dürfe ein Thema vorschlagen, und die Gesprächsrunde würde mit einem »Blitzlicht« beginnen und enden, bei dem jeder einen aktuellen Überblick über die persönliche Stimmungslage abgibt.

Und so berichtet eine Frau nach der anderen über das, was ihr gelungen ist und wo Probleme aufgetaucht sind, beim Themenvorschlag ist es aber plötzlich ruhig. Ich wage mich als Neue vor und sage: »Mich beschäftigt sehr, warum für mein Umfeld meine Situation so schwer zu verstehen ist. Geht es eigentlich nur mir so, oder kennen andere das auch? Hat jemand vielleicht eine Form gefunden, die es mir und meiner Umgebung leichter machen könnte, miteinander zu kommunizieren? Ich will nicht immer das Gefühl haben, mich versteht eh keiner.« Allen in der Runde ist diese Erfahrung vertraut, die Erfahrung, dass die Menschen draußen an einem zerren, man nie genug macht, man sich jedoch mehr Entlastung wünscht, sie aber nicht erhält.

Aber woran liegt das?

Wir diskutieren, das Gespräch geht hin und her, bis Bärbel abwinkt. »Hört auf«, sagt sie. »Ich ...« Sie stottert, stolpert, ich höre Tränen in ihrer Stimme. »Ich ... ich kann das nicht ertragen.« Sie weint, und ich bin tief betroffen. Sie ist eine solch liebe Frau, ganz ruhig, mit einer sehr angenehmen Stimme. Ich mag sie, ihr sanftes Wesen, und nun weint sie, wegen mir. Ich habe ein schlechtes Gewissen, habe das Gefühl, etwas falsch gemacht zu haben. Die Psychologin fragt Bärbel, ob sie sagen kann, was gerade passiert ist, was mit ihr passiert ist. Weinend erklärt sie: »Es geht alles so durcheinander, ich kann dem nicht folgen, alle reden. Es ist ... wie zu Hause, wenn alle auf mich einreden und ich doch nicht das machen kann, was sie wollen.«

Ich entschuldige mich bei Bärbel: »Ich wollte nicht, dass du weinst, dass du wegen mir weinst. Ich mag dich, mit deiner ruhigen Art, das wollte ich nicht.« Die Psychologin fängt die Situation gut auf, sie erklärt mir zum einen, dass es nicht meine Schuld ist, und zum anderen, dass es auch für Bärbel gut ist, wenn sie klar erkennen kann, was für sie so problematisch ist. Später sagt mir Bärbel: »Ich habe doch nicht wegen dir geweint, du bist doch nicht der Grund dafür.« Ich bewundere, dass sie vor anderen Menschen überhaupt weinen kann, ich kann es nicht.

»Stressbewältigungstherapie« steht auf meinem Stundenplan, ich mache mich auf ins Foyer. Viele Patienten sind zu diesem Termin dort, ich nehme mir eine Matte, und es kann losgehen. Wir machen Traumreisen. Und auch hier spüre ich, dass es ein völlig anderes Verständnis für uns Patienten gibt. »Wer die Augen nicht schließen möchte, kann sie offen lassen«, sagt die Psychologin, die die Gruppe leitet. Sie würde es nicht aussprechen, wenn sie nicht wüsste, dass es für die meisten von uns ausgesprochen schwierig ist. Die Augen zu schließen, das heißt, die Kontrolle abzugeben, das Geschehen nicht mehr im Blick zu haben, das könnte Gefahr bedeuten, eine Bedrohung nicht schnell genug wahrnehmen zu können. Ich sehe es schon an der Wahl der Plätze, wie groß die Probleme Einzelner sind. Heiß begehrt sind die Positionen, die es ermöglichen, alle Türen und Fenster »im Auge« zu haben. Manche müssen eine Wand hinter sich haben oder eine Ecke, fast alle befinden sich in einem permanenten Alarmzustand. Viele können körperliche Nähe nicht ertragen, der Abstand zu den anderen muss weit genug sein, um jede versehentliche Berührung auszuschließen. Die Psychologin liest uns eine Geschichte vor, sie heißt »Der blaue Mantel«. Ich bemühe mich, ihr zu folgen, im Geiste die Worte mit Bildern zu versehen. Ich habe diese Technik immer ein wenig belächelt, ich kenne sie als Autogenes Training. Als Krankengymnastin war dieses Entspannungsverfahren fast immer Bestandteil von Fortbildungen, und ich habe viele davon gemacht. Ich habe also hinreichend Erfahrung damit und war immer erstaunt über das dadurch hervorgerufene Empfinden anderer Kursteilnehmer. Ich konnte jedenfalls nichts davon wahrnehmen. Aber angesichts dieser Geschichte mache ich eine neue Erfahrung. Die Psychologin liest leise und langsam, ich kann ihr folgen. In meinem Geist mache ich mir ein Bild von meinem blauen Mantel, ein Cape, das mich vor Angriffen schützt. Bedrohungen und Belastungen prallen von mir ab, sie können mir nichts mehr antun, meine Seele nicht mehr erreichen. Diese Geschichte erinnert mich an meine alte Stärke, sie gibt mir einen Teil davon zurück, ich fühle mich wie Zorro. Aber sie bewirkt noch etwas anderes. Sie führt mich auf mich selbst zurück, auf das, was mich ausmacht. Sie erinnert mich daran, dass ich mehr bin als die »Mutter von Felix«.

Langsam traue ich mich immer öfter aus meinem Zimmer. Meine ständige Unruhe treibt mich heraus, treibt mich zum Puzzlespiel. Ein Puzzle ist für mich eine Strategie, die sich in der Vergangenheit bereits bewährt hat. Ich komme damit zur Ruhe, kann meine Gedanken auf Puzzleteile fixieren, meine Hände haben etwas zu tun. Und ich bin für alle sichtbar beschäftigt, muss mich nicht unterhalten und kann dennoch meine Umgebung beobachten. Ich registriere bei vielen Narben oder auch Verbände an den Unterarmen. Selbstverletzendes Verhalten scheint bei Traumapatienten durchaus öfter vorzukommen, ich bin also keine Ausnahme mit diesem eigenartig anmutenden Verhalten. Dieses Sicherheitsventil, um Druck abzulassen, um zu merken, dass man noch da ist, kennen also mehrere, somit auch die Therapeuten. Offensichtlich muss ich es hier nicht verheimlichen.

Aus dem Augenwinkel beobachte ich Martina, sie will Mandalas malen. Sie holt sich eine Vorlage und setzt sich an einen Tisch. »Hach«, murmelt sie, »Buntstifte vergessen«, und augenblicklich geht sie los, um aus ihrem Zimmer welche zu holen. Nach einigen Minuten kommt sie wieder, nimmt wieder Platz, greift einen Stift und stutzt. »Hach«, brummelt sie, »Anspitzer vergessen.« Wieder verlässt sie den Gemeinschaftsraum, kommt zurück, setzt sich und will beginnen. Erneut hält sie inne. »Hach, Radiergummi vergessen.« Schon steht sie auf, die Prozedur wiederholt sich … Ich, die ich das Ganze beobachte, muss schmunzeln. Als Martina mit dem Radiergummi in der Hand wieder da ist, kann ich mir ein Lachen nicht verkneifen. Vorsichtig bin ich hier geworden, zu viele empfindliche Seelen sind hier, deshalb erkläre ich es ihr: »Martina, entschuldige, wenn ich lachen muss. Ich lache nicht über dich, aber weißt du, wie gut es tut, zu bemerken, dass andere genauso vergesslich sind wie man selbst? Ich brauche manchmal eine Viertelstunde, um mit dem Auto loszufahren, weil ich alles, was ich mitnehmen wollte, in meinem Zimmer vergessen habe.«

Mir wird schlagartig bewusst, dass ich nicht mehr allein bin. Dass sie alle hier meine Schwierigkeiten nachvollziehen können, dass ich mich nicht mehr erklären muss. Es nimmt mir eine Menge Druck.

Die da draußen

Immer noch habe ich Schwierigkeiten mit dem Schlafen. Ich bekomme sogenannte Bedarfsmedikamente, um in den Schlaf zu finden. Hier sind die Probleme der Schlaflosigkeit bekannt, ich bin keine Ausnahme. Wir haben die Freiheit, uns so lange auf den Gängen und Fluren aufzuhalten, wie wir wollen. Mit Fernsehen ist allerdings spätestens um 23 Uhr Schluss, natürlich dürfen die anderen nicht gestört werden. Es sind oft Patienten in den Gruppenräumen zu sehen, die bis nachts um eins dort spielen. Auch das ist für mich ein Zeichen für das Verständnis unserer Situation. Ich wache in der Nacht oft durch Albträume auf und kann schlecht wieder einschlafen, aus Angst, sie kommen wieder. Oft unterhalte ich mich dann mit Paula, die ähnlich viel wach liegt. Sie erzählt mir von ihrem Hund und wie viel Freude sie an ihm hat. Ihre treue Seele. Erinnerungen an meinen eigenen Hund tauchen auf, sie lösen den nächsten Albtraum aus. Ich sehe meine Kinder in der Nacht leiden, meist kann ich nicht helfen, muss zusehen.

Ich habe mein Handy immer noch abgeschaltet und den Kontakt zur Außenwelt damit komplett unterbrochen. Ich kann auf Wünsche oder Anforderungen ohnehin nicht mehr reagieren, deshalb beschließe ich, dass es für mich besser ist, wenn ich gar nichts mehr erfahre. Ich bin nicht erreichbar, theoretisch. Andrea hat als einzige Person die Nummer des Patiententelefons. Bei den vielen Patienten muss sie es manchmal stundenlang versuchen, bis die

Leitung endlich frei ist und man mich dann auch noch gefunden hat. Ich erzähle von der Klinik, sie von ihrem Alltag. Bei ihren Berichten fällt mir auf, wie hektisch die Welt da draußen ist, wie abgeschirmt wir hier leben.

Eine Verbindung nach außen bleibt bestehen, es ist die Post. Ich wollte es meinem Vater nicht mehr zumuten, immer siebzig Kilometer zu fahren, um meinen Briefkasten zu leeren. Mit den Nachsendeanträgen kommt die Post nun direkt in die Klinik. Täglich hängt an der Pinnwand ein Zettel mit dem Hinweis: »Post für Frau Wille«. Es stresst mich so, dass ich sie nur schleppend oder gar nicht abhole. Ich spreche mit meinem Psychologen darüber. Er nimmt mich ernst und sucht mit mir gemeinsam eine Lösung. Die Sozialarbeiterin muss ran, zweimal die Woche werde ich nun mit ihr gemeinsam meine Briefe durchgehen und bearbeiten.

Der zweite Termin bei ihr gestaltet sich wesentlich erfreulicher als der erste. Die Praktikantin ist nicht mehr dabei, und sie sagt mir, dass es ihr leidtut, dass sie so vieles nicht gewusst hat. Ein resolutes Auftreten hat sie, aber nicht mir gegenüber. Mir offenbart sich eine Seele von Mensch, die auch meine gute Seele wird. Viele Schwierigkeiten räumt sie gemeinsam mit mir aus dem Weg, dadurch ermöglicht sie es mir, dass ich mich auf mich konzentrieren kann. Sie hält mir den Rücken frei. Ihre Erfahrungen helfen mir, es sind endlich einmal gute Erfahrungen nach so vielen schlechten.

Und irgendwann drückt sie mir diese Geschichte eines unbekannten Autors in die Hände, die Geschichte von der Traurigkeit, die mich noch lange beschäftigen wird, die mir in dunklen Stunden Mut gibt.

Es war eine kleine Frau, die den staubigen Feldweg entlangkam. Sie war wohl schon recht alt, doch ihr Gang war leicht, und ihr Lächeln hatte den frischen Glanz eines unbekümmerten Mädchens.

Bei einer zusammengekauerten Gestalt blieb sie stehen und blickte hinunter. Sie konnte nicht viel erkennen. Das Wesen, das da im Staub des Weges saß, schien fast körperlos. Es erinnerte an eine graue Flanelldecke mit menschlichen Konturen. Die kleine Frau bückte sich ein wenig und fragte: »Wer bist du?«

Zwei fast leblose Augen blickten müde auf: »Ich? Ich bin die Traurigkeit«, flüsterte die Stimme stockend und so leise, dass sie kaum zu hören war.

»Ach, die Traurigkeit!«, rief die kleine Frau erfreut aus, als würde sie eine alte Bekannte begrüßen.

»Du kennst mich?«, fragte die Traurigkeit misstrauisch.

»Natürlich kenne ich dich. Immer wieder hast du mich ein Stück des Weges begleitet.«

»Ja, aber …«, argwöhnte die Traurigkeit, »warum flüchtest du dann nicht vor mir? Hast du denn keine Angst?«

»Warum sollte ich vor dir davonlaufen, meine Liebe? Du weißt doch selber nur zu gut, dass du jeden Flüchtigen einholst. Aber was ich dich fragen will: Warum siehst du so mutlos aus?«

»Ich … ich bin traurig«, antwortete die graue Gestalt mit brüchiger Stimme. Die kleine, alte Frau setzte sich zu ihr. »Traurig bist du also«, sagte sie und nickte verständnisvoll mit dem Kopf. »Erzähl mir doch, was dich bedrückt.«

Die Traurigkeit seufzte tief. Sollte ihr diesmal wirklich jemand zuhören wollen? Wie oft hatte sie sich das schon gewünscht. »Ach, weißt du«, begann sie zögernd und äußerst verwundert, »es ist so, dass mich einfach niemand mag. Es ist nun mal meine Bestimmung, unter die Menschen zu gehen und für eine gewisse Zeit bei ihnen zu verweilen. Aber wenn ich zu ihnen komme, schrecken sie zurück. Sie fürchten sich vor mir und meiden mich wie die Pest.« Die Traurigkeit schluckte schwer. »Sie haben Sätze erfunden, mit denen sie mich bannen wollen. Sie sagen: ›Papperlapapp, das Leben ist heiter.‹ Und ihr falsches Lachen führt zu Magenkrämpfen und Atemnot. Sie sagen: ›Gelobt sei, was hart macht.‹ Und dann bekommen sie Herzschmerzen. Sie sagen:

›Man muss sich nur zusammenreißen.‹ Und sie spüren das Reißen in den Schultern und im Rücken. Sie sagen: ›Nur Schwächlinge weinen.‹ Und die aufgestauten Tränen sprengen fast ihre Köpfe. Oder sie betäuben sich mit Alkohol und Drogen, damit sie mich nicht fühlen müssen.«

»Oh, ja«, bestätigte die alte Frau, »solche Menschen sind mir schon oft begegnet.«

Die Traurigkeit sank noch ein wenig mehr in sich zusammen. »Und dabei will ich doch den Menschen nur helfen. Wenn ich ganz nah bei ihnen bin, können sie sich selbst begegnen. Ich helfe ihnen, ein Nest zu bauen, um ihre Wunden zu pflegen. Wer traurig ist, hat eine besonders dünne Haut. Manches Leid bricht wieder auf wie eine schlecht verheilte Wunde, und das tut weh. Aber nur wer die Trauer zulässt und all die ungeweinten Tränen weint, kann seine Wunden wirklich heilen. Doch die Menschen wollen gar nicht, dass ich ihnen dabei helfe. Stattdessen schminken sie sich ein grelles Lachen über ihre Narben. Oder sie legen sich einen dicken Panzer aus Bitterkeit zu.«

Die Traurigkeit schwieg. Ihr Weinen war erst schwach, dann stärker und schließlich ganz verzweifelt.

Die kleine, alte Frau nahm die zusammengesunkene Gestalt tröstend in die Arme. Wie weich und sanft sie sich anfühlte, dachte sie und streichelte zärtlich das bittere Bündel. »Weine nur, Traurigkeit«, flüsterte sie liebevoll. »Ruh dich aus, damit du wieder Kraft sammeln kannst. Du sollst von nun an nicht mehr alleine wandern. Ich werde dich begleiten, damit die Mutlosigkeit nicht noch mehr Macht gewinnt.«

Die Traurigkeit hörte auf zu weinen. Sie richtete sich auf und betrachtete erstaunt ihre neue Gefährtin. »Aber ... aber, wer bist du eigentlich?«

»Ich?«, sagte die kleine, alte Frau schmunzelnd, und dann lächelte sie wieder so unbekümmert wie ein kleines Mädchen. »Ich bin die Hoffnung.«

Immer wieder frage ich nach meiner Erlaubnis, eine Nacht außerhalb der Klink verbringen zu dürfen. Ich muss den Redakteuren der Kerner-Talkshow doch endlich eine verbindliche Zusage geben, sie warten bereits. Ich versuche es erneut bei meinem Oberarzt, will ihm erklären, warum der Termin so bedeutsam für mich ist. Aber er möchte es nicht wissen. »Es ist ausreichend, wenn Sie mir sagen, der Termin ist wichtig. Weiter will ich nichts wissen.« Ich stutze, weil ich ihm nichts weiter über dieses Anliegen berichten kann. Da ich in dieser Woche aber noch einen Termin bei der Chefärztin habe, trage ich es dort vor, berichte ihr von einer vertraglichen Verpflichtung in Hamburg. Im Gegensatz zu meinem Doc fragt sie nach.

»Was haben Sie denn vor in Hamburg?«

»Ich bin bei Herrn Kerner eingeladen«, sage ich ihr.

»Ach so«, erwidert sie beiläufig, als wenn es eine Einladung zum Kaffeetrinken ist. Einige Sekunden später kommt die Nachfrage. »Bei *wem* sind Sie eingeladen?«

Die Tragweite ist erfasst. Also erzähle ich ihr von der Talkshow.

»Aber das hätten Sie uns doch sagen müssen!«

»Das wollte ich ja, aber mein Doc wollte nichts davon hören«, entgegne ich ihr.

Ihre Sorge überwiegt. »Schaffen Sie das auch?«, fragt sie mich. Doch, ich schaffe das, nur einmal, nur einziges Mal sollen die Menschen die Chance haben, zu erfahren, wie zerstörend ein solches Verbrechen wirkt, welche Spuren es hinterlässt. Einen solchen Fall hatten sie hier in der Klinik noch nicht. Traumaopfern fällt das Reden unendlich schwer, noch dazu vor laufenden Kameras. Aber es ist mir wahnsinnig wichtig, ich möchte etwas bewegen, etwas tun. Ich möchte die Menschen erreichen, und das geht nur mit Worten.

Ich bekomme meine Erlaubnis, kann meine Zusage beim ZDF geben. Zum Sendetermin werde ich von einer Limousine abgeholt, damit ich nicht mir selbst überlassen bin. Noch während der Autofahrt versuchen die Redakteure von Kerner Hilfe für mich zu organisieren. Von der Klinik habe ich Notfallnummern mitbekommen, vorsichtshalber. Meine Unterstützung ist mein Anwalt, Dr. Schmel, den ich in Hamburg treffe. Und noch eines konnte ich organisieren: Mithilfe meiner Fahrerin kann ich meine Tochter, die ich vor mehr als neun Monaten das letzte Mal gesehen habe, ins Studio holen. Dieser Ort wird meinem erhöhten Sicherheitsbedürfnis gerecht, Eingangskontrollen verhindern den Zugang unberechtigter Menschen. Hier sind wir in Sicherheit, ist meine Tochter in Sicherheit.

Groß ist meine Kleine geworden, viel ist von dem einstmals so unbeschwerten Kind nicht geblieben. Ernst ist sie, auch wenn sie jetzt strahlt und von den Gästen der Talkrunde und von Herrn Kerner lieb begrüßt wird. Sie könnte die Sendung mit verfolgen, aber sie möchte es nicht, auch sie kann die Erinnerung an das Geschehene, an den Verlust ihres kleinen Bruders nicht ertragen. Viel haben wir nicht voneinander, ich muss in die Maske, dann in die Sendung. Aber wir haben uns gesehen, bis zur nächsten Begegnung werden wieder Wochen vergehen.

Die Fahrerin erzählt mir später, dass meine Tochter sie auf dem Weg ins Studio ausgequetscht habe. Ob sie ein Bodyguard sei, wollte sie wissen, auch, ob sie eine Waffe habe.

In der ganzen Aufregung vergaß Magdalena ihr Tamagotchi, ein elektronisches Spielzeug, das ich am nächsten Morgen auf der Rückfahrt im Auto finde.

Das Gespräch mit Herrn Kerner ist in meinem Kopf wie ausgelöscht. Sehr deutlich bleibt mir aber die Stille im Studio in Erinnerung. Während wir uns unterhalten, ist kein Scharren, kein Räuspern, kein Rascheln zu hören. Die Resonanz nach der Sendung ist groß, ich konnte die Menschen erreichen. Einige Zuschauerreaktionen werden mir nachgeschickt, und es bedeutet mir viel, Anerkennung und Unterstützung von mir völlig fremden Menschen zu erfahren.

Mit einem großen Strauß Blumen und einem Tamagotchi kehre ich in die Klinik zurück. Kaum jemand wusste von meinem Auftritt, dachte ich wenigstens. An den Augenringen vieler Patienten und Mitarbeiter sehe ich, dass wohl doch etliche die Sendung verfolgt haben, obwohl sie außerhalb der erlaubten Fernsehzeit lief. Wie bei der »stillen Post« geht nun meine Geschichte von einem Mitpatienten zum nächsten.

Inzwischen habe ich eine neue Zimmergenossin, und meine Geschichte beschäftigt sie. Das Licht ist schon aus, eigentlich möchte ich versuchen zu schlafen, aber im Dunkeln fängt sie ein Gespräch an. Möchte etwas vom Mörder wissen, vom Urteil, vom Prozess. Ich bin noch nicht so weit, dass ich das Gespräch freundlich abwürgen könnte, ich möchte nicht unhöflich sein, und so antworte ich ihr. Solche Gespräche vor dem Schlafen begleiten mich in meine Träume.

Einige Tage später fällt mir Magdalenas Tamagotchi wieder ein, Felix hatte sie es genannt. Als ich auf das Display sehe, hat es Flügel bekommen und schwebt gen Himmel, es ist gestorben, weil ich es vernachlässigt habe. Mit einem Schlag zieht es mir die Füße weg, Aggressionen machen sich breit, ich könnte das Ding gegen die Wand werfen. Ich bin sogar zu blöd, um auf ein Spielzeug aufzupassen, stelle ich deprimiert fest. Meine Tochter hatte mich so darum gebeten, das Spielzeug zu pflegen, als ich mit ihr deswegen telefonierte. Aber das Tamagotchi mit Namen Felix fliegt weiter zum Himmel.

Spaß, ein fremdes Gefühl

Ich teste mich durch die Angebote, die diese Klinik mir macht. Gestalttherapie steht als Nächstes auf meinem Programm. Die Räume, die ja im Keller liegen, haben große Fenster, sie hören knapp über der Grasnarbe auf. Jeder Schritt quietscht auf dem

Linoleum, die Absätze der Therapeutin klappern. Wir sitzen im Kreis, in der Mitte steht eine große Kerze. Der tönerne Halter wird von Kindern gebildet, die sich an den Händen halten, fröhlich lächeln und um die Kerze zu tanzen scheinen. Bedächtig zündet die Therapeutin die Kerze an und beginnt mit dem »Blitzlicht«. Wir sind nur zu dritt. Der Raum, die Atmosphäre, diese Totenstille – alles ist mir unangenehm. Ich fühle mich nicht wohl in dieser Gruft. Es erinnert mich an die Beerdigung von Felix, diese dicke Kerze, der Halter, diese Stille.

Es gibt keinen klaren Auftrag, wir sollen uns Materialien nehmen, Ton, Speckstein, Farben oder Papier, und damit etwas machen. Die anderen Frauen in meiner Runde machen sich schweigend über den Ton her, ich kann mit den Sachen nichts anfangen. Die Therapeutin merkt es, spricht mich an. Ich unternehme mehrere zaghafte Versuche, etwas zu beginnen, aber es geht nicht. Eher würde ich den Buntstift zerbrechen, als dass ich auch nur einen Strich auf das Papier bringen würde, und je mehr ich mich dazu zwinge, desto weniger geht es. Diese Atmosphäre belastet mich, ich muss mich so kontrollieren, dass ich mich auf nichts anderes konzentrieren kann. »Schlagen Sie Ton«, schlägt sie mir vor, »da können Sie Ihre Aggressionen loswerden.« Aber selbst dazu fehlt mir die Kraft. Für heute muss ich abbrechen, aber es wird mir nicht übel genommen, zum Vorwurf gemacht oder gegen mich ausgelegt. Ich probiere es in den nächsten Tagen immer wieder, aber nach einiger Zeit wird mir klar, dass diese künstlerischen Möglichkeiten nichts für mich sind, ich bekomme keinen Zugang dazu. Umso mehr bewundere ich es, welch durchschlagende Erfolge bei den beiden anderen Frauen zu verzeichnen sind. Eigentlich schade für mich, aber dieser Weg bleibt mir verschlossen.

Bewegungstherapie ist ein weiteres Angebot. »Kommen Sie erst mal an«, sagt die Therapeutin. »Wenn Sie angekommen sind, dann suchen Sie sich einen Platz.« Es folgt eine längere Pause. »Sind Sie angekommen?« Wenn sie noch einmal das Wort »ankommen« sagt, dann schrei ich, denke ich. Auch dies ist nicht mein Weg, aber das kann ich nur wissen, wenn ich es getestet habe.

Ich bin sehr leicht reizbar, aber man reagiert mit Geduld und Toleranz und nicht mit Gewalt auf diese zornigen Ausbrüche. Täglich habe ich Gespräche mit dem Personal, diese helfen mir dabei, meinen Gedankenwirrwarr zu sortieren, eine Linie in meine Überlegungen zu bekommen. Zum ersten Mal fühle ich mich verstanden, nicht mehr so einsam, ernst genommen. Keiner redet meine Schwierigkeiten klein oder verniedlicht sie. Floskeln bleiben mir erspart. Für mich unmerklich, lenken die Mitarbeiter die Unterredungen und helfen mir so, die schönen Dinge des Tages zu sehen. Manchmal sind es nur Kleinigkeiten, für die ich den Blick verloren hatte und an denen ich mich jetzt nach oben hangele. Das kann ein Spaziergang sein, den ich als angenehm empfunden habe, irgendetwas, das ich als lebenswert wahrgenommen habe, die Färbung des Laubs, den Wind, die Vögel, die weiche Wolle, die ich gekauft habe. Sie helfen mir, offener zu werden, meine Gefühle überhaupt wieder fühlen zu können. Manchmal braucht es lange, bis mir etwas einfällt, was ich an diesem oder jenem Tag schön gefunden habe, aber nach intensivem Nachdenken finde ich immer was. Nach und nach löse ich mich von meinem aggressiven und destruktiven Verhalten. Alle Menschen in dieser Klinik geben mir hier so viel Sicherheit, dass ich es wage, Fremdes an mich heranzulassen.

Diese Klinik macht auch viele Angebote aus dem Bereich der traditionellen chinesischen Medizin, dazu gehört auch Qigong. Für mich ist das alles erst mal »Schnickschnack«, aber ein Urteil will ich mir erst erlauben, wenn ich es ausprobiert habe.

Der Psychologe betritt den Raum, und es wird hochinteressant. Ich empfinde ihn als sehr herzlich, Wärme und Freundlichkeit gehen von ihm aus, alles an ihm scheint fröhlich zu sein. Seine Augen lachen immer, und die Spuren in seinem Gesicht zeigen, dass es nicht aufgesetzt ist. Allein diese positive Ausstrahlung war es wert, hierhergekommen zu sein. Zumindest bei mir schafft er es, dass ich die Schwere meines Schicksals als ein wenig leichter empfinde, ich es besser hinter mir lassen kann.

Unsere erste Übung lautet: »Stehen wie eine Kiefer.« Fest sollen unsere Füße auf dem Boden stehen, die Arme sind leicht, wie Äste im Wind. Meine Aufmerksamkeit richtet sich nach innen, ich konzentriere mich auf mich. Bei dieser Übung assoziiere ich: Fest stehe ich im Leben, bin dennoch variabel und beweglich, um den Stürmen des Lebens zu trotzen. Starres zerbricht.

Ich bin schwer beeindruckt.

Als Besonderheit gibt es jede Stunde Übungen aus dem »Spiel der fünf Tiere«, ein Bewegungssystem aus dem alten China.

Die Übungen dienen der Balance von Ying und Yang und fördern das Fließen von Qi (Atem, Energie), dem Blut und allen anderen. Körperflüssigkeiten. Es sind harmonische, leichte fließende Bewegungen, die die Charaktereigenschaften, die wir Menschen diesen fünf Tieren – Tiger, Hirsch, Affe, Bär und Kranich – zuschreiben, ausdrücken. So ist der Affe listig, und mit einer Leichtigkeit und einer inneren Überzeugung transportiert der Psychologe diesen listigen Affen bis zu mir in die letzte Reihe. Ich habe immer Freude an Bewegung gehabt, diese Charaktereigenschaften des Affen darzustellen und in Bewegung umzusetzen macht mir wirklich Spaß, ein Gefühl, das ich kaum noch kannte. Da es hier keine Bewertungen gibt, sind wir nun eine große Gruppe von »listigen Affen«.

Ich stelle durch diese Übungen fest, dass mehr in mir steckt als dieses furchtbare Geschehen, das mich beherrscht. Dass ich doch immer mit beiden Beinen im Leben stand, mich nichts so leicht hat umwerfen können. Diese ruhigen Bewegungen, fern von jeder Hast, helfen mir, mich wiederzufinden. Sie sind der nächste kleine Schritt auf meinem Weg.

Jahrestage

Sämtliche Jahrestage stehen mir noch bevor, irgendwie müssen sie durchgestanden werden. Felix' Geburtstag eröffnet diesen Reigen. Was mache ich bloß mit diesem Tag? Für einen ursprünglich geplanten Besuch in einer Kapelle mit der hiesigen Pastorin fehlt mir dann doch die Kraft. Auch die Idee, ein Fliesenmosaik für sein Grab herzustellen, scheitert an meinen Möglichkeiten. Die Erinnerungen an seinen letzten Geburtstag sind noch so präsent. Ein Lagerfeuer haben wir gemacht, Hamburger gegrillt, Kastanien gesammelt. An diesen Jahrestagen bin ich wieder sehr unruhig, alles beginne ich, um es dann doch wieder liegen zu lassen. An diesen Tagen weiß ich nicht, wo ich mit mir hinsoll, ich bin nur damit beschäftigt, meine Emotionen und meine Erinnerungen unter Kontrolle zu halten. Es ist wahnsinnig anstrengend. Diese Klinik weiß um die Brisanz von Jahrestagen, sie machen mir alle Angebote, um diese Zeit leichter auszuhalten. Keiner vom Personal käme auf die Idee, mich fortzuschicken, wenn ich Nähe suche, keiner zwingt mich zu reden, wenn ich nicht will, keiner drängt mir Medikamente auf, aber ich erhalte sie, wenn ich sie möchte.

»Sie selber wissen am besten, was gut für Sie ist«, sagt man mir.

Durch diese Entscheidungsfreiheit wird es mir ermöglicht, dass ich überhaupt wieder ein Gespür für das bekomme, was mir wohltut und was nicht. Ich muss nicht mehr ständig auf der Lauer liegen, um mich rechtzeitig gegen Übergriffe zur Wehr setzen zu können. Man respektiert mich und meine Persönlichkeit, die Menschen hier versuchen nicht, mich zu demontieren, nur weil irgendein Fachbuch es so vorsieht. Sie helfen dabei, die eigenen Stärken wiederzuentdecken, mit einer unglaublichen Geduld. Sie geben mir die Zeit, die ich brauche, um mich wieder zu fangen. Sie begleiten mich auf dem Weg, auf dem ich einen Anfang gefunden habe.

Und endlich wird mir erklärt, was eigentlich mit mir los ist. Was mit mir passiert ist, warum ich Verhaltensweisen und Reaktionen habe, die ich selbst nicht verstehe, die mich befremden.

Endlich löst sich dieser Gefühlswirrwarr für mich verständlich auf, es ist nicht mehr ein Knäuel, es werden einzelne Fäden.

Dass eine Extremsituation den Körper in Alarmbereitschaft versetzt, das wusste ich bereits, aber in meinem Fall sind die Sirenen nicht wieder ausgestellt worden. Im Prinzip, so begreife ich, leide ich unter chronischem oder traumatischem Stress, seit einem Jahr stehe ich also unter Dauerfeuer von Cortisol, ein Hormon, das mein Körper durch diese Alarmbereitschaft unablässig produziert. Wie bei einer Sturmflut, bei der das Wasser bereits knapp unter der Deichkrone steht, genügt eine kleine Welle, um es überschwappen zu lassen. Daher kommt also meine geringe Stresstoleranz, bei mir reicht ein Briefumschlag, damit das Wasser überläuft.

Und da sich mein Körper und meine Psyche in einem dauerhaften Übererregungszustand befinden, reagiere ich auf jeden Reiz extrem. Ein typisches Beispiel ist mein Handy, das ich nach vier Wochen wieder eingeschaltet habe. Am Flackern des Displays konnte ich sehen, dass gleich eine SMS oder ein Telefonat eingehen würde, dennoch erschrak ich furchtbar und fuhr regelrecht zusammen, als das Tonsignal schließlich den Eingang der SMS anzeigte. Hinter meiner Aggressivität steckt eigentlich nur das Bedürfnis nach Ruhe, intuitiv versuche ich die Situation herzustellen, nach der Körper und Seele verlangen.

Ein solcher Alarmzustand ist anstrengend, das erklärt auch meine geringe Leistungsfähigkeit, darum bin ich schnell müde, leicht erschöpft. Wer einmal einen Verkehrsunfall erlitten hat, weiß, dass er hinterher ein großes Bedürfnis nach Schlaf und Erholung hat, man käme nicht auf die Idee, in dieser Situation ein Kreuzworträtsel lösen zu wollen.

Nach einem Unfall hat man auch Probleme, hinterher wieder in ein Auto einzusteigen. Ähnlich geht es mir, wenn ich an die Orte zurückkehre, die mich erinnern. Am liebsten würde man ja nie wieder einen Wagen von innen sehen und nur noch mit dem Fahrrad fahren wollen, da das aber ausgesprochen unpraktisch ist, versucht man es dann doch – und die ersten Fahrten sind entsprechend anstrengend. So sehr muss man sich konzentrieren, so sehr sitzt die Angst im Nacken. Meine Emotionen und Erinnerungen haben aber eine solche Dimension erreicht, dass mich entsprechende Gegebenheiten überfordern. Lieber vermeide ich sie, fahre also, um im Bild zu bleiben, lieber Fahrrad als Auto.

Und woher kommen meine Erinnerungslücken? Sie sind auch ein Schutzfaktor, in Situationen extremen Stresses entziehe ich mich psychisch, das geschieht unbewusst, deswegen kann ich mich einiger Situationen nicht entsinnen. Dissoziation nennt man das, eine Fähigkeit, die das Überleben sichern soll. Im Daueralarmzustand wird allerdings jede Stresssituation zur Überlebensfrage.

»Empfinden Sie Ihre Gefühle eigentlich wieder richtig intensiv?«, fragt mich mein Psychologe. Als ich darüber nachdenke, fällt mir auf, dass da etwas fehlt. Sie berühren mich nicht wirklich, alles ist wie taub. Distanziert und eingeengt nehme ich meine Empfindungen wahr, ich weiß, dass sie da sind, aber ich kann sie nicht richtig fühlen.

Mir wird auch erklärt, dass alles, was ich so an Eigenartigkeiten an den Tag lege, seinen Sinn hat. Es sind weitere Schutzmechanismen, und hier in der Klinik wissen sie, dass es fatal wäre, mir diese ohne eine Alternative abgewöhnen zu wollen, ohne mir stattdessen etwas Besseres anzubieten. Als Krankengymnastin kann ich von einem Patienten nach sechs Wochen Krücken auch nicht verlangen, diese augenblicklich in die Ecke zu stellen und wieder ohne sie zu laufen. Das kann nicht funktionieren. Er muss die Chance haben, es zunächst vorsichtig zu probieren, vielleicht erst nur mit einer Krücke, dann an einem Geländer, an dem man sich abstützen kann. Dazu gehört Mut, die Angst vor dem Schmerz kommt hinzu, das Vertrauen – der Fuß trägt mich wieder – muss wachsen können. Hier weiß man das, in der vorherigen Klinik war das offensichtlich nicht bekannt. Sie haben mich dort überfordert, was zwangsläufig in Aggression umschlug, mein einziges Mittel, um mein Bedürfnis nach Ruhe auszudrücken. Die Androhung der Psychiatrie hat mein Sicherheitsgefühl zerstört, meinen Körper und meine Psyche zusätzlich in einen akuten Alarmzustand versetzt. Das war das Schlimmste, was passieren konnte.

Und noch eines wird mir bewusst: »Sie müssen sich entspannen, das ist ganz wichtig« – diesen Satz haben sie in der zweiten Klinik oft genug zu mir gesagt. Aber ein Körper in einem dauerhaften Alarmzustand kann sich nicht entspannen. Hätten sie das nicht wissen sollen? Darum waren diese Badetermine so anstrengend, so unerträglich für mich.

Auch eine Erklärung für das selbstverletzende Verhalten bekomme ich. Jetzt weiß ich, dass ich die Spannung, unter der ich stand, nach innen gerichtet habe, gegen mich. Der leichte Schmerz half mir, in der Gegenwart zu bleiben und nicht wieder in das Gefühlschaos der Vergangenheit abzugleiten. Wenn etwas Unglaubliches geschieht, ist es dann nicht so, dass wir sagen: »Kneif mich mal!« Der Schmerz durch das Kneifen holt uns in die Realität zurück, und wir wissen, dass das, was wir gerade erleben, jetzt, in diesem Augenblick passiert.

Das »Kneifen« holt und hält mich in der Gegenwart und gibt meinem Schmerz, den ich nicht auszudrücken vermag, einen Grund. Er hat eine logische, rational erklärbare Ursache, dieser andere Schmerz hat das nicht.

Das ständige Schwanken zwischen Reden und Schweigen, zwischen Gesellschaft und Alleinsein, die Vergesslichkeit, die Entfremdung von der Welt – das alles sind typische Phasen im Genesungsprozess. Mit anderen Worten: Ich bin nicht verrückt.

Man rät mir, auf meine innere Stimme zu achten, sie unterstützt meine Heilung. Aber auf die eine Stimme, die mir ständig zuflüstert, dass dies kein Leben mehr ist, nein, auf die soll ich nicht mehr hören. Ich erfahre, dass fast jeder Patient mit einem

Trauma solche Gedanken hat. Ich bin also keine Ausnahme mit meinen Schwierigkeiten, ich bin die Regel. Ich muss mich dafür nicht schämen, es muss mir nicht peinlich sein, ich brauche es nicht verheimlichen. Die Frage, ob ich wirklich nicht mehr leben wollte, stellt sich mir nun auch anders: Mein Wunsch war es, dass dieses kleine Monster, das mich zerfraß, endlich aufhörte, sein Werk zu verrichten.

Der Felsbrocken, der auf mir lastet, zerfällt in kleinere Steine, die sich jetzt bewegen lassen.

Erinnerungen einschließen

Wir erarbeiten Strategien für schlechte Tage. Mühsam packe ich meinen Notfallkoffer. In ihn gehören all die Dinge, die mir an schlechten Tagen helfen sollen. Ich bin so lange auf Abwehr eingestellt gewesen, dass es wirklich schwierig ist, Entsprechendes zu finden. Was habe ich denn bislang gemacht, wenn es mir schlecht ging? Jetzt, wo ich darüber nachdenke, fällt es mir ein. An meinen schlechten Tagen habe ich Musik gehört, die zu meiner Stimmung passte, habe gepuzzelt, telefoniert, Volleyball gespielt, bin ins Solarium gegangen, habe geduscht, geputzt. Instinktiv habe ich das alles gemacht, jetzt weiß ich, warum. Auf einer Karteikarte notiere ich es mir, um die Strategien zur Hand zu haben, wenn wieder ein Loch auftaucht. Um schnell etwas dagegensetzen zu können, bevor es mir wieder den Boden wegzieht. Wenn es mir ganz schlecht geht, dann helfen aber auch diese Vorgehensweisen nicht mehr. Für solche Situationen notiere ich mir zusätzlich die Nummer der Telefonseelsorge auf meiner Karteikarte, hoffentlich brauche ich sie nicht mehr.

Das nächste Thema sind meine Ressourcen, automatisch denke ich an Erdölquellen oder Diamantvorkommen, die in meinem Garten wohl eher nicht zu finden sind. Aber das ist natürlich nicht gemeint, sie meinen meine Stärken und meine Fähigkeiten. Jeder Mensch hat sie, auch ich. Ich muss sie nur wiederfinden, mich daran erinnern, dass ich sie besitze, sie zur Kenntnis nehmen und es zulassen, etwas »Nettes« über mich selbst zu denken. Das Nachdenken darüber hilft mir schon weiter, ich muss mir eingestehen, dass es doch einiges gibt, das ich gut kann. Ich muss meine destruktive Denkweise wegschieben, um meine Kapazitäten sehen zu können. Und eine meiner größten Stärken dürfte mein unerschütterlicher Glaube an mich selbst sein, auch wenn er zurzeit verschüttet ist, ist er trotzdem da.

Ich muss lernen, auf mich aufzupassen. Kein anderer kann das für mich tun, auch wenn ich mir oft wünsche, dass irgendjemand mir die Last von den Schultern nimmt, es wird nicht passieren. Ich muss mein Leben selbst gestalten.

Alle diese Dinge, die sie mir in der Klinik anbieten, haben den einen Sinn, mir genügend Stabilität zu geben, um mich mit den belastenden Erinnerungen zu beschäftigen. Im klinikeigenen Patientenführer vergleicht man die Behandlung von Traumapatienten mit dem Entschärfen einer Mine. Dies alles sind Sicherungsmaßnahmen, damit diese hochexplosive Mischung nicht hochgeht.

Angst habe ich vor den Einzelstunden. Angst, dass wieder rumgebohrt wird, ich über Dinge reden soll, über die ich nicht reden mag, Angst, es könnte mir danach wieder schlecht gehen. Eigentlich bestehe ich nur noch aus Angst.

Mein Misstrauen ist groß, es ist riesig.

Es dauert lange, bis ich mich auf diese Einzelstunden einlassen kann. Viele gute Erfahrungen sind nötig, damit ich begreifen kann, dass diese Stunden mich nicht zerstören oder zerbrechen, sondern dass sie mich stärken wollen. Jede einzelne Person in dieser Klinik trägt ihren Teil dazu bei.

Es dauert fast zehn Wochen, bis ich überhaupt bereit bin, über die entsetzlichen Vorgänge zu sprechen. Inzwischen habe ich die Chefärztin als Therapeutin bekommen. Sie ist vorsichtig, mutet mir nicht alles auf einmal zu, und da ich mich schlecht erinnern kann, helfen mir die gesammelten Zeitungsausschnitte.

Sie hat Schwarz-Weiß-Kopien angefertigt, denn insbesondere die Bilder von Felix sind für mich emotional kaum zu ertragen.

In kleine Portionen abgepackt, werden die belastenden Erinnerungen zum Thema. Ein solches Vorgehen macht die Erinnerungen nicht »weg«, es ist leider nicht das »Blitzdings« aus dem Film *Men in Black*, aber es sorgt dafür, dass diese Erinnerungen aus dem Unterbewusstsein ins Bewusstsein geraten, nur von dieser Ebene aus kann ich sie gezielt steuern und abrufen.

Ich versuche mich daran zu erinnern, welche Gefühle ich in einer bestimmten Situation empfunden habe. Nur die Verknüpfung von Gegebenheit und Emotionen macht eine Erinnerung vollständig. Fakten und Gefühle habe ich in dieser letzten Zeit aber sehr konsequent getrennt, es hat mir geholfen, so lange zu überleben. Mein Zug konnte nicht weiterfahren, ich habe die Schienen weit voneinander getrennt, nun muss ich die Gleisstränge wieder zusammenführen. Ich muss erzählen, die Empfindungen einfügen und die damit vollständige Erinnerung an einen anderen Ort legen, an eine Stelle, auf die ich einen bewussten Zugriff habe. Dafür gibt es verschiedene Möglichkeiten. Ob man es Tresor nennt, in den man Erinnerungen einschließt, oder sie in der Vorstellung auf eine Filmrolle bannt, um sie in ein Regal zu stellen, es ist nur eine Hilfe, um sie abrufbar zu machen. Um zu wissen, wo sie sind und wie ich an sie herankomme, wenn ich mich erinnern will, und um vor allem zu verhindern, dass sie immer und ständig da sind, wenn ich es nicht will. Es ist harte Arbeit. Die Emotionen, die ich mir in der Zeit der Suche rigoros verboten habe, hier darf und muss ich sie haben. Viele von den ungeweinten Tränen rollen mir übers Gesicht.

»Was werden Sie jetzt nach dieser Sitzung machen?«, fragt mich die Ärztin. Es ist wichtig, dass ich mich nach solch belastenden und anstrengenden Terminen in Sicherheit bringe. Das heißt, wieder umschalten, nicht zulassen, dass die aufgewühlten Dinge den weiteren Tag wie bisher beherrschen. Ich werde mir also etwas Gutes tun, gehe ins Solarium. Denn auch das habe ich hier gelernt: Wenn man eine schwere Arbeit erledigt hat, sollte man sich etwas Angenehmes gönnen, etwas tun, um wieder Abstand zu gewinnen, die richtige Distanz zu finden.

Meine Albträume werden weniger, die Angst vor der Dunkelheit bleibt, wahrscheinlich muss ich erst wieder lernen, dass mich mein Kleiner nicht mehr in jeder Nacht ruft.

Jetzt, wo mich meine Erinnerungen nicht mehr ständig in Beschlag nehmen, wo meine ganze Energie in die Kontrolle meiner Emotionen geht, kann ich mir Gedanken über meine Zukunft machen. Aber es passiert noch etwas.

Das ist kein Weg

Seit zwölf Wochen bin ich hier, Mitpatienten mit ihren verschiedenen Gesichtern und Geschichten kommen und gehen. Eines Tages taucht Birte auf und schließt sich unserer abendlichen Runde an. Sie wird genauso freundlich aufgenommen wie alle anderen auch, aber sie entsetzt mich schon am ersten Abend. Ein Bericht im Fernsehen lässt sie sich zu der Bemerkung hinreißen: »Wer interessiert sich noch für die Opfer, wenn sie erst mal tot sind.« Ich bin sprachlos, wie vor den Kopf geschlagen. Sie scheint ihre Aussage witzig zu finden, sie lacht, plaudert locker weiter und stößt eine andere Mitpatientin genauso verbal vor den Kopf wie mich. »Ach, du hast einen Hirntumor? Mein Freund ist im letzten Jahr daran gestorben.« Mir reicht es.

»Sag mal, weißt du eigentlich, wo du hier bist?«, frage ich. Doch, sie weiß, wo sie ist, sie war schon öfter hier. Deutlich sage ich ihr, dass solche Bemerkungen hier völlig fehl am Platze sind und sie sich diese in Zukunft verkneifen soll. Immerhin, ich kann mich inzwischen wehren.

Birte ist jedenfalls plötzlich verschwunden, um einige Zeit später ihren Koffer über den Flur zu schleppen.

Sie verschwindet für eine Nacht, taucht dann aber wieder auf. Einige Tage später erschreckt mich das Weinen eines Kindes. Ich höre es ganz deutlich auf dem Flur. Ich kann dieses Weinen nicht ertragen. Ich wage mich aus meinem Zimmer, will nachsehen, wer es mitgebracht hat, das Weinen soll aufhören. Aber es ist kein Kind. Dort sitzt Birte, sie hockt auf dem Boden und weint wie ein kleines Kind, das Personal ist schon da, und kurze Zeit später hört es auf.

Sie erschreckt mich, es gibt keine Konstanz in ihrem Verhalten, und sie drängt uns allen ihr nicht kalkulierbares Benehmen auf, sie lebt es zwischen uns allen aus. Wir alle können das nicht aushalten, und es führt dazu, dass sich fast jeder in sein Zimmer verkriecht. Birte sprengt die ganze Gemeinschaft; ich habe inzwischen gelernt, vieles zu verstehen, aber diese Reaktionen erschrecken mich. Sie zelebriert ihre Störungen und zieht uns alle mit rein. Es ist nahezu unmöglich, ihr zu entkommen, sie torkelt einem entgegen, um sich dann fallen zu lassen in der Erwartung, aufgefangen zu werden. Nie weiß man, was passiert, wenn man ihr begegnet. Letztendlich muss sie diese Klinik verlassen, und dass sie das muss, das zeigt sie uns jeden Tag. Mehr als eine Woche zelebriert sie regelrecht ihren Auszug. Sie türmt nach und nach ihr Gepäck in der Eingangshalle auf. Am Tag ihrer Entlassung folgt der ultimative Showdown, lautes Weinen, Geschrei und Gezeter erfüllt den Eingangsbereich und wird auf dem Parkplatz fortgesetzt. Sie wälzt sich auf dem Rasen, bis sie endlich abfährt. Sie muss sehr krank sein, denke ich mir, und nachdem ich diesen Zirkus habe erleben müssen, weiß ich eines ganz genau: So will ich nicht enden. Und das werde ich auch nicht.

Ich bin inzwischen mehr außerhalb der Klinik, entziehe mich der Gemeinschaft, ich kann dieses viele Leid nicht mehr aushalten. Liegt es daran, dass es mir erheblich besser geht? Oder war es am Anfang auch so? War es mir da nur nicht so aufgefallen, weil ich so mit mir beschäftigt war?

Sicher liegt es auch an meinen neuen Mitpatienten, unter ihnen macht ein eigenartiges Spiel die Runde. Es braucht nur einer zu sagen: »Mir geht es heute nicht gut«, sofort findet sich ein anderer, der das Bedürfnis hat, diese Aussage noch zu steigern: »Wenn du erst wüsstest, wie schlecht es mir heute geht.« Für mich hat das eine befremdliche Dynamik angenommen, die meine Stimmung leicht runterziehen kann, und so entziehe ich mich diesem Treiben und verlasse nach meinen Terminen die Klinik.

Mir fehlt der Sport, das Volleyballspiel, es ist ein Ventil für meine Aggressionen. Ich kann sie gegen den Ball richten und nicht mehr gegen mich. Ich suche mir außerhalb des Klinikgeländes eine Mannschaft, in der ich mitspielen kann. Freundlich werde ich in einer aufgenommen, und da ich in Nordrhein-Westfalen bin, erinnert sich niemand an mein Gesicht. Ich bin ein ganz normales Mannschaftsmitglied. Habe ich erst mal den Ball in der Hand, dann gibt es für mich nur noch das Spiel, das sind Momente, in denen ich Freude erleben kann.

Es wird Zeit für mich, zu gehen, viel habe ich hier gelernt, ich muss nun meinen Weg allein weitergehen. Was ich dazu brauche, das haben sie mir in dieser Klinik mitgegeben. Ich will auf meinen Hof zurückkehren, die Flucht durch Deutschland ist für mich zu Ende. Meine Geschichte, sie wird mich immer begleiten, egal wo ich lebe. Ich werde versuchen, es dort, »im nassen Dreieck«, auszuhalten. Ich gebe mir sechs Monate, um endgültig darüber zu entscheiden, ob ich in meiner Heimat wieder sein kann. Meine Tochter, sie wartet auf mich, sie möchte einen Teil der Weihnachtsferien mit mir verbringen. Bis dahin ist noch etliches in meinem Haus zu erledigen. Durch die Umzüge ist alles durcheinandergeraten, vieles steckt noch in Kartons. Ich weiß, es wird schwer, manchmal erreichen uns in der Klinik Meldungen von entlassenen Patienten, denen es anschließend wieder schlechter ging. Das waren Nachrichten, die mich nicht gerade ermutigten. Ich bin gewarnt, aber es muss mir ja nicht ebenso ergehen.

In der Gruppe »Grün« fiel einmal der Begriff der »rigorosen oder bedingungslosen Akzeptanz«. Ich wusste, was gemeint war, damals konnte ich es jedoch noch nicht umsetzen. Zu groß waren meine Trauer um und meine Wut über alles, was ich verloren hatte, was mir je etwas bedeutet hatte.

Ich erinnere mich an viele von meinen eigenen Patienten. Während meiner Arbeit als Krankengymnastin hatte ich oftmals festgestellt, dass die Menschen, die ihr Schicksal angenommen hatten, stets die größten Fortschritte machten. Das Wissen darum und das Umsetzen sind aber zweierlei, es wird also noch anstrengend für mich werden.

Doch diese Erfahrungen, die ich in all den Jahren, in denen ich Schwerbehinderte begleitete, gesammelt habe, kommen mir jetzt zugute. Ich habe keine körperlichen Defizite wie meine Patienten, ich habe psychische. Aber es war und ist mein Job, Einschränkungen zu verbessern, wieder Lebensqualität zu erreichen. Bei den Menschen, die mir anvertraut waren, habe ich es jahrelang gemacht, nun muss ich es auf mich übertragen.

»Hole die Menschen dort ab, wo sie stehen«, war einer meiner Grundsätze. Für mich hieß das, mir einen Überblick über die Ausgangsbedingungen zu verschaffen. Anschließend habe ich gemeinsam mit dem Patienten Prioritäten festgelegt, ihm ein erreichbares Ziel gesteckt. Es lag dann an mir, in kleinen Schritten darauf hinzuarbeiten.

Meine Kapazitäten – oder wie sie hier sagen: Ressourcen – kenne ich. Aber alles auf einmal zu wollen wäre mehr, als ich leisten könnte. Die Geduld, die ich mit meinen Patienten hatte, muss ich nun auch mit mir haben. Es fällt mir ausgesprochen schwer, aber ich muss meine geringere Leistungsfähigkeit akzeptieren. Ich werde es nicht als Dauerzustand hinnehmen, vieles wird sich verbessern lassen, wenn ich es nur dosiert übe.

Ganz oben auf meiner Liste steht mein Konzentrationsvermögen, meine Merkfähigkeit. Ich vergesse unglaublich viel, diese Einschränkungen im logischen Denken ärgern mich. Vorübergehend agiere ich mit Zetteln, Terminplanern, Notizbüchern und natürlich mit meinem Tagebuch. Noch in der Klinik begegnet mir Sudoku, ein japanisches Zahlenrätsel, ich fange mit den leichten Varianten an, ich will mich ja nicht selbst frustrieren. Ich versuche wieder zu lesen, monatelang konnte ich es nicht. Oft hatte ich es probiert, aber jedes Mal vergaß ich, was ich bereits gelesen hatte. Konnte ich mir die Inhalte nicht merken und so der Geschichte natürlich nicht folgen. Jetzt fasse ich zwei gelesene Seiten im Geiste zusammen, gehe erst dann weiter im Text, und so gelingt es mir, nach und nach die Welt der Bücher wieder zu erschließen. Es ist für mich ein Fortschritt, über den ich mich unglaublich freue, denn es erleichtert mir das Einschlafen, es ermöglicht wieder den Zugang zu meiner Fantasie.

Und noch eines habe ich hier gelernt: Ich muss auf mich aufpassen, darf mich nicht überfordern, ich muss rechtzeitig merken, wann es genug ist und mir etwas Gutes tun. Ich muss mich pflegen und Geduld haben. Um das überhaupt zu können, muss ich mich ständig emotional von dem Geschehenen distanzieren. Die Situationen, die Auslöser, die mich überfordern, die mir emotional zu nahe sind, kenne ich inzwischen. So kann ich sie umgehen, vermeiden. Vielleicht ist das nicht das Schlaueste, aber für mich im Moment das Leichteste.

Ich bin wieder da

Ende Dezember 2005 bin ich wieder in meinem alten Haus, vor fast genau einem Jahr hatte ich es verlassen, um nicht mehr zurückzukommen, nun bin ich wieder da. Doch, ich freue mich auf mein Zuhause, meine Heimat, auf die Menschen, die ich mag. Noch riecht es muffig, hat sich das Chaos während meiner Abwesenheit ausgebreitet, Spinnweben und Staub haben das Haus in Beschlag genommen. So bin ich mit Aufräumen und Saubermachen beschäftigt. Auch Felix' Zimmer entgeht dem nicht. Als ich es betrete, den Dreck und das Durcheinander sehe, überwinde ich meinen Widerwillen, mich dort länger aufzuhalten; in diesem Zustand ist das Zimmer würdelos. Was würde Felix dazu sagen? Wenn er wiederkommt, soll es doch schön sein, schießt mir durch den Kopf. Eigenartig. Anja, er kommt nicht wieder, sagt mir mein Verstand, und ganz in der hinteren Ecke regt sich der Gedanke, aber vielleicht ja doch ... Und so räume ich auf, mache sein Bett und lege seinen Schlafanzug raus.

Bald kommt Magdalena mit einer Freundin, eine Woche Urlaub mit meiner Tochter, die ich so lange nicht gesehen habe.

Nachdem sie in den letzten zwölf Monaten auf so vieles hat verzichten müssen, genießt sie diese Zeit. Wir schlafen in einem Bett, sie sucht viel Nähe, wir spielen. Ihr Zimmer habe ich wieder hergerichtet, sie soll sich wohlfühlen, es ist doch auch ihr Zuhause. Groß und ernst ist sie geworden, und viel zu schnell ist diese Woche vorbei.

Es finden sich neue Freunde, sie helfen mir, mich einzurichten, mein Haus wieder wohnlich zu machen, und ich kann jederzeit bei ihnen anklopfen, wenn mir die Decke auf den Kopf fällt. Oft komme ich auf dieses Angebot zurück, es ist so still in meinem Haus, überall begegnet mir Felix. Die Bilder, die er malte, die Zettelchen, die er schrieb. Oft kann ich es nicht aushalten, dann muss ich hier weg, mich ablenken, etwas anderes sehen und hören, normales Leben erfahren.

Insgesamt ist es mir unangenehm, mich in dieser Region zu bewegen. »Komm doch mal vorbei«, sagt mein Vater. Es fällt mir sehr schwer, in die Stadt zu fahren. Um zu ihm zu gelangen, muss ich an dem Haus vorbei, in dem der Mörder wohnte, muss ich an dem Parkplatz vorbei, auf dem das Auto mit Felix' Leiche im Kofferraum stand. Aber ich finde einen Weg, ich nehme fast vierzig Kilometer Umweg in Kauf, um mich von der anderen Seite der Stadt zu nähern, um meine Familie zu besuchen. Auch das kann kein Dauerzustand sein. Ich versuche also, mir nach und nach den kürzesten Weg wieder zu erschließen. Laute Musik im Auto hilft, und ich sage mir, es ist nur ein Haus, ein Haus wie viele andere auch. Ein ganz normales Haus.

Viele hier kennen mein Gesicht, sie haben mich und Felix nicht vergessen. Auch für diese Stadt und für die Menschen, die hier wohnen, ist es nicht mehr wie früher, hat sich das Leben verändert. Für mich hat das zwei Seiten. Die Anteilnahme, die mir entgegengebracht wird, freut mich zum einen sehr, denn Menschen, deren man sich erinnert, sind nie vergessen und leben in den Herzen weiter, wie Felix. Es verlangt mir aber zum anderen eine Menge ab, und es dauert einige Zeit, bis ich es schaffe, die fast zwangsläufige Diskussion über die Todesstrafe zu unterbinden. »Es freut mich, dass wir nicht vergessen sind«, sage ich den Menschen, die mich ansprechen. Und das ist eigentlich das, was sie auch ausdrücken wollten. Das Thema »Todesstrafe« drückt ihre Hilflosigkeit aus, sie finden keine anderen Worte für das Unfassbare, für das Abscheuliche, das auch ihr Leben verändert hat und das sie mit mir verbindet.

Mitte Februar, nach sechs Wochen Ankommenszeit ist klar, dass ich meine Firma schließen muss. Der neue Geschäftsführer hat sie nicht mehr zum Laufen bekommen. So manche Gesundheitsreform habe ich in den zehn Jahren, in denen sie existierte, mitgemacht, nun muss ich schließen. Ich habe alles versucht, um die Firma zu retten, viele meiner Ersparnisse sind in sie geflossen, nun geht es nicht mehr weiter.

Es wurde in der letzten Zeit für mich immer klarer, der starke Partner, den meine Patienten brauchen, kann ich nicht mehr sein. Meine Zukunft wird eine andere sein, ich weiß nur noch nicht, welche. Erst muss ich die Vergangenheit abschließen, um den Kopf wieder so frei zu haben, dass ich mir darüber Gedanken machen kann. Ich lasse mich von meinem Anwalt auf den aktuellen Stand der Dinge bringen. Er hat mich »in Watte gepackt«, während ich in der Klinik war. Hat die juristischen Dinge von mir

ferngehalten, damit ich mich auf mich konzentrieren kann. Felix'
Mörder ist strafrechtlich verurteilt, das Urteil seit Dezember gül-
tig, aber die gesamte zivilrechtliche Seite ist noch offen. Es geht
um Schmerzensgeld für mich und meine Tochter, um die Regulie-
rung der Schäden, die im Laufe des letzten Jahres entstanden
sind, und diese sind recht umfangreich: der Verlust meiner Firma,
die Einbußen, die im letzten Jahr durch meine Abwesenheit entstanden sind. Dafür brauchen wir Zahlen. Wieder drohen sich
Berge aufzutürmen, in für mich nicht zu bewältigenden Dimensionen. Ich muss Prioritäten setzen, bloß nicht türmen, sonst er-
schlägt mich der Berg, eines nach dem anderen, sage ich mir.

Persönlichkeitsrechte von toten Kindern

Es ist zwar erst Februar, aber ich drängele beim Steuerberater,
sage ihm, ich bräuchte die betriebswirtschaftlichen Auswertungen
des letzten Jahres. Diese Zahlen zeigen ganz nüchtern die Verluste
auf. Und ich bin entsetzt, die Buchführung liegt nur bis Oktober
vor, alles andere fehlt. Sie wurde vom neuen Geschäftsführer nie
abgegeben, trotz entsprechender Auflagen im Arbeitsvertrag. Die
Unterlagen sind nicht da, dabei benötige ich sie dringend.

Ich muss also selbst ran an die Bücher, mit meinem einge-
schränkten Konzentrationsvermögen ist es für mich langwierig
und sehr anstrengend. Es geht nicht mehr darum, was ich leisten
kann, ich muss meine Grenzen ignorieren, über sie hinausgehen.
Ich muss die Zahlen beschaffen – und ich bekomme die Quittung
dafür. Bohrende Kopfschmerzen setzen mich ab und zu für zwei
Tage außer Gefecht. Es ist sehr mühsam, und ich falle von einer
Ohnmacht in die nächste. Buchungseingänge wurden nicht kontrolliert, Rechnungen nicht geschrieben, Meldungen an die So-
zialversicherungsträger, an die Berufsgenossenschaft, sie fehlen.
Und so dauert es acht Wochen, bis ich die Papiere fertig habe.

Während der Steuerberater die Verluste aus dem Jahr 2005 ermittelt, sind die nächsten Zahlen von mir zu besorgen. Wie viel war meine Firma 2004 wert? Mein Berufsverband und die Industrie- und Handelskammer erweisen sich hier als Helfer in der Not. Obwohl ich dort kein Mitglied bin, erstellen sie die Zahlen, die für mich so wichtig sind.

Ich muss meine Forderungen vor dem Richter begründen, um einen Titel gegen den Mörder meines Sohnes zu bekommen, das geht nur mit gesicherten Zahlen; Schätzungen und Vermutungen reichen hier nicht aus. Der Titel ist zunächst allerdings nur ein Urteil, und das benötige ich, um per Gerichtsvollzieher vollstrecken zu können, sofern es etwas Verwertbares gibt. Oft werde ich gefragt, ob es der Mühe wert ist. Man sagt mir: »Bei dem ist doch nichts zu holen, das Geld bekommst du nie.« Mit der Aussage haben sie recht, aber der Mörder soll nicht glauben, dass er, nur weil er kein Geld hat, Kinder umbringen kann, wie er will, und dann nur die Konsequenz des Knastes zu tragen hätte. Wer weiß, ob er seine Geschichte nicht irgendwann verkauft. Interessieren in diesem Fall noch die Persönlichkeitsrechte von toten Kindern? Sollte ich das dann auch noch ertragen müssen, so geht das Geld wenigstens an uns, an alle, die ihre Ansprüche geltend gemacht haben.

Um den Stress für mich gering zu halten und um ein langwieriges Zivilverfahren zu vermeiden, versuchen wir es mit einem Trick. Wir werden einen Mahnbescheid, einen kleinen harmlosen Zettel, zustellen lassen. Zwei Wochen Einspruchsfrist hat er nun, nimmt er die nicht wahr, ist der Titel rechtlich wirksam.

Ich bin nervös, was wird er tun? Er ist dumm. Würde mich ein solcher Anspruch über eine Summe, egal wie hoch, die ich niemals begleichen könnte, interessieren, wenn ich dreißig Jahre im Knast sitze? Oder würde ich mich über diese Abwechslung freuen? Endlich mal raus aus der Zelle, spannende Überführungsfahrten in einen Gerichtssaal, eine Abwechslung in dem Knasteinerlei?

Ich frage nach, weil ich genau wissen will, ab wann die Frist beginnt. Dabei erfahre ich, dass der Mahnbescheid nicht zugestellt wurde. »Wie konnte das passieren?«, erkundige ich mich. »Wir wissen es nicht. Wir versuchen jetzt zuzustellen«, heißt es. Was mir nur die trockene Bemerkung entlockt: »Was heißt denn versuchen, der ist doch immer zu Hause.«

Der Mörder legt Widerspruch ein. Ja, als Täter hat er das Recht dazu, ich als Opfer muss also den mühsamen Weg der Zivilklage gehen. Er nimmt das Recht für sich in Anspruch, meine Forderungen zu bezweifeln. Ich bin in der Beweispflicht, nicht er. Ich werde also auch im nächsten Jahr nicht die Chance bekommen, Abstand zu gewinnen, es sei denn, ich verzichte auf meine Ansprüche. Was ich natürlich nicht tun werde. Fast 5000 Euro sind an Gerichtsgebühren zu überweisen, Geld, das ich nicht habe. Der Anwalt muss bezahlt werden, meine Rechtsschutzversicherung prüft, ob sie das übernimmt. Es ist frustrierend.

Eigentlich brauche ich mir keine wirtschaftlichen Sorgen machen, ich bin ja gut versichert, das habe ich wenigstens gedacht. Für meine Krankentagegeldversicherung besteht nach achtzehn Monaten keine Zahlungsverpflichtung mehr, aber die Berufsunfähigkeitsversicherung wurde ja im Dezember informiert. Ärztliche Stellungnahmen, nach denen ich zu mehr als 50 Prozent berufsunfähig bin, liegen vor, genauso wie alle anderen Papiere, die sie haben wollten. Nun ist April, eine Zahlung ist immer noch nicht in Sicht. Ich habe keine Einkünfte mehr. Als Selbstständige falle ich durch das soziale Netz, aber da ich das wusste, hatte ich ja meiner Meinung nach vorgesorgt. Doch nun stehe ich im luftleeren Raum. Ich lese das Kleingedruckte meiner Versicherungspolice von vorne bis hinten, sie werden zahlen müssen, aber sie tun es nicht. Sie prüfen, ob ich beim Abschluss falsche Angaben gemacht habe. Auf gut Deutsch: Sie suchen nach Gründen, die sie von ihrer Zahlungsverpflichtung befreien. Es werden die irrwitzigsten Papiere angefordert, beispielsweise Unterlagen über einen Krankenhausaufenthalt im Jahre 2000. Als ich den entsprechenden Bericht nach vielen Wochen endlich in Händen habe und ihn der Versicherung zuschicke, erhalte ich die Mitteilung, dass sie den Bericht bereits direkt von der Klinik bekommen haben, und das schon vor sechs Wochen. Eines wird klar, die Versicherung spielt auf Zeit, sie hoffen dort, dass mir die Luft ausgeht, dass ich nicht die Nerven habe, um meine Ansprüche durchzusetzen.

Inzwischen ist Juni, sie zahlen immer noch nicht, eine Klage ist angedroht. Ich stehe finanziell zunehmend unter Druck, meine Ersparnisse werden nicht mehr lange reichen. Und dann? Werde ich jetzt alles verlieren, wofür ich zwölf Jahre lang hart gearbeitet habe, mein Haus? Meine Familie kann begrenzt helfen, aber das ist ja keine Dauerlösung.

An diesen Fragen reibe ich mich auf, ich weiß nicht mehr, was ich zuerst tun soll. Dieser Stress, diese Existenzängste sind zu viel für mich.

Bittsteller

Auch vom Versorgungsamt müsste Geld kommen, als Opfer einer Straftat habe ich Anspruch auf Leistungen nach dem Opferentschädigungsgesetz (OEG). Der Antrag für mich und meine Tochter ist seit anderthalb Jahren gestellt, seit Felix gefunden wurde. Von Leistungen bis heute keine Spur. Ende Februar 2006, dreizehn Monate nach Antragstellung, bekomme ich endlich Post vom Versorgungsamt, ich soll zum Gutachter. Solche Termine machen mir Angst, er wird wieder rumstochern, alles wird wieder losgetreten. Ich muss einem mir fremden Menschen Einblick in meine verletzte Seele geben, und es ist ein Mann. Meine Psychologin und ich sind nicht gerade begeistert. Ich glaube nicht, dass er die Anstrengungen meines Alltags kennen wird. Ich bemühe mich, eine traumaerfahrene Gutachterin zu bekommen, eine, die meine Welt versteht. Letztendlich stellt sich heraus, dass sich die gesamte Bearbeitung dann um weitere Monate verzögern würde. Ich muss den ausgesuchten Gutachter wohl oder übel hinnehmen. Es soll endlich Ruhe einkehren in meinem Leben.

Ich versuche das Vorgehen zu beschleunigen, einen Termin bekomme ich aber dennoch erst Mitte Mai, zehn Wochen später. Danach wird aber sicher alles ganz zügig gehen, denke ich. Doch es geht gar nichts, und schnell schon mal überhaupt nicht. So ein Aktendeckel ist geduldig, ich aber nicht. Wieder rufe ich bei der Behörde an, bitte darum, dass sie wenigstens die Arztrechnungen meiner Psychologin übernehmen. »Wir brauchen erst das Gutachten«, wird mir von einer Angestellten mitgeteilt. »Wie lange wird das denn noch dauern, bis der Mann es geschrieben hat?«, frage ich. Die Frau hat die Ruhe weg: »Ach, wenn wir in vier Wochen nichts gehört haben, erinnern wir ihn mal.« Ich schnaube und sage: »Erinnern, was heißt denn hier erinnern! Was mache ich bis dahin, ich brauche Heizöl, wovon soll ich das denn bezahlen?«

Ich koche. Der direkt für den Gutachter zuständige Sachbearbeiter, an den ich weitergeleitet werde, ist auch keine Hilfe. »Wenn das Gutachten da ist«, sagt er, »dann müssen wir erst mal prüfen, ob überhaupt eine Straftat vorliegt.« Wenn er nicht so weit weg wäre, wäre ich ihm bei dieser Bemerkung normalerweise ins Gesicht gesprungen.

»Was wollen Sie denn noch?«, frage ich ihn, »Sie haben einen Mörder, ein Geständnis, ein Urteil, ein totes Kind, was denn noch?«

Magdalena soll auch noch zum Gutachter. Ich bin ärgerlich, es ist eine Zumutung; ich habe Angst, dass die Seele meiner Tochter wieder leiden muss. Für mich war es schon sehr belastend gewesen, sechs Stunden habe ich dort gesessen. »Erzählen Sie mir mal Ihre Albträume, erzählen Sie mir mal, was Sie in Ihren Flashbacks erleben« – solche Fragen wurden mir gestellt, und das will man nun meiner zwölfjährigen Tochter zumuten?

Diese Behörde hat die Flexibilität eines Stahlträgers.

Mir reicht es. Mit mir nicht.

Ich gehe meine inzwischen umfangreiche Adressdatei durch, da war doch eine Zuschauerin bei *Johannes B. Kerner*, eine Dame aus dem Hamburger Senat.

Und so gehen mehrere E-Mails raus, eine zur Senatorin in die Hansestadt, eine an das Ministerium für Soziales, Frauen, Familie und Gesundheit nach Hannover, die vorgesetzte Behörde des Versorgungsamts, und eine an einen gemeinnützigen Verein, der sich für die Opfer engagiert. Ich lasse meinem Unmut freundlich, aber deutlich freien Lauf. Ich habe eine solche Wut, dass ich mir erlaube festzustellen, dass sie den Mörder ja gut untergebracht hätten, er bekomme Vollpension, brauche seine Lebensmittel nicht zu bezahlen, er habe auch einen warmen Hintern, und wenn er krank sei, könne er zum Arzt gehen.

Und ich?

Alle reagieren auf meine Mails. Hamburg kann nicht viel machen, sie vermitteln mich weiter zu der richtigen Person nach Niedersachsen. Die übergeordnete Behörde klopft dem Sachbearbeiter auf die Finger, wirkt auf den Gutachter ein. Eine Woche haben sie jetzt Zeit, die Angelegenheit zu regeln. Ich führe ohne Ende Telefonate, zitternd sitze ich am Schreibtisch, ich weiß nicht mehr, wo ich anfangen, wo ich aufhören soll. Es wächst mir über den Kopf. Ich fühle mich im Stich gelassen. Habe ich nicht alles getan, um die Gesellschaft vor dieser tickenden Zeitbombe zu schützen? Ich wäre fast dabei draufgegangen, wo ist denn jetzt die Verpflichtung dieser Gesellschaft mir gegenüber?

Die Dame eines gemeinnützigen Vereins für Opfer bringt es auf den Punkt: »Theater mit dem Versorgungsamt, das kenne ich. Das machen die immer so. Sehen Sie, Frau Wille, die Bestattungskosten für Ihren Sohn zu übernehmen ist das eine, es ist eine einmalige Zahlung, das fällt der Behörde leicht. Aber jetzt geht es um eine Rentenzahlung, um eine dauerhafte Zahlung. Es belastet die Staatskasse auf nicht absehbare Zeit, das ist teuer. Glauben Sie nicht, dass mit dem Bescheid dann alles erledigt ist. In den meisten Fällen muss Widerspruch eingelegt werden, sie stufen zu niedrig ein. Bis vor etlichen Jahren gab es das noch gar nicht, Entschädigungen für die Opfer; das OEG ist relativ neu. Wir leben in einem Staat mit Täterrecht.«

Es gibt Integrationsprogramme für Strafgefangene, damit sie wieder ein wertvolles Mitglied dieser Gesellschaft werden. Gibt es das auch für Opfer? Wer integriert mich wieder in das Leben? Bin ich denn kein wertvolles Mitglied dieser Gesellschaft mehr, weil mein Junge zur falschen Zeit am falschen Ort war? Bin ich nur noch ein Kostenfaktor für eine Behörde, für einen Staat, dessen Aufgabe es gewesen wäre, diese Straftat zu verhindern?

Jeder Antragsteller für eine Opferentschädigung hat ein Martyrium durchgemacht, hat sich Vernehmungen, Prozessen und Gutachtern gestellt. Hat darunter gelitten, um letztendlich eine Strafverfolgung zu ermöglichen, auch um von den bislang nicht betroffenen Menschen Schaden fernzuhalten. Für diese Leistung haben sie jeden Respekt verdient, und sei es wenigstens in der Form, dass die entsprechende Behörde zügig und zeitnah arbeitet. Wir sind keine Bittsteller.

Es dauert eine Woche, bis ich zu der Erkenntnis komme, dass das, was ich hier tue, ausgesprochen schädlich für mich ist. Ich ermahne mich und sage zu mir: »Anja, nicht wieder türmen.« Und mir fällt eine Begebenheit aus meinem alten Leben ein, die mir den Weg zur Gelassenheit eröffnet hat. Nun buddele ich sie wieder aus:

Ich weiß noch, endlich war Wochenende, ich freute mich auf ein gemütliches Frühstück mit meinem damaligen Freund vor dem Fernseher. Das Tennisfinale in Wimbledon wurde live übertragen. In der Küche stellte ich Saft, Brot, Eier auf einem Tablett bereit, nur die Frühstücksbretter hatten dort keinen Platz mehr, ich musste sie quer legen, auf den Rand des Tabletts. Auf diese Weise konnte ich auf ihnen auch noch einiges unterbringen, so wanderten das Pflaumenmusglas und das Besteck auf die Bretter. Ich schaffte es mit dieser Technik, alles auf einmal rüberzubringen, konnte mir somit einen zweiten Gang in die Küche ersparen.

Ich schnappte mir das Tablett, aber kaum hatte ich mich umgedreht, passierte das, was geschehen musste. Im Zeitlupentempo unterwarf sich das Pflaumenmusglas den Gesetzen der Physik. Ich sah es rutschen, konnte es aber nicht ausbalancieren, die Dinge nahmen also ihren Lauf. Nur ein dumpfes Klirren war zu vernehmen, als das Glas auf den Fliesen aufschlug, die Marmelade hatte das Geräusch gedämpft. Vorsichtig spähte ich am Tablett vorbei. Das Glas war bestimmt nur angeschlagen, so hoffte ich. Aber nein, es war völlig zersprungen, und der Inhalt hatte sich überall in der Küche verteilt. Mit Glassplittern durchsetztes Pflaumenmus klebte an den Schranktüren, an der Tapete und natürlich auf dem gesamten Boden. Ich war drauf und dran, über meine eigene Dummheit maßlos in Wut zu geraten. Die Ansätze waren schon da. »Das hättest du dir doch denken können, wie blöd muss man denn sein«, schimpfte ich mit mir. Es dauert einige Sekunden, bis der Aha-Effekt eintrat. »Gut«, sagte ich zu mir, während ich das Ausmaß der Bescherung betrachtete. »Du hast jetzt so ziemlich genau zwei Möglichkeiten. Du kannst dir entweder den ganzen Tag versauen, indem du dich weiterhin über dich selbst ärgerst – was allerdings nichts daran ändern wird, dass du diese Schweinerei wegräumen musst. Oder du wischst jetzt die Küche durch, stellst nie wieder Pflaumenmus auf eine schräge Ebene und genießt den Tag, wenn du damit fertig bist.«

Ich entschied mich damals für letztere Möglichkeit; Boris gewann übrigens in Wimbledon. Die Konsequenz für mein weiteres Leben war eine Änderung meiner Einstellung. »Rege dich nur über Dinge auf, die du beeinflussen kannst. Bei allen anderen Sachen ist es nur Energieverschwendung.« Dieses Denken half mir, mit Tatsachen, die unabänderlich waren, gelassener umzugehen, beispielsweise mit einer Beule in der Autotür. Es half mir bei Auseinandersetzungen im Alltag, in Situationen mit katastrophalen Ausmaßen leider nicht.

Nun aktiviere ich dieses Denken wieder. Ich will mich nicht mehr ärgern, ich will, dass etwas passiert. Nicht nur bei mir, sondern sehr grundlegend. Agieren ist besser als reagieren. Ich schalte die Presse ein.

Nachdem die Politik dem Versorgungsamt auf die Finger geklopft hatte, meldet sich nun auch der NDR bei der Behörde. Das Amt wird nervös. Das, was ihnen auf freundliche Anfrage hin bislang nicht möglich war, scheint auf einmal innerhalb einer Woche zu gehen. Am Mittwoch, so sagte die Behörde dem NDR, sei über meinen Antrag entschieden worden. Es wird Freitag, es wird Samstag, ich erhalte keinen Bescheid. Am Montag bekomme ich eine Mail, in der mir die Dienstaufsichtsbehörde vom Versorgungsamt mitteilt, dass der Gutachter der Ansicht sei, seit 2006 wäre ich nicht mehr krank.

Als ich das lese, zieht es mir wieder die Schuhe aus. Hatte ich ihm nicht gesagt, dass ich auf Stress in jeder Form sehr sensibel reagiere? Dass ich das Haus allein nur sehr ungern verlasse? Dass ich nach wie vor Erinnerungslücken habe? Dass ich ein Geschäft ohne Einkauf verlassen muss, wenn ich in diesem ein Kind weinen höre?

Die Kontrolle meiner Gefühle verlangt so viel Energie von mir, dass der Alltag für mich Schwerstarbeit ist. Auf wundersame Weise bin ich aber seit Januar 2006 voll fit.

Ohne diesen Bescheid habe ich aber keinen Anspruch auf eine Umschulung, auf Rehabilitation, auf Wiedereingliederung. Bei einer zeitnahen Bearbeitung hätte die Behörde das alles gewähren müssen. Der Sachbearbeiter, der da sitzt und meinen Antrag verschleppt hat, hat mir dadurch meine Zukunft verbaut. Ihm scheint es egal zu sein, was mit den Menschen passiert, die als »Fälle« zwischen seinen Aktendeckeln liegen.

Ich fordere eine Kopie des Gutachtens an. Was ich dann dort zu lesen bekomme, spricht deutlich von einer fehlenden Fachkenntnis im Bereich Trauma. Die Tatsache, dass ich im Prozess mit den Medien zusammengearbeitet habe, ließe darauf schließen, dass ich nicht krank sei, schreibt der Gutachter. Wäre ich krank gewesen, hätte ich das gar nicht gekonnt, weil es viel zu anstrengend gewesen wäre.

So geht es in einem fort. Insgesamt hat das Gutachten einen sehr respektlosen und abwertenden Tonfall. »Das Licht der Öffentlichkeit empfand Sie als angenehm«, lese ich unter anderem. Der Mann hatte offensichtlich ein Problem damit, dass ich die mir zugedachte Opferrolle nicht einnahm, dass ich ihr so gar nicht entsprach.

Ich lege Widerspruch gegen das Gutachten ein, den ich begründen muss. Ich mache mich an die Recherche und finde schnell einen Ansatzpunkt. Auf seiner Homepage weist sich der Gutachter als Umweltmediziner, Facharzt für Psychiatrie und Forensiker aus. Er arbeitet also schwerpunktmäßig mit Tätern, mit Mördern! Für mich, als Opfer, ein Schlag ins Gesicht. Die Ärztekammer, bei der ich mich informiere, bestätigt, dass er die Begutachtung aus diesem Grund hätte ablehnen müssen.

Seine Website gibt aber noch mehr her. Dort steht, dass die Traumatherapie nach schweren Schicksalsschlägen überschätzt wird, sie keine Hilfe bieten kann. Nach seiner Ansicht gibt es nur einen Weg, der Unterstützung und Trost geben kann, und dieser Weg ist Gott. Den krönenden Abschluss seiner Seite bildet dann das apostolische Glaubensbekenntnis, darunter folgt die Unterschrift des Gutachters. Privat kann der Mann ja diese Meinung haben, aber nicht als offizieller Gutachter, doch diese privaten Einstellungen schlagen sich in seinem Bericht nieder.

Allein schaffe ich es nicht, meinen Widerspruch zu formulieren, es wird nicht ausreichen. Ich beauftrage daher eine Stellungnahme zum Gutachten durch eine versierte Psychologin. Und dieser Bericht sieht sehr anders aus: Die Tests, die man mit mir hätte machen müssen, um zu einem objektiven Ergebnis zu kommen, wurden nicht veranlasst. Die vom Gutachter dargestellten Auswertungen seien somit unbrauchbar und irrelevant. Die Schlussfolgerung der Psychologin bestätigt die Klinikdiagnose: Posttraumatische Belastungsstörung, Wiederaufnahme der Berufstätigkeit nicht möglich.

Epilog

Es wird wohl noch mindestens ein Jahr dauern, bis ich alle meine Ansprüche eingeklagt habe. Drei Klagen oder Baustellen habe ich am Laufen: das Mahnverfahren gegen den Mörder, das Widerspruchsverfahren gegen das Versorgungsamt, die Auseinandersetzungen mit meiner Berufsunfähigkeitsversicherung.

Um den Mörder hinter Schloss und Riegel zu bringen, dafür waren mein Sohn und ich gut genug, nun fühle ich mich entsetzlich allein gelassen und den Machtbedürfnissen einzelner Personen an entscheidenden Stellen ausgeliefert.

Meine Tochter ist regelmäßig an den Wochenenden bei mir, viel zu wenig Zeit haben wir miteinander. Ihre Freunde haben sie nicht vergessen. Magdalena wird eingeladen zu Geburtstagen und hat das Spielen mit ihren ehemaligen Klassenkameraden während des Osterfeuers sehr genossen. Dort habe ich für zwei Stunden das unbeschwerte Kind von früher gesehen. »Ich denke gern an Felix, an den Lausbub«, sagt sie.

Mein Vater, meine Stiefmutter, meine Brüder, sie sind nach wie vor für mich da, auch wenn unsere Themen jetzt andere sind. Selten reden wir über das, was passiert ist. Oft denke ich mir, dass es auch für sie, besonders für meine Eltern, unerträglich gewesen ist, die Angst um den Enkel, gemischt mit der Sorge um die Tochter. Dies sind Situationen, für die es keine Strategien gibt.

Das Verhältnis zu Felix' Vater hat sich sehr deutlich gebessert. Wir können inzwischen vernünftig die Belange unserer Tochter miteinander besprechen. Inzwischen vermute ich fast, dass all diese kränkenden Bemerkungen, die mir zugetragen wurden, ihm in den Mund gelegt wurden, er sie nie gesagt hat, sie ihm »untergeschoben« wurden.

Auch für unseren Pastor ist die Welt nicht mehr die gleiche. »Es ist, als hätte jemand ein Tuch von den Gesichtern der Menschen gezogen, man sieht ihnen anders in ihr Herz«, sagt er zu mir. Er ist für mich ein wichtiger Bezugspunkt geblieben.

Andrea, Claudia und die anderen so wichtigen Freunde, sie sind da, an meinen guten Tagen und an meinen schlechten. Wir helfen uns gegenseitig, unseren Alltag zu leben.

Herr Roth – wir telefonieren immer mal wieder, der Kontakt ist nie ganz abgerissen.

Und ich, ich wäre nicht ich, wenn es nicht einen Plan geben würde. Nur ich allein kann meinem Leben eine Richtung geben, so werde ich versuchen, es zu gestalten. Felix wird mich dabei immer begleiten, so wie er all die Menschen begleiten wird, die ich traf. Die Erinnerung an meinen Sohn tut mir immer noch sehr weh. Seit seiner Beerdigung habe ich das Grab nicht mehr besucht.

Ein kleiner Kämpfer mit einem großen Herz. Er hat damals die rettenden Menschen um fünf Minuten verpasst.

Warum erzähle ich das alles?

Genug Kinder sind durch Gewaltverbrechen gestorben, Kinder, die eine Zukunft hatten. Ein kleiner fünfjähriger Junge sagte einmal zu mir: »Die Guten gewinnen doch immer, nicht wahr?« Hoffnungsvoll blickten seine Augen zu mir auf. Was sollte ich ihm sagen?

Helfen Sie mit, dass ich diesem Kind ein »Ja« geben kann.

Es wäre mein inniger Wunsch, Sie wachsamer gemacht zu haben für das, was mit den Kindern um Sie herum geschieht. Ich möchte Sie darin bestärken, hinzusehen, genau zuzuhören und aktiv zu sein, es sind Tugenden, die unsere Gesellschaft tragfähiger machen. Wenn nur einem Kind ein tragisches Schicksal erspart bleibt, dann haben wir alle schon gewonnen. Helfen Sie, dass den Kindern in Ihrer Nähe nichts passiert.

Zwei Jahre später

Der Brief einer Familie aus Königswinter erreicht mich über viele Umwege. Es ist inzwischen sehr schwer geworden, Kontakt zu mir aufzunehmen. Ich habe mein Haus verlassen und bin in eine Großstadt gezogen, habe die Anonymität unter Millionen von Menschen einer dörflichen Gemeinschaft vorgezogen. In meiner alten Umgebung ist es mir nicht mehr gelungen, Anschluss zu finden, mich sozial zu integrieren. Zu groß war wohl die Furcht vor meiner Biografie, zu groß die Unsicherheit, irgendetwas falsch zu machen. Ich drohte, völlig zu isolieren, hatte das Gefühl, allein auf meiner kleinen Scholle immer weiter ins Ziellose dahinzutreiben.

Menschen, die meine Nähe suchten, kamen meist mit ihren eigenen Lebenssituationen nicht zurecht, sie hatten mich zu ihrer Retterin auserkoren, erwarteten von mir, dass ich sie aus ihren Lebenslagen befreie. Ich sollte die Kostenfragen für ihre Umzüge regeln oder Einfluss auf Familienmitglieder nehmen, damit man wieder miteinander redet. Nur: Mit einem Rat waren diese Menschen selten zufrieden. Beleidigungen und Kränkungen gegen meine Person waren die Folge meiner Absagen, konkrete Arbeiten für sie zu erledigen.

Dementsprechend bin ich sehr vorsichtig mit dieser weitergeleiteten Post. Es ist ein sehr freundlicher, respektvoller Brief, mit der Bitte, das Cover von *Und trotzdem lebe ich weiter* auf die eigene Homepage stellen zu dürfen. »Ihr Buch hat uns so viel gegeben und uns nach dem gewaltsamen Tod unserer vierzehnjährigen Tochter Hannah sehr geholfen ...« – das schreibt der Vater von Hannah. Ich bin gerührt. Zugleich fühle ich mich bestätigt, dass es richtig war, dieses Buch über Felix, meine Familie und mich so ehrlich zu schreiben, wie es mir möglich war.

Nach zehn Monaten intensiver Prüfung zahlte endlich die Berufsunfähigkeitsversicherung, und nach zweiundzwanzig Monaten auch das Versorgungsamt. Erst mit diesen Bescheiden und einer neuen Sachbearbeiterin war es möglich, über meine weitere berufliche Zukunft nachzudenken. Nun bin ich Auszubildende im zweiten Lehrjahr, abgetaucht in einer fremden Stadt.

In meiner neuen Umgebung kann ich einkaufen gehen, ohne angestarrt zu werden, keiner fängt an zu tuscheln oder versucht das Unerträgliche bei der Auswahl von Blumenkohl oder Radieschen mit mir zu besprechen. Menschen sprechen mit mir über ihren ganz gewöhnlichen Alltag, trinken ein Bier mit mir, laden mich ein, feiern mit mir. Das ist leicht für sie, denn sie wissen nicht, wer ich bin, wissen über meine Vergangenheit nur in Auszügen Bescheid. Doch ich zahle einen hohen Preis dafür, um nicht zu vereinsamen, um als »normaler« Mensch wahrgenommen zu werden: Einen erheblichen Teil meines Lebens muss ich verheimlichen. Ich muss drei Jahre meiner Biografie ausklammern, als hätte es sie nie gegeben, als hätte es Felix nie gegeben.

Nur sehr selten passiert es, dass mein Gesicht meinem Gegenüber bekannt vorkommt und man mich fragt: »Ich habe Sie doch schon mal gesehen, woher kennen wir uns?« Ich weiß, woher sie mich kennen, denn mir ist mein Gesprächspartner definitiv nicht bekannt. »Ach, ich habe ein Allerweltsgesicht«, sage ich dann.

Die meisten meiner Mitschüler in der Berufschule sind zu jung, um mich einordnen zu können. Sie haben in der Zeit, als all das mit Felix geschah, anderes wahrgenommen. Und meine Lehrer? Sollten Sie etwas wissen, dann haben sie es gut geschafft, es mich nicht merken zu lassen. Aber ich denke, dass sie kaum auf die Idee kommen, dass ich »die« sein könnte … Es ist auch nicht gerade wahrscheinlich, dass jemand wie ich in einer Berufsschulklasse auftaucht. Genauso unwahrscheinlich wie eben die Tatsache, dass das eigene Kind einem Serienmörder in die Hände fällt.

Für mich gibt es jetzt zwei Prioritäten: Es soll meiner Tochter gutgehen, und ich möchte mein Leben leben können, zwar mit eingeschränkter Antriebskraft, aber dennoch mit Zufriedenheit.

Die Zivilklage gegen den Täter läuft immer noch. Obwohl das Urteil gegen Felix' Mörder vom Bundesgerichtshof bestätigt wurde, erhält er dennoch Prozesskostenhilfe, damit er sich gegen die Ansprüche der Opfer, die er zu verantworten hat, verteidigen kann. Da es ihm nicht möglich ist, im Knast Einkünfte zu erzielen, ist er auf die Hilfe der Allgemeinheit angewiesen. Mit anderen Worten: Um seine »Not« zu lindern, werden Steuergelder zur Verfügung gestellt.

Für die wirklich in Not geratenen Opfer gibt es diese Unterstützung nicht.

Ich rege mich über diese Tatsache derartig auf, dass ich den Pressesprecher des Gerichts anrufe. Ich will von ihm wissen, warum für diesen Mann in den Steuersack gegriffen wird, denn die Grundbedingung hierfür – »Aussicht auf Erfolg« –, vermag ich nicht zu erkennen. Ich merke, wie der Pressesprecher sich windet, um der Beantwortung meiner Frage zu entgehen und mir letztlich mitteilt, dass »Aussicht auf Erfolg« eben auch bedeutet, dass man geltendes Recht für jedermann umsetzen müsse, ob es einem gefällt oder nicht.

Doch ich will ehrlich sein: Es liegt an mir, dass dieses Verfahren noch nicht abgeschlossen ist. Ich hätte die Vergleichsvorschläge vom Gericht annehmen können. Ein Kindesmord mit all seinen Folgeschäden wie Verlust der Existenz, des Berufs und der Lebensfreude wäre dann mit 75 000 Euro vom Tisch gewesen.

In diesem Moment zeigte sich wieder meine Sturheit, sicher auch deswegen, weil mein Rechtsempfinden gestört wurde. Es kann nicht sein, dass in solchen Fällen Preise ausgefeilscht werden sollen, gleichsam wie auf einem arabischen Basar für geschlachtete Hühner. Verhandlungen mit einem Doppelmörder lehne ich ab. So wie die Bundesrepublik nicht mit Terroristen verhandelt, so tue ich das nicht mit Kinderkillern. Allein auf den Gedanken zu kommen, von mir zu verlangen, über den Tod meines Sohnes dergestalt zu verhandeln, dass am Ende eine Summe vereinbart wird, ist menschenverachtend und lässt mich erschauern.

Der Tod eines unschuldigen Kindes soll eine Verhandlungssache sein?

Immer wieder höre ich vom Gericht, ich solle die Vergleichsvorschläge doch annehmen, denn der Täter habe nichts, er könne die Summe, egal wie hoch sie wäre, ohnehin nicht aufbringen. Wenn ich diese Argumentation vernehme, denke ich, dass man dann ebenso gut höhere Forderungen akzeptieren könnte, die ich schließlich auch stelle. Aber nein, das sei nicht möglich, bekomme ich zu hören. Wieder ist man bereit, dem Täter entgegenzukommen, zu Lasten der Opfer. Ich kann beim besten Willen nicht einmal eine Gleichbehandlung erkennen.

Aber auch der Täter verschleppt den Prozess. Nie vergesse ich eine Äußerung seines Pflichtverteidigers, in der er die Verzögerungen mit der schlechten Erreichbarkeit seines Mandanten begründete. Merkwürdig, wie ein Mann, der hinter Gittern sitzt, nicht anzutreffen sein soll. Als würde er in Freiheit sein und nach Belieben Freunde besuchen oder zum Fußball gehen.

Meine private Situation kann ich immer noch nicht getrennt von politischen Entscheidungen sehen. Bis heute gibt es keine bundesweite Datei für Sexualstraftäter, verhindert von der Bundesjustizministerin Brigitte Zypries, angeblich aus Datenschutzgründen. Ich warte auf den Tag, an dem man aus Datenschutzgründen die Flensburger Verkehrssünderdatei auflöst. Bislang ist niemand in der Lage, mir schlüssig zu erläutern, warum das eine möglich ist und das andere nicht. Ich kann die Frau Bundesjustizministerin nur darum bitten, ihre Blockadehaltung aufzugeben.

Und immer wieder frage ich mich, wie betroffene Familien Boden unter den Füßen bekommen können. Die staatliche Hilfe setzt viel zu spät ein, manche Familien schaffen es nur, weil ehrenamtlich und uneigennützig geholfen wird.

Die vierzehnjährige Hannah aus Königswinter, die im August 2007 starb, nicht weit entfernt von ihrem Elternhaus, hat zwei Schwestern. Hier haben die Lehrer dafür gesorgt, dass die beiden

Mädchen kostenlos Nachhilfe erhalten, sodass ihr Schulabschluss nicht gefährdet ist. Hannahs Vater hat in Gedenken an seine Tochter die Hannah-Stiftung gegründet. Sie unterstützt Beratungsstellen, organisiert Präventionsmaßnahmen in Kindergärten und Schulen und betreibt Öffentlichkeitsarbeit für den Schutz der Kinder.

Seitdem der Mörder von Levke und Felix einsitzt, ist im »nassen Dreieck« kein Kind mehr auf diese Weise ums Leben gekommen. In diese Region ist Ruhe eingekehrt. Es ist zu hoffen – für immer.

Und dennoch, sie wiederholt sich, die Geschichte, an einem anderen Tag, an einem anderen Ort, wenn wir nichts dagegen tun.

Literatur

Gabriele Karl: Wenn ein Kind ermordet wird … Eine Studie zur Erfassung der Opfersituation betroffener Familien in der Bundesrepublik Deutschland. Opfer gegen Gewalt e. V., München 2001

Dagmar Krol und Pieter Kunstreich: Kevin Kanin oder als es dunkel wurde am Lohewald. Eine Geschichte für die Kinder von Hipstedt. Stuttgart 2006 (ein Kinderbuch, geschrieben von Felix' Lehrerin für seine Freunde)

Mariane Pearl: Ein mutiges Herz. Leben und Tod des Journalisten Daniel Pearl. Frankfurt am Main 2004

Eric-Emmanuel Schmitt: Oscar und die Dame in Rosa. Frankfurt am Main 2005

Internetadressen

www.traumhaus-bielefeld.de
Adressen von kompetenten Kliniken für die Behandlung von Patienten mit Traumaerlebnissen sind hier hinterlegt.

Die Seiten www.Gesuchte-Kinder.de und www.vermisste-Kinder.de unterstützen bei Vermisstenmeldungen.

Opfer von Gewaltverbrechen finden unter www.weisser-ring.de Ansprechpartner in ihrer Region.